いっきに学び直す

教養としての西洋哲学・思想

The Culture of Western Philosophy and Thought

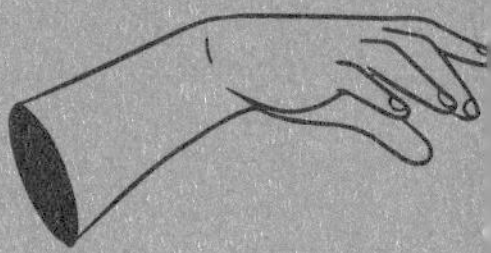

作家・元外務省主任分析官
佐藤優
×
「スタディサプリ」講師
伊藤賀一

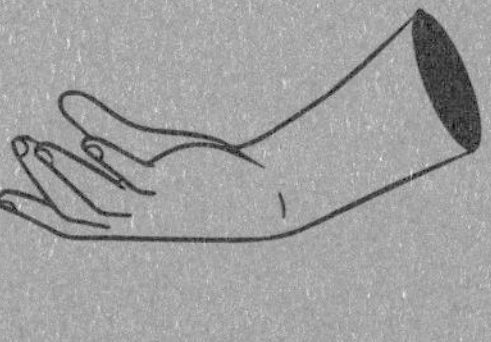

朝日新聞出版

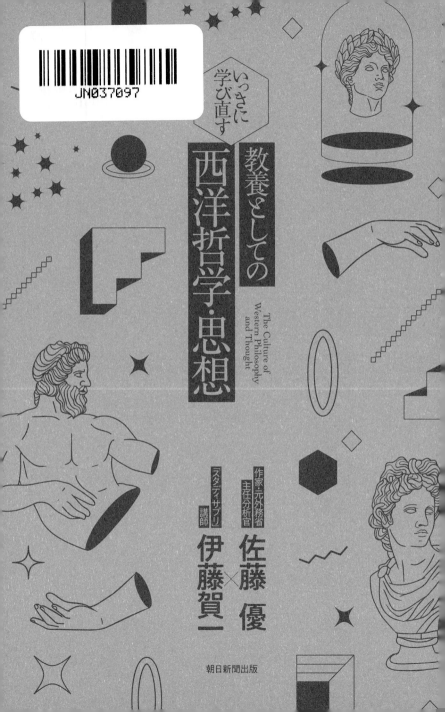

いっきに学び直す
教養としての西洋哲学・思想

まえがき

佐藤 優

今、世界の秩序が大きく変わろうとしています。国際的にはロシア・ウクライナ戦争、ガザ戦争、アメリカにおける分断の深刻化など従来の常識では考えられないことが起きています。日本国内でも家族形態の変容、終身雇用制から雇用の流動化、格差の拡大、就職活動の前倒しで大学での教育が機能不全に陥っていること、中学受験の過熱など深刻な問題が生じています。どうやら内外ともに時代状況は悪い方へ向かっているようです。

戦争、宗教紛争、民族紛争、格差、人間疎外、新しい機械（特に生成ＡＩ「人工知能」）の普及による世界観の変動などの深刻な問題が、相互にどのような連関を持っているかを理解し、適切に対処していかなくてはならない状況に私たち一人ひとりが追い込まれています。こうした中で役立つのが、過去の思考の鋳型について知ることです。

高校の科目では「公共」と「倫理」がそれに相当します。

今回は、日本の武道や芸道（芸術）で用いる「守《しゅ》・破《は》・離《り》」でこの作品をまとめてみました。「守」は、師や流派の教え、型、技を忠実に守り、確実に身につける段階を指します。「破」では、他の師や流派の教えについて学び、それを自分の技に活かします。「離」では特定の流派から離れて、自分独自の技法を確立します。本書では、小中高校の社会科科目全体に通暁し、日本で最も受講生が多いと言われている（私も受講生の1人です）スタディサプリの伊藤賀一先生が共著者になってくださいました。

伊藤先生に高校教科書レベル（実はその内容は大学はもとより大学院博士課程前期「修士課程」でも十分通用します）で基本知識に関する講義をしていただきます（「守」）。それに対して私が大学レベルで教えられる常識から少し外れた見方を披露します（「破」）。その上で、伊藤先生は教育とさまざまな職業に就いた経験を踏まえ、私は外務官僚として外交や日本の権力中枢で仕事をした経験を踏まえて、実際の生活で哲学史の知識がどう役に立つかについての対談をします（「離」）。

こういう作業は限られたテキストの中で行われることが重要です。ちなみにプロテスタント神学者のカール＝バルトは「制約における自由」を重視しました。知識をひたすら拡張しても、それで教養は身につきません。自ら制約条件を課し、その中に存在する無限の可能性を利用することが真の自由への道なのです。まず、限定されたテキストの内容を理解した上で記憶します。そして、テキストの内容をランダムに思いだし、並び替えることができるようにします。このようなランダムアクセスができるようになると知識は能動的になり、未知の問題を解決する際に頼りがいのある友になります。

最近の教育では、探究型の学習が重視されていますが、基本的知識を記憶していない状態での探究は成果をほとんどあげません。

本書を上梓するにあたっては、共著者の伊藤賀一先生、マガジンハウスの山田聡氏、朝日新聞出版の中島美奈氏にたいへんにお世話になりました。どうもありがとうございます。

2024年4月18日、曙橋（東京都新宿区）の自宅にて、

佐藤 優

いっきに学び直す

教養としての西洋哲学・思想

―目次―

破 教科書じゃ足りない宗教と中世思想◆佐藤 優

第3章 近代思想のめばえ 123

守 教科書が教える近代思想のめばえ◆伊藤賀一

第4章 近代思想の確立

破

教科書じゃ足りない近代思想の確立◆佐藤 優

離

対談

第6章
近代市民社会の倫理 255

守
教科書が教える近代市民社会の倫理・伊藤賀一

破 教科書じゃ足りない近代市民社会の倫理◆佐藤 優

第7章 社会主義とプラグマティズム 309

守 教科書が教える社会主義とプラグマティズム・伊藤賀一

破 教科書じゃ足りない社会主義とプラグマティズム◆佐藤 優

第8章

近代的理性の批判

破 教科書じゃ足りないヒューマニズム〔人道主義〕◆佐藤 優

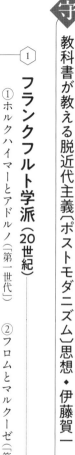

破

教科書じゃ足りない脱近代主義〔ポストモダニズム〕思想◆佐藤　優

破 教科書じゃ足りない多様な現代思想◆佐藤　優

離 対談

装幀・本文デザイン　弾デザイン事務所

いっきに学び直す
教養としての西洋哲学・思想

プロローグ対談

世界のエリートと競うのに必要かつ十分な知識

佐藤優×伊藤賀一

佐藤　優（以下、佐藤）　2022年2月24日から世界各地で生じている事態は、一般に考えられている以上に、大きな変動の始まりだと私は見ています。ロシアとウクライナの戦争、そして、2023年10月7日に始まったパレスチナ・ガザ地区での衝突が深刻度を増しています。しかしこれを「第三次世界大戦」にしてはいけません。

歴史を振り返れば、時代が大きく変化したのは、18世紀末からのナポレオン戦争、第一次世界大戦、第二次世界大戦によってです。世界の構造が大きく変わりつつあるときに、時代がどのように動いているのかを知る際に、思想の力がとても重要です。ただ、思想や哲学の力というのは、それまでの知識の積み重ねの上に成り立っています。しかも、近代以降の世界を基本的につくっているのは西洋ですから、西洋哲学に関する知識がかつてなく必要で実用性を持っていると私は考えます。

伊藤賀一（以下、伊藤）　そのとおりです。

◆「倫理」は使える

佐藤　なぜ、「日本一生徒の多い」と評判の伊藤先生とこの仕事を一緒にやろうとお願いしたかと言うと、多くの人にとって集中的に勉強したのは受験のときだからです。それも西洋哲学を学ぶ科目は「倫理」であって、英語や数学、歴史と比べるとかなりマイナーです。ところが高校の倫理というのは、大学院レベルの学習内容までカバーしているところがあって、ここの基本知識があれば、世界のエリートと競っていくときに必要かつ十分だと私は思っています。だからそれを伊藤先生と一緒に勉強していく過程を読者と共有することで、知識をつけていってもらえるのではないかと考えました。

私は作家であると同時に、インテリジェンス（情報）を専門とする実務家です。だから国際情勢や現実政治を内外から日常的に見ている立場からコメントできます。だ

から、伊藤先生が教科書で教える西洋哲学や思想の基礎的な話をされる中に、私から現代的な意義とか、「こういう視点があるんじゃないか」ということを加えていくと面白い本になるんじゃないかと思ったんですよね。

◆文系・理系の逆転現象

伊藤　ありがとうございます。私は基本的に受験指導をしているので、従来のセンター試験にあたる「大学入学共通テスト」ではどんな出題傾向があるかとか、教科書や図説資料集の内容については一通り頭に入っています。ですから、自分の強みというのは、「教科書どおりである」ということです（笑）。学校や塾・予備校で学んでいる生徒さんたちは、教科書に出ている順番に沿って、そのボリュームで学んでいる、いわば教科書に忠実と言えます。

ただ、非常に大きな問題があるのが、そもそも「倫理科目を選択していない」という生徒さんたちが多いことです。令和6年度でいえば共通テストの英語の受験生が約45万人で、倫理を少しでも使う生徒さんは約4万人しかいません。日本史や地理はそれぞれ13万人以上なのに、です。佐藤先生がおっしゃったように、かつてないほど必要な基礎中の基礎である科目なのに、高校のときに選択していなかったから、ということで倫理（哲学・思想）を完全にスルーしてきた大人がメチャクチャ多いのを、残念に思います。

佐藤　伊藤先生が担当している「スタディサプリ」の倫理の授業を見ると、ギリシア自然哲学とソフィストにそれなりのウェイトを置いていますね。これは柄谷《からたに》行人《こうじん》さんが『哲学の起源』（岩波現代文庫）の中で、「ソクラテス以前の哲学」を非常に重視していることと平仄《ひょうそく》が合っている。やはりきちんと理解しないといけないのは、ソクラテス以前の自然哲学者、そしてソクラテスであり、プラトンであり、アリストテレスです。そして、その後のヘレニズム思想やストア派、エピクロス派、さらに「ゼノンのパラドックス」といった古代ギリシア哲学の発想です。こういった基本的なところから押さえておかないといけないので、まずこの本では、「古代ギリシア思想」（第1章）に重要な部分がきちんと入っています。

これは逆説なんですけども、共通テストにおいて、倫理と政治・経済を選択する人は、理系のほうが多い。これは私が教えている同志社大学の学生たちに聞いてもそうだと言います。

伊藤　そうですね。

佐藤　だから文系の基礎中の基礎である西洋哲学は、人文社会科学の土台であるにもかかわらず、理系の人のほうが哲学に関する知識があるという逆転現象が起きている。

伊藤　はい。自分ももともと、日本史の講師としてキャリアをスタートして、そこから世界史、地理、政治・経済、倫理……と手がける科目を増やして、今では社会科の全科目に広げてきましたけれど、正直、学んでいて一番意味があったのは、倫理だというのが実感としてあります。そうじゃないと、外国の人と話をする土台がないですよね。共通のリングに上れない。どこがリングなのか土俵なのかもわからないことになってしまいます。

◆歴史の全科目が必修

佐藤　付け加えておくと、「僕は世界史（選択）でしたから」「私は日本史でしたから」というエクスキューズ（言い訳）は、今、30代、40代の人でも言う人が多いけれど、それはもう通用しない時代です。

伊藤　そのとおりです。実は、2022年に高校の社会科系科目に関する学習指導要領が30年ぶりに改訂されました。「倫理」と「政治・経済」という公民科の発展科目の基礎科目として「公共」が設置されています。そして、「日本史探究」「世界史探究」という歴史の発展科目の基礎科目が「歴史総合」、さらに「地理探究」という地理の発展科目の基礎科目が「地理総合」で、2単位の基礎科目「公共」「歴史総合」「地理総合」はすべて必修になりました。4単位から3単位に減らされた「探究」科目と「総合」を合わせ、地理や歴史は計4単位から5単位となり、地歴なら1単位分増え、社会科の重要度が増します。倫理と政経はそれぞれ2単位で、さらに「公共」と合わせる形に。

佐藤　だから本当は大学に入った段階で、入試で使っていない科目でも、基礎的に必要なものは全部、大学の授業が始まる前にチェックしなくちゃいけない。そして、知識の欠損があるなら、大学の1、2回生のときに埋めておかないといけないはずなんですよね。これは大学の責務です。

伊藤　はい。英語とか数学に関しては、リメディアル教育（治療教育）が盛んで、大学に入ったときについていけない学生さんたちに対してフォローアップするための映像や補習などが充実しています。でも、倫理を含めた社会科全科目の知識の不足を埋めるのは、今おっしゃったようにすごく大事なことだと思うんです。今こそそういう講義を導入してもらいたい。その先駆けとして、本書があると自負しています。

◆今の大人は若者についていけなくなる

佐藤　そういう意味でこの本は、基礎的な西洋哲学や西洋思想の知識を身につけるのに役立ちます。そして、受験に役立つと同時に、実用性もあるわけです。大学卒業後のキャリアパスをつけるさまざまな資格試験でも有用です。国家公務員試験、地方公務員試験、教員採用試験では、必ず「教養」を問う試験がありますから、だいたい2割弱はこれでカバーできるんじゃないでしょうか。

伊藤　そうですね、司法試験予備試験や行政書士試験にも一般教養が出題されますから、各種資格試験でどんどん出てきていると思います。

あと、自分も43歳の時に、一般入試で再受験した早稲田大学教育学部に通っていて実感したことですが、外国からの留学生の方がたくさんいます。そういう人たちと話をするときに、相手を傷つけないで話をすることがとても大事になってくるんですね。宗教的なこと、思想的なこと、道徳的なことに自分が無知、無自覚であることはとても危険です。いわば「地雷」がいっぱい埋まっているわけです。とんでもなく失礼なことを言ってしまう可能性があります。そして、日本人としても、自分たちについて、相手を傷つけないように文化を紹介したり、聞かれたときに答えたりしないといけない。

また、日本史選択とか世界史選択とかいう言い訳が効かなくなるのは本当にそのとおりで、さきほども言ったように、今の高校3年生から「歴史総合」という科目が始まっています。「近代（実質は近世）以降」の日本史と世界史を合体させた「歴史総合」が今年度の受験生から始まっています。そして、「公共」という科目は従来の「現代社会」をアレンジしたものです。それから、約半世紀ぶりに地理が必修になりました。社会科は地歴公民すべての科目が必修ですから、現在の高校3年生以降の人たちが大学に入ったり社会に成人として出ていったりするときに、今の大人たちは、そういう知識をしっかり学んだ若者たちが出てくるという意識を持ってないと、ついていけなくなるような気がしますね。

佐藤　そう思います。では、早速「ギリシア哲学」に入っていきましょう。

伊藤　はい。

佐藤　まずは伊藤先生に講義をしていただきます。そのあとに、専門課程にその知識をつなげるには何が必要か。逆に言えば、今の教科書の内容では何が足りないか、という点からお話ししていきましょう。

第１章

古代ギリシア思想

第1章 守

教科書が教える
古代ギリシア思想

◆

伊藤賀一

古代ギリシア思想は、人間が神話的世界観から脱却し合理的世界観を展開するきっかけとなった源流思想で、「世界とは何か?」「人はなぜ・いかに生きるか?」を考え抜く「哲学」「倫理学」はすべての学問の土台です。そして、地中海沿岸の自然哲学者・ソフィスト〔職業教師〕たちの後を受けた約2400年前のギリシアは、ソクラテス・プラトン・アリストテレスという「三大哲学者」を生んだ、学問の故郷でした。さらにアレクサンドロス大王の東方遠征を経て「ギリシア人〔ヘレネス〕」の思想は広がり、「世界市民〔コスモポリテース〕」のヘレニズム思想へと発展します。

1 古代ギリシア世界と神話（紀元前8世紀～）

①古代ギリシア世界

紀元前8世紀、ギリシア本土や小アジア〔トルコ西部〕のイオニア地方では、有力貴族の下にいくつかの集落が連合し、城壁に囲まれた**ポリス**〔**都市国家**〕や植民市を建て、広大な統一国家はありませんでした。そして、**ポリス市民は、一定の資格を満たす成人男性のみ**で、女性や子ども、奴隷は市民として認められませんでした。

②ギリシア神話

ギリシア人たちは、それぞれのポリスに暮らしてはいても、「オリンポス十二神」が登場する共通の**神話**〔**ミュトス**〕をもっており、そこでは、自然現象や人間の運命〔モイラ〕など、世界のすべてが説明されていました。

■ギリシア人

各ポリスに分かれて暮らしたギリシア人は、自分たちをヘレネス（英雄ヘレーンの子孫）と呼び、他をバルバロイ（わけのわからない言葉を話す者）として区別した。

ギリシア神話は、想像力により「世界とは何か？」、すなわち原初の混沌〔カオス〕から宇宙・秩序〔コスモス〕に至る**自然**〔**ピュシス**〕の秩序発生を物語る、**人類最古の世界観**です。そこでは、自然は人類が乗り越えるものであり、考察の大きな対象となっていました。

例えば、ホメロスの叙事詩『イリアス』『オデュッセイア』など、人間的存在を扱った神話を英雄伝説と呼びますが、英雄は、規則的ではあっても未開状態の自然と戦い、人々に平和と文明をもたらします。人間は、神々の定めた運命に翻弄されつつも、自然に対して自発的・対抗的な性格で描かれ、この**自然に翻弄《ほんろう》される悲劇的な人間**というのが、「人間とは何か？」という問いへの答えとなるもので、**人類最古の人間観**だったのです。

■ギリシア神話

ヘシオドスは『神統記』で神々の系譜についてまとめている。

2 ギリシア自然哲学（紀元前6世紀～）

①自然哲学の誕生

紀元前6世紀頃のポリス市民たちは、征服地から調達した奴隷に仕事を任せることで、**閑暇**《かんか》〔**スコレー**〕を手に入れました。彼らには自由な時間があることから、公共の広場〔アゴラ〕での討論や体育場での鍛錬が盛んになります。人間は、運命を神任せにせず、自らを成長させ生き抜くことに興味を覚えるようになったのです。

また、ギリシアやイオニア地方の市民たちは、地中海を隔てた各地と交易することで、他の地域にはまた別の神話があることを知ります。「自分たちの世界は唯一絶対のものではない」と気づいた彼らは、「**（では本当は）世界は何からできているのか？**」と考え始めます。

それが万物の**根源**〔**アルケー**〕についての探求で、これが人類最古の学問とさ

■タレス

タレスは天文学や数学にも通じ、日食を予言したり、影の長さからピラミッドの高さを測ったりした。

■「学校」の語源

閑暇〔スコレー〕は「学ぶ場所」という意味でもあり、schoolの語源となっている。

れる「（ギリシア）**自然哲学**」の出発点となったのです。

②自然哲学者たちと根源〔アルケー〕

何らかの物体を世界の根源と考えた思想家たちは、**自然哲学者**と呼ばれます。

まず、イオニア地方ミレトスの出身で「最初の哲学者」とされる**タレス**（前624頃～前546年頃）は、すべての生命に必要不可欠なことから、アルケーを**水**とします。

タレスと同じ**ミレトス学派**の**アナクシマンドロス**は、アルケーを**無限なるもの**〔ト・アペイロン〕とし、万物は無限なるものから生まれそこへ帰る、無限の循環を繰り返すとしました。**アナクシメネス**は、アルケーを**空気**とし、生物が空気を吸って生きるように、万物は空気の希薄化や濃厚化から生まれるとしました。

また、サモス島出身の**ピタゴラス**は、アルケーを**数**とし、万物は数の比例関係によって調和し、秩序づけられていると考えました。

■ピタゴラス

他の自然哲学者たちがアルケーを水・空気など素材の方向に探求したことに対し、ピタゴラスは数という理想の形の方向に探求した。また、宗教教団を組織し、魂の不滅と輪廻（りんね）を唱えたことや、数学の「ピタゴラスの定理」でも有名。

その後、イオニア地方エフェソス出身の**ヘラクレイトス**は、すべてを破壊し変化させる力をもつことから、アルケーを**火**としました。そして「**万物は流転する**〈パンタ・レイ〉」「同じ河に二度入ることはできない」と述べ、存在するものはすべて常に変化している、と説いています。

また、南イタリアのエレア出身で**エレア学派**の祖とされる**パルメニデス**は、「有る」という言葉を「決して有らぬことがない」と解釈します。そして、「有るものはあり、有らぬものはあらぬ」と述べ、アルケーを**在るもの**〈生まれも消えもしない不動の**存在**〉としました。彼の弟子、**エレアのゼノン**は、「**アキレスと亀**」の議論で有名です。

シチリア島出身の**エンペドクレス**は、アルケーを**四元素**〈**土・水・火・風**〉とします。

また、アブデラ出身の**デモクリトス**は、アルケーを「それ以上分割できないもの」すなわち**原子**〈**アトム**〉とします。そして、原子と空虚から宇宙全体が構

■アキレスと亀

「アキレスと亀」は、「足が速いアキレスでも、足が遅い亀に追いつくことができない」という議論。追いつこうとするアキレスは、まず先行する亀がいた場所に到達せねばならず、その間に亀はほんの少しでも前に進んでいるはずなので永遠に追いつけないはず、という理屈。運動が論理的な矛盾を含むことを説き、単なる見せかけ（＝現象）にすぎない、と主張している。

成されていると考え、あらゆる現象は原子の配列と運動によって説明できると「**原子論**」を説きました。

③合理的世界観への転換

以上のように、ギリシアやイオニアでは、人間を中心に一定の距離を取って物事を理性的に眺め、本質を捉えようとする**観想**〔**テオリア**〕という態度が生まれたのです。

人々は、世界のすべてを**神話**〔**ミュトス**〕で説明する従来の世界観を否定し、人間の**理性**〔**ロゴス**〕に基づいて自然や社会を冷静に見つめ、合理的に世界を捉えようとしました。

ポリス市民たちは、**神話的世界観から合理的世界観へ転換**したのです。

■テオリア

テオリアは英語 theory（理論）の語源でもある。

3 ソフィスト（紀元前5世紀〜）

①アテネの民主政→自然〔ピュシス〕から人為〔ノモス〕へ

紀元前5世紀半ば、東方のアケメネス朝とのペルシア戦争〔前500〜前449年〕に勝利し、デロス同盟の盟主となった都市国家**アテネ**は、地中海東部の強国となりました。

この頃、陸軍の主力が貴族の騎兵から平民の重装歩兵部隊に変わります。当時、ポリスと植民市との間で交易が盛んになると、余剰生産物を売り富裕になる平民が現れ、彼らが自費で武具を購入し、参戦するようになったのです。また、海軍の軍艦の漕ぎ手としても、平民が発言力をもつようにもなっています。

このように、ポリスの最重要課題である陸・海の防衛において大きな役割を果たすようになった平民は、参政権を主張し、貴族と対立し始めます。

こうして貴族政〔貴族制〕から民主政〔直接民主制〕へと移行したアテネでは、

■ペルシア戦争

アテネ軍がマラトンの戦いで、ギリシア連合軍がサラミスの海戦でペルシアを打ち破り、さらにスパルタ軍がプラタイアイの戦いに圧勝して、ギリシアの勝利が決定した。

家柄や財産に関わりなく、弁論・説得の能力や教養さえあれば、市民の誰もが有力者になることができました。そのような風潮の中で、人々の学問や思索の対象が、**自然**〔**ピュシス**〕から、法・制度・習慣・道徳など人間がつくった**人為**〔**ノモス**〕へと移っていくのは必然だったといえます。

②ソフィスト〔職業教師〕の相対的真理

紀元前5世紀頃、ギリシアに登場するのが、**ソフィスト**〔知者〕と呼ばれる知識人たちです。彼らは謝礼＝対価を取る**職業教師**として、各ポリスを巡回しながら、青年たちに一般教養や法律・政治を教えました。「モノを売る」ことではなく「教える」ことでお金を取る、と定着させた彼らは西洋世界における「教師の祖」ともいえるでしょう。

市民の総会である民会は、**弁論術**〔**レトリケー**〕を重視していました。

しかし、弁論術は、競争に勝ち、自説を認めさせることを目的としていたので、物事の真偽を重視せず、とにかく相手を言いくるめようとする人が多いという問

■**弁論術**〔**レトリケー**〕

弁論術〔レトリケー〕は、自らの見解に説得力を与え、雄弁に表現する技術のこと。ここから発達した、思想や感情を的確な言葉に例えて伝える修辞〔レトリック〕は、西洋社会の市民的教養として現代まで継承されている。

題点もありました。

もちろん説得力のあるソフィストもいました。

例えば**プロタゴラス**は、根源〔アルケー〕を自然物に求めず、真偽の判断基準は個々の考え方・感じ方だとし、**「万物の尺度は人間である」**と**人間中心主義**を打ち出しました。彼は、ギリシア人であるにもかかわらず神の存在にすら懐疑的で、客観的な絶対的真理を否定しました。そして、**真理の物差しは人それぞれに異なる**という、主観的な**相対的真理**を唱えたのです。

また、**ゴルギアス**は、「何も存在しない。存在しても認識され得ない。認識しても伝達され得ない」という言葉を残しています。つまり、仮に何かが存在したとしても、尺度が異なる他人と共有することはできないので、それは存在しないのと同じである、と考えたわけです。彼は、個々の感覚から得た知識すら懐疑的に考え、プロタゴラスと同じように**絶対的真理を否定**したのです。

③詭弁の横行とアテネの危機（紀元前5世紀）

ソフィストたちは、「世界のあり方や人の生き方に、自然のような必然性や絶

■ゴルギアス

彼は演説の名手で、当時、ゴルギアス流に話すのが流行したほど。

対的真理を求めない」という立場をとり、自然・真理に対する独断や思い込みを批判する点において存在意義はありました。しかしそれは、「道徳や法や制度にも絶対的な価値はない」という極端な主張にもつながります。

その結果、アテネでは、人々が声高に独りよがりな主張をして、**詭弁**《きべん》（＝屁理屈）が横行してしまいます。その場のノリに任せてしまったり、単に弁論術のうまい人が市民を扇動する無責任な衆愚政治におちいったりして、混乱の中で人々の道徳意識は低下してしまったのです。

その頃、デロス同盟の盟主アテネ（民主政ポリスの中心で文化・芸術に秀でる）は、ペロポネソス同盟の盟主**スパルタ**（貴族政ポリスの中心で軍事に秀でる）とのペロポネソス戦争（前431～前404年）において苦戦の連続で、最終的には敗れてしまいます。

アテネの全盛期は過ぎ、混乱・衰退期に突入していたのです。

■強国スパルタ

「スパルタ式」という言葉が現代に残るほどの苛烈な訓練で軍事に偏り、文化や芸術はほとんど育たず、経済は停滞した。

4 ギリシア三大哲学者（紀元前5～前4世紀）

「学者の祖」である自然哲学者たちは、「神話に頼らず自分たちで世界を説明してみよう」と人間の視点を持ち込み、学問をスタートさせました。

しかし、「教師の祖」であるソフィストたちは、「世界や生き方は人それぞれ」「考えてもしょうがない」と相対的真理を唱えます。これに対し、**絶対的真理**を探究していくのが**ギリシア三大哲学者**です。

①ソクラテス（紀元前5世紀）

ソクラテス（前470～前399年）は、アテネの伝統的秩序が崩壊の危機に陥っていた衆愚政治の時期に、市民道徳の回復を目指し、自ら実践した哲学者です。

彼は、当時流行していたソフィストの相対的真理を批判し、普遍的な絶対的真理を求めて考え続けることが、人間本来の知のあり方、すなわち学問の出発点だと説きます。そして、道徳的実践の問題として真理を探究する「倫理学の祖」

となりました。
ソクラテスは、悪は無知に由来すると考え、断片的知識の集約ではなく、真の知を愛する姿勢（＝**愛知**〔**フィロソフィア**〕）が、「ただ生きる」だけでなく「**善く生きる**」ことに通じるとしました。

彼は、すべての事物には**徳**〔**アレテー**〕があるとします。アレテーとは、群を抜いて優れていること、卓越性です。例えば馬のアレテーは速く走ることで、ナイフならよく切れること。そして、人間のアレテーは**魂**〔**プシュケー**〕**への配慮**を怠らず「善く生きる」ことだと説きました。

ソクラテスの課題は、堕落してしまったアテネ市民の**魂の世話**をし、徳を取り戻すことでした。彼は、人間が善い行いを求めながらも実行できないのは、善悪・美醜（＝**善美の事柄**〔カロカガティア〕という絶対的真理）について知らないからであり、知りさえすれば必ず善い行いをし（＝**知行合一**）、魂の徳を知ればそれを備え（＝**知徳合一**）、善く生きて徳を備えれば**幸福**〔エウダイモニア〕になる（＝**福徳一致**）と説きました。

■**愛知**〔**フィロソフィア**〕
フィロソフィアはphilosophy（哲学）の語源。

しかし、このような考えは、徳を家柄や財産に求めるアテネの伝統的な価値観や、徳を弁論能力だとするソフィストたちとの考えとは、根本的に違っていました。

ソクラテスは、石工を父、助産師〔産婆〕を母にアテネで生まれています。ペルシア戦争勝利後のアテネ全盛期に前半生を過ごし、当初は自然哲学を研究します。

30代後半にスパルタとのペロポネソス戦争が始まり、三度の従軍も経験した勇猛な戦士でしたが、この頃に関心の対象が自然から人間に移り、広場で青年たちを相手に問答を始めます。

40歳頃のある日、デルフォイのアポロン神殿で友人が「**ソクラテス以上の知者はいない**」という神託を受けました。それを伝え聞いたソクラテスは、確認のために神殿を訪れ、そこに刻まれた「**汝自身《なんじ》を知れ**」という言葉を目にします。

彼は、少なくとも自分が絶対的真理について知らないことを自覚していた（＝**無知の知**「**私は知らないということを知っている**」）ので、これを自らの思想の出発点とし、自分を知者と呼ばず**愛知者**と呼びました。

すなわち「神でない人間には真の知者などいない。ならば**思い込み**〔ドクサ〕に満足せず、知への愛〔フィロソフィア〕をもつべきだ」と考えるようになったのです。

そして、アテネに戻り、ソフィストたちを次々に訪ね、哲学的な対話を始めます。彼が用いた**問答法**〔ディアレクティケー〕は、言葉を用いた**対話**〔ディアロゴス〕を通じ、人として互いに認められる最低限の共通基盤である**理性**を交わし、真実を気づかせる方法でした。「考えてもしょうがない」「人それぞれだし、口が上手いほうがいい」ではなく、「考えよう」「我々がともに目指すものは、あるんだ」という気持ちだったのです。

しかも謝礼を取らずに対話するソクラテスの周囲には、ソフィスト〔職業教師〕たちの顧客だったはずの、政治家志望の青年たちが集まってきました。

デルフォイの神託から20年以上経ったある日。街角で60歳を過ぎたソクラテスに出会い衝撃を受けたのが、20歳のアリストクレスです。大柄で肩幅が広い、こ

■問答法

問答法は、相手に自分の考えについて述べさせ、対話を通じて考えの不十分さや誤りに気づかせる。外から教え込まず、内にある知を引き出す手助けをするので、ソクラテスの母の仕事から**助産術**とも呼ばれた。ただし、自身は何も答えず「なぜ？」「どうして？」と聞くだけで相手に無知を自覚させる**皮肉**〔エイロネイア〕な方法でもあったため、反感をもつ市民も多かった。

の青年貴族のあだ名は**プラトン**（＝広い）といいます。

その後、ソクラテスは、ペロポネソス戦争に敗れ混乱と政争の渦中にあるアテネ市民の一部の反感を買い、裁判にかけられてしまいます。その罪は、「国家の神々を認めず、新たな神霊（ダイモーン）をあがめ自分だけの価値を教え込み、青年を堕落させた」とのことで、もちろん彼に論破されたソフィストや政治家たちからのやっかみがその背景にあったのでしょう。ソクラテスは、この告発が不当であることを主張するも聞き入れられず、**死刑を宣告**されます。

友人のクリトンのように脱獄を勧める者もいましたが、ソクラテスは「**悪法もまた法なり**」と述べ、たとえ判決が不当なものであったとしても、ポリスの法を破ることは不正で、市民として生きる限り不正を犯すのは「善く生きる」ことに反すると考えました。だからこそ、死刑判決に従い自ら毒杯をあおり死んでいったのです。

政治家志望だった弟子のプラトンは、この結末に衝撃を受けてアテネの政治に絶望し、哲学者になることを決意しています。

■「ソクラテスの死」

フランスのダヴィド（1748～1825年）が描いた同名の絵が、ニューヨークのメトロポリタン美術館に展示されている。

②プラトン（紀元前5〜前4世紀）

プラトン（前427〜前347年）は、『**ソクラテスの弁明**』『**クリトン**』『**パイドン**』『**饗宴**《きょうえん》』など、師を主人公とした**対話篇**を著しています。**ソクラテス自身の著書はない**ので、プラトンやクセノフォンなど、弟子たちが書き残さなければ、天下の悪妻クサンチッペと暮らしたソクラテスの生涯は、不明のままでした。

また彼は、ソクラテスの思想や生きざまを見て、人の生き方だけでなく、自然や世界の捉え方全体に及ぶ姿勢へと思想を展開しました。

プラトンは、世界のあらゆる事物は、「永遠不滅の本質」「真の実在」である**イデア**を原型にしていると考えました。イデアはidea（思想）やideal（理想）の語源とされています。

そして、真・善・美・聖などのイデアは、（例えば現実の事物に〝完全な〟円はなくても確かに存在するように）理性でのみ捉えることができると説きます。

■二元論的世界観〔二世界説〕

プラトンは、イデア界を太陽が照らす世界に、現象界を暗い洞窟に例えた。人間は、洞窟の奥に閉じ込められた囚人のような存在で、壁に映る影絵を見て現実だと思い込んでいるだけ、と説明した（＝洞窟の比喩）。

彼は、世界は**理性で捉える**「**イデア界**（＝理想世界）」と、視覚・聴覚・嗅覚・触覚などの**感覚で捉える**「**現象界**（＝現実世界）」に分かれるという**二元論的世界観**（**二世界説**）を唱え、イデア界こそが真の世界で、現象界はその影にすぎないと考えました。

そして、人間の魂は、生まれる以前はイデア界にいたとし、今いる現象界においても、すでに知っているイデアを**想起**（**アナムネーシス**）できるとしました。また、完全な魂が完全なイデアに憧れ、それを思慕する恋や愛を**エロース**と呼びました。

プラトンはこのように、物体を万物の根源（アルケー）とする自然哲学（＝唯物論）に対し、精神の優位を説くイデア論（＝唯心論）を唱えました。二元論的世界観をもち、物よりも心を優位とした彼は、のちの近代哲学のドイツ観念論（理想主義）への伝統を確立した「**理想主義の祖**」といえる存在なのです。

プラトンは、理想のイデア界を現実の現象界に実現して完全な世界を目指した

■神話発のエロース

ギリシア神話のエロースは女神アフロディーテの息子で愛の神。ローマ神話ではキューピッドにあたる。プラトンはこのエロースを「完全な愛」として捉え直した。

めに、思索を重ねました。

まず、人間の魂は、「**理性**」「**気概**」「**欲望**」の3つからなるとし、これを「**魂の三部分**」と呼びます。

そして、理性は**善のイデア**〔イデアの中のイデア〕を認識する「**知恵の徳**」を、気概は理性に従う意思である「**勇気の徳**」を、欲望はそれを制御する「**節制の徳**」をもつと考えます。さらにその3つの徳が相互に**調和**すれば、魂の正しいあり方として「**正義の徳**」が実現するとし、これらを合わせて「〔ギリシアの〕**四元徳**」と呼びました。

彼は、師のソクラテスが唱えた「魂に配慮し、善く生きる」ことを、こうして理論化したのです。

もとは政治家志望だったプラトンは、人間の理想的な生き方とともに、理想の国家を追求し、「魂の三部分」と「四元徳」を**国家論**に応用しました。

人間の集合体である当時の国家には、**統治者階級**〔王〕・**防衛者階級**〔軍人〕・**生産者階級**〔庶民〕という3階級があります。そして、王は「**理性**」、軍人は「**気**

■プラトンの四元徳と国家の三階級

魂	四元徳	国家
理性	知恵	統治者階級
気概	勇気	防衛者階級
欲望	節制	生産者階級
	正義 調和	

概」、庶民は「**欲望**」の魂を強く持っています。

人間は、それぞれの資質（「理性」「気概」「欲望」）にふさわしい階級に属すべきだと考えるプラトンは、3つの階級がそれぞれ「**知恵の徳**」「**勇気の徳**」「**節制の徳**」を発揮し、相互に**調和**すれば、国家全体として「**正義の徳**」が実現すると説きました。

そして、「理性」の魂を最も強くもつ哲学者が王になり（もしくは王が哲学者になり）統治した場合に**理想国家**が実現するとし、その政治を**哲人政治**と呼びました。

プラトンは、師ソクラテスの刑死に衝撃を受け、堕落したアテネの政治に絶望して各地を遊学した後、40歳でアテネ郊外に**学園アカデメイア**を開いています。アカデメイアは、529年に東ローマ帝国の皇帝により閉鎖が命じられるまで、西欧の哲学研究の中心となり、academy（学校・研究機関）の語源とされています。学問を体系立てて学ぶ制度の必要性を感じたのでしょう。彼は、「国家論の祖」かつ「学校の祖」といえますね。

プラトンは政治への情熱をもち続け、60代で地中海のシチリア島に政治顧問として2度招かれます。しかし、そこで哲学者が統治する理想国家の実現を目指し失敗しました。そして、失意のうちにアテネに戻り、80歳で亡くなるまで『**国家**』など大量の著書を書き続け、「書きながら死んだ」といわれました。

③アリストテレス（紀元前4世紀）

マケドニア王の侍医の子に生まれた**アリストテレス**（前384〜前322年）は、17歳から**プラトンがアテネ郊外に開いた学園アカデメイアで学び**、「学園の心臓」と呼ばれた秀才です。

彼は、師プラトンのイデア論・国家論のような理想主義ではない、経験と感覚を重視する**現実主義**の思想を展開しました。

目に見えないイデア界を信じ、現状存在しない哲人政治を求めるのではなく、アリストテレスは、目に見える現象界を生き、すでに存在している政治体制と折り合いをつけようとしたのです。

例えば「洞窟の比喩」で示したように、プラトンは、理性でしか捉えられないイデアを真の実在とし、この世界の事物はその影にすぎないと考えました。一方、アリストテレスは、**イデアは個々の事物の素材である「質料**〈**ヒュレー**〉」**に**

■『アテネの学堂』の中心

ルネサンス期にイタリアのラファエロ（1483～1520年）が描いた絵が『アテネの学堂』。中央の左右に立ち理想論（指を天に向ける）と現実論（手のひらを地に向ける）で論争しているのが、プラトンとアリストテレスの師弟。

理想の形「形相《けいそう》〔エイドス〕」として内在しており、個々の事物は真の実在と言ってよい、とします。

そして彼は、**事物が起こす運動・変化は、質料に内在している形相が具体化していく過程である**、としました。

事物が変化・成長することは、**質料に潜む形相への可能性**（**＝可能態**〔**デュナミス**〕）**が現実化された状態**（**＝現実態**〔**エネルゲイア**〕）**になること**。すなわち、種子が木へ、卵が鶏へと成長するように、**人間もまた、可能態から現実態に至る過程を生きている**、と考えたのです。

そして、質料と形相という原因（＝①**質料因**と②**形相因**）とともに、人間の動きの出発点となるものを③**始動因**、その目的となるものを④**目的因**とした。そして、技術は自然を模倣するもの、という考えから、自然的な事象についてもその成立や変化はこれら４つが働いているとして、**四原因説**を唱えました。

アリストテレスは、人間の徳〔アレテー〕の解釈についても**現実主義**をとりま

■質料と形相

例えば、机の素材である木材が質料で、机の理想的な形や機能が形相。アリストテレスは、万物の根源〔アルケー〕の素材と理想の形を統合したといえる。

した。彼は、人間の生活を、①快楽を求める「享楽的生活」、②名声を求める「政治的生活」、③富を求める「蓄財的生活」、④真理を求める「**観想**〔**テオリア**〕**的生活**」の4つに分類し、観想的生活を送ることこそが人間の**幸福**であり、**最高善**であるとしたのです。

そして、最高善である幸福が得られる観想的生活を送るには、**人間だけの特長である理性**を働かせ、徳を備えなければならないと考え、その徳を、知恵や**思慮**〔**フロネーシス**〕などの「**知性的徳**」と、習慣的に形成される正義などの「**倫理的徳**〔**習性的徳・性格的徳**〕」とに分けます。

後者を身につけるには、感情や希望の過剰と不足という両極端を避け、具体的な場面に応じて**中庸**〔**メソテース**〕と呼ぶ適度さ〔単に2つの中間＝平均ではない〕を習慣づけることが必要だとしました。

アリストテレスは、人は本来、国家や社会を離れて生きることはできないと考え、「**人間はポリス的**〔**社会的**〕**動物である**」という言葉を残しています。そして、国家において**正義**と**友愛**〔**フィリア**〕が果たす役割について説きました。

■アリストテレス

アリストテレスは、自然についても可能性すなわち目的が実現される過程であると捉えた。自然も最高善を目指し、それによって秩序づけられるという見かたを、**目的論的自然観**という。これは、のちに中世キリスト教に取り入れられ、近代科学が成立して無目的で必然的な因果関係を主張する機械論的自然観が一般化するまで、ヨーロッパの主要な自然観となった。

「正義」とは、徳が備わり正しい行為を行うことで、社会に適用される場面は2つあります。それは、時・場所を超えて常に成り立つ「**全体的正義**」（例：遵法意識）と、特定の場面でのみ成り立つ「**部分的正義**」（例：分配・交換における公正さ）で、後者はさらに能力や業績に応じて名誉や報酬を与える「**配分的正義**」と、裁判などで各人の利害・損得を均等に調和させる「**調整的正義**」に分かれます。

「友愛」とは、溺愛と無関心の中庸で、互いが自分への行為を認識している相互的な関係です。アリストテレスは、友愛を通じて人同士が交流するとき「善く生きる」ことができると考えました。また、友愛の動機には、有用性・快楽性・卓越性があり、互いの素晴らしさを認め合う**卓越性に基づく深い親愛こそが真の友愛**であり、正義を超える意義があるものだとしました。

また、アリストテレスは、国家の政治形態（国制）についても**現実主義**をとりました。

政治は、権力者の数によって①**君主制**、②**貴族制**、③**共和制**に分かれます。しかし、それぞれが堕落すると①**独裁制**、②**寡頭制**、③**衆愚制**になってしまいます。

彼は、質の良い王が世襲する君主制を理想としつつ、選挙で元首を選ぶ**共和制が実現可能な政治形態**だと考えました。

アリストテレスは、17歳から約20年間プラトンに学び、以上のような考えを身に付けた後、各地を遍歴し、40歳頃から7年間、**マケドニアで王子**〔**のちのアレクサンドロス大王**〕**の教師団**に加わりました。そして大王の即位とともにアテネに戻り、やがてマケドニア支配下となったアテネ郊外に、図書館や博物館を備えた**学園リュケイオン**を創設します。大王が亡くなると国外に亡命し、翌年亡くなりました。

アリストテレスの死後、弟子たちが著作や論文を整理したのが『**形而上学**《けいじじょうがく》〔**メタフィジカ**〕』『**ニコマコス倫理学**』『**政治学**』『**自然学**』などです。彼は、現実主義を根底に、哲学〔形而上学〕のみならず、倫理学・論理学・政治学・生物学・天文学などを幅広く研究し、文理を問わない「**万学の祖**」と呼ばれています。

■逍遥《しょうよう》**学派**

屋根付き回廊〔ペリパトス〕をぶらぶら歩きながら議論したので、アリストテレスの学派を「**逍遥学派**」と呼ぶ。

5 ヘレニズム思想（紀元前4～前3世紀）

ギリシア三大哲学者（ソクラテス、プラトン、アリストテレス）**の共通点は、あくまでも「ポリス**（都市国家）**市民として」物事を考えていたこと**でした。

紀元前4世紀後半、これまでギリシア人（ヘレネス）の生活基盤だったポリスは、マケドニアの**アレクサンドロス大王**（前356～前323年）による東方遠征などの戦乱で政治的独立を失い、崩壊していきました。そして、大王がギリシア人を東方（オリエント）に移住させ融合を進めたことなどで東西交流が盛んになり、**ヘレニズム文化**（＝ギリシア風文化）が地中海周辺に広がったのです。そしてさらに、ギリシア世界の影響は、エジプト・ペルシアからインドにまで及んだのです。

ポリスが崩壊すると、その一員としてではなく、世界の中の私個人である「**世界市民**（コスモポリテース）」としての生き方が注目されます。つまり、**戦乱が続く不安定な時代においては、客観的・絶対的真理を求めるより、個人が**

■「大王」アレクサンドロス

軍事力を強めたフィリッポス2世の子。イッソスの戦いでペルシア王ダレイオス3世を破り、東西にまたがる大帝国を築いた。

どのように生きていくべきか、に強い関心が集まったのです。

ヘレニズム思想は、以下の3つに分かれます。

①エピクロス派〔快楽主義〕

エピクロス派の祖であるサモス島出身の**エピクロス**（前341頃〜前270頃）は、快を求め不快を避けるのは人間の自然な本性であり、快楽が人間に幸福をもたらすはずだと「**快楽主義**」を説きました。

彼のいう快楽とは、迷信や死の恐怖を理論的に根拠がないと認識することにより魂の不安や身体の苦痛から解放された状態で、これを**アタラクシア**〔**魂の平安**〕と呼びました。そして、アタラクシアを実現するため、文明化された都市の政治や生活から離れ、自然の中で「**隠れて生きよ**」と説きました。

②ストア派〔禁欲主義〕

●**ストア派**の登場

ストア派の祖であるキプロス島出身の**ゼノン**（前335頃〜前263年頃）は、

■**エピクロス**

エピクロスは、アテネ郊外に「エピクロスの園」という庭園・学園を開いた。そして、自然哲学者デモクリトスの原子〔アトム〕論を継承し、神々や死後の世界を必要以上に怖れることもなく、安らかで質素な共同生活を送った。

自然のあらゆる事象・事物は、普遍的な**ロゴス**〔**理法**〕に貫かれていると考えました。人間も自然の一部であり、その本性たる理法は**理性**であるとしました。

そして理性に従う、すなわち自然と調和することで、怒り・欲望などの**パトス**〔**情念**〕を抑制し、幸福になれるのだと「**禁欲主義**」を説きます。そのために、いかなる感情にも心を動揺させない**アパテイア**〔**不動心**〕を獲得することを理想とします。彼の生活信条は、「**自然に従って生きよ**」でした。

論理学・自然学・倫理学を一体化した総合的な哲学としての**ストア派の思想家たちは、社会のあり方についても言及**し、国家・民族・階級を問わず、万人がロゴス〔理性〕に従い、パトス〔情念〕を抑えて生きれば、等しく幸福になれると説きました（**＝世界市民主義**〔**コスモポリタニズム**〕）。これは、西方ギリシアと東方オリエントを思想的に統合する動きとなります。

ストア派は、ローマ共和制末期から帝政時代に、政治家の**キケロ**、暴君ネロの師**セネカ**、もと奴隷の**エピクトテス**、最後の五賢帝で『**自省録**』の著者**マルクス＝アウレリウス＝アントニヌス**らのローマ人に受け継がれます。

彼らは、のちにキリスト教が広がる基盤を整えたともいえます。

■ストア

ゼノンが講義したアテネの公共広場に面した建物を「ストアポイキレ〔彩色柱廊〕」といい、ストア派の語源となった。「ストア」は英語のstoicの語源でもある。

③懐疑派

懐疑派の**ピュロン**〔前360頃〜前270頃〕は、どのような学説・信念にも必ず対立する見方があるとして、独断的な判断を保留〔＝判断停止〕することでアタラクシア〔魂の平安〕に至る生き方を説きました。

疑うことで独断を避けつつ探求を続けるという立場は、モラリストのモンテーニュや大陸合理論のデカルトなど、のちの思想家たちに大きな影響を与えました。

こうして、エーゲ海沿岸のギリシア・イオニアなどで始まった古代ギリシア哲学は、ヘレニズム思想へと発展し、地中海沿岸の全域に飛び出します。

神話から自然へ、物から人へ、ポリス市民から世界市民へ。この後、キリスト教という世界宗教に乗って、**ヨーロッパ全体の源流思想**になっていくわけです。

6

新プラトン主義（3世紀半ば〜6世紀）

その後、帝政ローマ時代の3世紀には、エジプト出身の**プロティノス**（205頃〜270年）が、プラトン哲学の流れをくむ**新プラトン主義**を唱え、実質的創始者とされました。

彼は、プラトンが「善のイデア」と呼んだものは、存在を超えた**一者**〔ト・ヘン〕という万物と世界が生まれる根源であるとしました。人間の魂は、理性・精神と感覚・身体の世界にまたがる存在で、理性を純化して根源である一者へと返り、最終的に合一を目指すという考えです。

このような神秘的な思想は、のちアウグスティヌスら古代キリスト教の教父哲学に大きな影響を与えました。

■他思想からの影響

新プラトン主義は、自然哲学のピタゴラスやヘレニズム思想のストア派など、さまざまな思想の影響を受けている。

第1章 破

教科書じゃ足りない 古代ギリシア思想

◆

佐藤 優

中国やグローバルサウス（途上国・新興国）が台頭してきたとはいえ、現在の国際社会のルールは、アメリカ合衆国、ヨーロッパ諸国の価値観に基づいて構築されている。また、私たちの日常生活の端々にも欧米的な価値観が潜んでいる。その源流が古代ギリシア思想にあるといえる。ここでは高校の教科書で覚えた古代ギリシア思想の概念を掘り下げていく。私たちとは異なる時間に対する感覚や、結論を急ぎ過ぎないことの大切さなど、古代の思想の一面に気づいてもらいたい。

◆哲学や思想の主流の問い

「世界とは何か」という議論は、ギリシア神話やイオニア地方を中心に生まれた自然哲学で展開された。「人間とは何か」という議論は、ソクラテス以後、盛んになる。ここまでは教科書に書かれている。このアプローチが持つ現代的意味について考えてみよう。

「世界とは何か」「人間とは何か」という二分法に乗るなら、現代はどちらの思潮が強いのだろうか。筆者は「世界とは何か」という問いのほうが、哲学や思想の主流になっていると思う。

例えば、生成AIが今後さらに進歩すれば、人間にとっての利便性は増すだろう。すでに多くの人がAI技術の介在するSNSやウェブ検索を利用している。私たちの脳は意識するしないにかかわらず、AIが提示する枠組みに適応しているのだ。それらはすべて、人間の「外側」のものだ。

生成AIも、人間の持つ機能の「拡張者」であり「代行者」になり得るだろうが、人間そのものではない。つまり、人間をとりまき、私たちの暮らしと切り離

■SDGsとマルクス

「持続可能な開発目標（Sustainable Development Goals）」。人類が安定して暮らし続けることができなくなるとの危機感から、世界中で話し合われ、2030年までに達成すべき具体的な目標を立てた。日本でも斎藤幸平氏がマルクスの著作の読み解きを行っている。『人新世の「資本論」』（集英社新書）など。

すことがいよいよ困難になったAIが支配的な「世界とは何か」を問う必要が強まってくる。

あるいは**SDGs**や気候変動の文脈から、19世紀のマルクスの著作を読み解こうとする試みも「世界とは何か」を考える作業だ。

その文脈で、世界の根源（アルケー）とは何かを考えた、ソクラテス以前のギリシア自然哲学者たちによる世界へのアプローチを参照しながら、現代社会が抱える難問を考えてみることには意味がある。

◆死生観に影響するアルケー

ギリシア自然哲学者たちが関心を払ったのは、世界は何からできているのかについての探求だった。アルケーは、ギリシア語で根源や始まりを意味する。

ここまでは教科書に書かれている。ここから少し踏み込んで考えてみたい。始まりがあれば対応する出来事として何があるだろうか。そう、必ず終わりがある。ギリシア語で言えば**テロス**だ。ところが教科書は、イオニア地方の自然哲学者たちがアルケーを何に求めたのかを解説しても、テロスについて想起させ

■時間

時間には2種類ある。時間の流れを意味するクロノス。もう一つが、国家、民族、個々人にとって決定的な意味を持つ時間であるカイロス。例えば、広島、長崎に原爆が投下された1945年8月6日と9日、東日本大震災が起きた2011年3月11日などがカイロスと言える。個人に限定するならば、大学入試に合格した日、初恋の人にふられた日なども。

る流れにはなっていない。

これは、日本人の「終わり」の感覚と古代ギリシア思想がベースになっているキリスト教世界やイスラーム世界の「終わり」の感覚との違いとして見ると面白い。始点から終点へは**時間**の経過を伴う。日本人の時間感覚の底流には仏教の**輪廻転生**があり、時間がぐるぐる回る円環をなしているのだ。そのような時間感覚のもとでは、始まりという意識も終わりという意識も希薄だ。一般に新年を迎えた日本人は、前年までの自分が上書き更新されたような新鮮な気持ちになる。

一方、古代ギリシア思想が思考のベースにある世界では、時間は終わりに向かって進んでいる。円環をなす場合にも、あるいは中間地点を想定する。ギリシア語のテロスは、単なる「終わり」ではない。目的、完成をも意味している。したがって、ある人の終わり＝死とは、その人の人生の目的が達成したことであり、完成でもある。アルケーという言葉は、死生観にも影響しているのだ。この発想はキリスト教が入ってきた後、より明確になる。

◆都市国家ポリスの二重世界

学問は富と人が集まる都市から生まれる。古代ギリシア人が万物の根源について考え、さらに、ソクラテスやプラトン、アリストテレスといった哲学者が輩出したのはなぜだろう。それは都市があったからだ。教科書では、ポリス（都市国家）を築いた古代ギリシア人が「スコレー（閑暇）」を手に入れたからだと説く。その暇な時間に熱心な議論を交わしていたという。古代ギリシア人がスコレーを手に入れられたのは当時の社会構造の恩恵によるところが大きい。

ここでポリスの構成について整理しておこう。ポリスの政治的・経済的・軍事的主体は自由民の男子だった。自由民は貴族と平民の2つに分かれる。ここではノモス（法、規範、道徳）が支配する世界だ。ここまでは教科書にも載っている。

次に、ポリスにおける自由民たちの私生活にも目を向けてみよう。家庭はどのようなルールに支配されていたのか。ノモスに対置するものとして、自由民の私的生活を**オイコス**（家、家政、家計）で説明できる。自由民の男子・女子・子ども、さらに（家内）奴隷。では、オイコスの支配手段は何かというと、**ビア**（暴力）だ。家庭は、家長である自由民の男子が女子や子どもに暴力を振るっていい場所だったのだ。奴隷に対しても生殺与奪権を持っていた。この側面は教科書では教えてくれない。平均的なポリスの市民の家にはだいたい2〜3人の奴隷がいた。その奴隷に労働を担わせることにより、自由民男子はスコレーを手中にし、「世界とは」「人間とは」と議論を交わしていたわけだ。

公の領域では法秩序を守り、法によって物事を解決していくことがルールだが、私的領域では暴力で家族を支配し、トラブルを解決していいという二重世界だったということだ。そしてこの公私の二重性は現代にいたるまでずっと継承されている。また、オイコスには経済の意味もあるが、公的領域における経済プロセスも暴力性をはらんでいることに留意したい。古代ギリシア世界の二重性は、私たちの思考や行動の鋳型の一つであり、抜け出すことが困難になっている。

デロス同盟の盟主となったアテネでは、ペロポネソス戦争での勝利に貢献した平民が力をつけ、民主制に移行した。そこでは議論が重視され、弁論に長けたものは立身出世ができた。そうした背景から登場したのが**レトリケー**（**弁論術**）を教えるソフィストと呼ばれる職業教師だ。代表的なソフィストの一人、プロタゴラスが「万物の尺度は人間である」と言ったように、人々の関心は「人間とは何か」に移っていく。

■**文字は殺し、霊は生かす**
『新約聖書』コリント人への手紙3－6にある言葉。人間とはキリストにより心の板に書きつけられることで社会化した存在である。そのような人間に対し、神は新しい契約（イエスを救済主とする信仰）に仕える資格を与えてくれた。それは、文字（律法＝モーセ五書）ではなく霊に仕える資格だ。「文字は殺しますが、霊は生かします」（新共同訳）。

ソフィストとはどのような存在なのか。決して詭弁を弄するいかがわしい人たちではない。これは、対価制で捉えるのが明快だと思う。何かを教える対価としてお金を受け取った瞬間にソフィストになる。その意味では現代の大学の教員もソフィストだ。ソフィストと哲学者の違いも、対価を得るか得ないかで分かれる。哲学者は対価を求めず、学知を一方的に贈与する存在だ。

◆死生観は時代によって異なる

ソフィストが幅を利かせるアテネで、ソフィストと問答を繰り返し、彼らに自分は無知だと自覚させたと伝えられるのがソクラテスだった――と私たちが知ることができるのは、プラトンがソクラテスの言動を書き記したからだ。ソクラテス自身は著作を残していない。その理由を、『新約聖書』コリント人への手紙の「**文字は殺し、霊は生かす**」という言葉から探ってみよう。

もともと、文字とは、発話者を離れてしまえば、受け手との間でメッセージにズレが生じる運命にあるのだ。ソクラテスが生きた時代、音声を記録する装置はない。それだけに発話の一回性は今では想像できない重みがあったのではないか。

ソクラテスが著作を残さなかったのは、発話と文字との間に生じるズレ＝「文字は殺す」ことのリスクに気づいていたからではないかと思う。

ソクラテスは「悪法もまた法なり」と言って市民裁判の判決を受け入れ、毒杯をあおって死んだ。しかし、死生観は時代によって大きく異なることを見落としてはならない。古代ギリシア人は、死とは魂の肉体からの解放という知的操作を受けて信じていた。だから死はそれほど怖くなかった。ソクラテスは自分の魂の正しさを確信していたから、死とは扉を開けて隣の部屋に行くくらいの感覚だったのではないかと私は考えている。

◆アリストテレスが唱えた「テオリア」

教科書が必ず触れるのが、プラトンの国家論だ。王となった哲学者がその理性を十分に生かした統治を理想とするが、この発想は民主主義的でない。哲学を習得できるのは知的能力の高い限られた人たちで、そういう中から独裁者が出てくるのが人民にとって幸せだというエリート主義の思想である。哲学者の王と彼をサポートする能力の高い人間で政を行えばいい。下々の者は彼らの言うことに従

■カール＝ポパー（1902～94年）

オーストリア出身のイギリスの哲学者。ウィーン大学で博士号を取得。1937年、ナチスドイツによるオーストリア併合前に、ニュージーランドへ亡命。左右の全体主義を批判した『**開かれた社会とその敵**』（全4巻、小河原誠訳、岩波文庫）は第二次世界大戦中に構想・執筆され、45年に刊行された。第2巻でヘーゲルとマルクスの思想を批判。

えという統治形態になる。

こうしたプラトンの国家論を徹底的に批判したのがイギリスの哲学者**カール＝ポパー**だった。著書『開かれた社会とその敵』の第1巻を「プラトンの呪縛」とし、プラトンの思想の中に全体主義の根源があることを抉《えぐ》り出して見せた。極度のエリート主義政治が持つ危険を指摘したポパーの指摘は説得力がある。

プラトンが開いた学園アカデメイアで学んだアリストテレスは、現実主義の思想を展開したとされる。彼は人間の幸福についてテオリア（観想）的生活を送ることが最上だとした。テオリアは重要な概念で、「見ること」を通じて、物事の本質をつかもうとする態度だ。ただし、テオリアには実践や実験の思想が「ない」。そこにこそテオリアという思想的態度を理解するポイントがあると思う。

ここでもう一歩進めて考えたいのは、ヨーロッパにおいて実践、実験はいつから盛んになったかということだ。カトリック教会の権勢が頂点に達した中世だと筆者は考える。というのも、当時の人々にとって神の国にいかにして入るかは切実な問題だった。学問、芸術、建築、民衆による巡礼……これらはすべて神の国に入るための実践だ。

■錬金術

卑金属を人為的に貴金属に転換する技術。古代エジプトが発祥とされる。14~15世紀にヨーロッパで全盛期を迎えた。科学的側面と神秘的・魔術的側面をもつ。17世紀に入り、近代科学の成立とともに衰退した。

錬金術もこうした流れに位置づけられる。教科書で錬金術については詳しく説明されていないが、その思考の型について知っておく必要がある。錬金術こそ実践＝実験がなければ成り立たない。だから錬金術師は必ずラボ（研究室）を持っていた。決して金を人工的に作ることはできない。しかし、金を作り出すことに成功した事例があり、証言が残されている。

いずれも錬金術師がラボの研究員＝弟子の深層心理を支配したときに成功している。つまり、錬金術師が「これは金だ」と言えば、みんなが金だと認めるのだ。錬金術の究極は、心理操作の技法の究極だとも言える。これは20世紀半ば、心理学者のユングが著書『心理学と錬金術』で指摘したことでもある。すると、2014年にSTAP細胞を作ったとして論文が発表された件は、研究に関わったメンバーがSTAP細胞の作製を信じたという意味で、21世紀の錬金術だという話になる。心理操作としての錬金術は現在も生きているという話で非常に重要だ。

アリストテレスの項目で教科書が強調するのが、「人間はポリス的（社会的）動物である」という言葉だ。古代ギリシア、とりわけアテネは民主主義のルーツと

■**ウンベルト＝エーコ**（1932〜2016）

イタリアの小説家、哲学者、記号学者。映画化もされた小説『薔薇の名前』で有名なエーコは、多彩な顔を持つ。『永遠のファシズム』（和田忠彦訳、岩波現代文庫）は1990年代の湾岸戦争、ネオナチの台頭、難民問題などを念頭に置いた論文集。ファシズムが持つあいまいさの危険性を説く。

されることから、肯定的に捉えられることが多い。「人間はポリス的動物である」は、人は社会から離れて暮らすことはできない、互いに助け合って生きていくにふさわしい徳を備えようという文脈で解説されている。

同時に考えたいのは、「人間はポリス的動物」であるがゆえに、ファシズムも生み出しうるという点だ。この怖さをわかっていたのが、イタリアの哲学者**ウンベルト＝エーコ**だ。エーコは『永遠のファシズム』でファシズムの特徴を14項目挙げている。彼の叙述をまとめるとこうなる。人は生まれながらに「差異の恐怖」を持っている。人間は群れをなす動物で、ファシズムは人が持つ差異の恐怖をあおって群れ全体の恐怖とし、文化・習慣の異なる他者を区別・差別して排斥したがる。人は社会的動物である以上、放っておくとファシズムに走る傾向にあるから、反ファシズム教育を意識的に行う必要があると説いている。

ファシズムについては、もう一点、先に述べたノモス（法、規範、道徳）とオイコス（家、家政、家計）というポリスが持つ二重性からも考えられる。オイコスのもつ暴力衝動からファシズムを見てみよう。

現代に引き寄せて言えば、企業がコンプライアンス遵守（ノモス）と宣言していても、利益のために社員に過重労働を強いたり、法を破らせたり、異議申し立ては認めないなど、コンプライアンスを無視することは珍しくない。これは利潤追求＝カネが持つ暴力性（オイコス）に突き動かされた結果だ。また、公の場ではＬＧＢＴＱ＋に理解を示している（ノモス）男性が、家に帰れば、男尊女卑丸出し（オイコス）という例はいくらでもある。ファシズムを構成する一要素のマチズモ（男性優位主義と、そこから派生する価値観）とオイコスとは親和的な側面があると思う。ちなみにこの見方は、個人に対しても有効だ。ある人の子どもやパートナーへの接し方、お金に対する姿勢を見ることで、その人物の人となりを判断できる。

◆ヘレニズム思想の懐疑派

古代ギリシア思想では、「愛」の概念も重要だ。教科書では、愛の概念はプラトンの項目で「**エロース**」として登場し、アリストテレスの項目で「**フィリア**」として登場する。教科書の構成上、難しいのかもしれないが、エロースとフィリア、さらにもう一つの愛の概念「**アガペー**」の３者は実は離せないもので、西洋思想の重要ポイントでもあるからまとめて理解したほうがいいと思う。

日本において、エロースはセクシュアルな方向で捉えられがちだ。確かにその一面はあるが、本来のエロースは、自分に欠けているものを欲し、追い求めることを言う。優れたもの、憧れているものに焦がれて追求する概念だ。学問や芸術に情熱を傾けること、出世欲や金銭欲から仕事に一生懸命取り組むことも、自分に欠けたものを満たすという意味でエロースだ。つまり、見返りを前提とした愛だ。見方を変えれば、エロースはさまざまな分野で「ごほうび」を求める人を突き動かす、社会の活力源だと言える。

一方、見返りを前提としない愛がアガペーだ。例えば、親子の関係だ。例外もあるが、ほとんどの親は子どもを育てるときに、将来、何か見返りを得ることを計算しない。子どもがひたすら可愛いから育てるのだ。この経験から、ユダヤ教とキリスト教の「父なる神」が生じる。つまり妻をもたない＝特定の子どもがいない万人にとっての父。ではその「父」は何を表象しているかと言えば、見返りを求めずに子を守ってくれて、あるときは自分の命に代えても守ってくれる。そのような父親の姿からアガペーの概念は生じている。

フィリアとはどのような性質の愛なのだろうか。「この人とはなんとなく気が合う」「この人のために何かやってあげる」――交換ではなく贈与し合うような関係がフィリアだ。友情や友愛を意味している。

この3つの愛は濃淡の違いはあるが、古代ギリシア思想にも、キリスト教、ユダヤ教、イスラームにも流れている。キリスト教はアガペーを強調し、古代ギリシア思想ではエロースよりもフィリアを強調していると思う。

ヘレニズム思想として、昔からエピクロス派（快楽主義）、ストア派（禁欲主義）、懐疑派の3つを教えられるが、いまの日本の状況を前提に着目したいのが、懐疑派だ。ピュロンが唱えた説で、いったん判断を留保することが重要だと説いている。「論破のための論破」がメディアでもてはやされ、結論を急ごうとする風潮の中では、人は思考過程のままにあることに耐えられないのだと思う。

だからこそ、懐疑派のように他者が提示する判断、あるいは自分の判断は本当に正しいのかと疑い、結論を急がず保留したままにしておくことが、現代においてどのような意味があるのか、自分なりに考えることが重要だ。

第２章

宗教と中世思想

第2章 守

教科書が教える
宗教と中世思想

◆

伊藤賀一

古代ギリシアなど地中海沿岸のヨーロッパで成立した「哲学」は、「世界とは何か」「人間とは何か」を徹底的に考えることでした。それに対し、西アジアで成立した一神教は、「世界はどう創造されたのか？→神によって創造された」「なぜ・いかに生きるか？→神の御心《みこころ》のままに」と、この部分に関しては思考を停止します。しかし、一神教は哲学を飲み込んでいくように見えて、それでも神学の傍らに存在し続けます。人間は思考することを止めず、大きな思想の流れができあがっていくのです。

1 ユダヤ教（紀元前6世紀～）

西アジアの砂漠の遊牧民だった古代**イスラエル人**〔ヘブライ人〕は、過酷な自然条件の中で生きていました。紀元前2000年頃、現在の**パレスチナ地方**〔カナーン〕に定住した後、一部はエジプトに移住しますが、エジプト新王国のファラオ〔王〕の圧政により、奴隷状態となってしまいます。

しかし、前13世紀には、**預言者**の**モーセ**に率いられ、カナーンに向けてエジプトを脱出します（＝「**出エジプト**」）。

イスラエル人は、脱出の成功を**ヤハウェ**による救済と信じ、唯一・絶対の**人格神**で造物主、そして「**裁きの神**」「正義の神」であるヤハウェに従う民となる**契約**をした民族として、自らを規定します。

神は諸民族の中からイスラエル人を選び、モーセを通して**律法**〔**トーラー**〕と掟を与え、それらを「守るならば」見返りとして彼らを苦難から救う約束をしたとされます。

■**パレスチナ**

19世紀に起きた「ユダヤ人の故郷」をパレスチナ≒イスラエルの地に建設しようとするシオニズムは、戦後のパレスチナ問題に直結している。

■**ユダヤ教の聖地**

ユダヤ教はキリスト教の母胎。聖地はエルサレムの「嘆きの壁」。

律法の根幹となる**十戒**は、モーセが人々を率いてカナーンへと向かう途中、シナイ山上で受け取ったとされています。イスラエル人は、律法を守ることこそ神に仕え、祝福を得る道であると信じ、故郷カナーンの地に国を建てます。

こうして、古代イスラエルは、前10世紀には統一王国の基礎を固め、ダヴィデ王・ソロモン王父子の下で栄えました。しかしそれは、経済的繁栄をもたらすと同時に、貧富の差などを引き起こし、やがて信仰の純粋性が損なわれる事態もしばしば生じたのです。

のちに王国は、北のイスラエル王国と南のユダ王国に分裂、さらに前8世紀後半には、北はアッシリアに滅ぼされ、続いて南も新バビロニアに征服されました。前6世紀前半には、数回にわたりユダ王国のイスラエル人の多くが首都バビロンに連れ去られました（＝「**バビロン捕囚**」）。

困難な状況の中で、人々に正しい生き方を説いたのが、イザヤやエレミヤなど、神の言葉を伝える預言者たちでした。彼らは、イスラエル人が多神教の神々を信じ、律法を守らないからこそ異民族による支配を招いたとして、ヤハウェの裁きが下されることを警告する一方、「神はメシア〔救世主〕をこの世に送ってくださ

■律法

ユダヤ教徒は、律法で安息日とされている土曜には労働を禁じられている。また、肉食獣や、蹄が割れていて反芻するもの以外の草食獣、鱗とヒレのない魚介類などは食べられない。

るだろう」と説きました。

このようにして、イスラエル人（この頃から**ユダヤ人**）は、ヤハウェへの信仰を固く守り、律法と預言者の言葉を通じて、神が自民族だけを選び関わり続けることを確信し、救世主による救済を待望するようになりました。そして、数々の苦難は神に選ばれた民としての試練であり、「**最後の審判**」の日には永遠の命を与えられ、救済されると信じたのです（＝**選民思想**）。

前538年、アケメネス朝により新バビロニアが滅ぼされると、ユダヤ人はバビロンから解放されました。カナーンに戻った彼らは、エルサレムにヤハウェの神殿を再興し、『**旧約聖書**』を聖典とする**ユダヤ教**を確立します。この教えは、選民思想があることから広がりにくく、ユダヤ人の**民族宗教**といえました。彼らは、長く続いた苦難の中で精神的な拠り所を求め、唯一・絶対神への信仰によって民族の自覚と結束を図ろうとしたのです。

しかし紀元前1世紀後半、彼らは**ローマ帝国の支配下に置かれ**、再び苦難

■「最後の審判」

世界が終わる日がやがて訪れるとする世界観＝終末観は、ユダヤ教だけでなく、後に成立するキリスト教・イスラームに共通する教え。すべての死者に対して神が「最後の審判」と呼ばれる裁きを行い、永遠の命を与えられ天国に行く者と、地獄に落ちる者に分ける。

を強いられることになりました。その時、ユダヤ教の祭司階級である**サドカイ派**や、律法を字句通り解釈してとにかくそれに従う生活を重んじた形式主義の**パリサイ派**は、ローマの支配を受け入れるだけで、貧困に苦しむ民衆を救おうとしませんでした。そればかりか、律法を守れない遊女や徴税人を**罪人**として差別し、病者や異邦人に対しても極端な排他的・独善的態度をとったのです。

そのため、民衆の間には、現状からの救済を求め、救世主への待望が大いに高まりました。そこに現れたのが、イエスでした。

2 キリスト教（1世紀〜）

①イエスの思想（1世紀前半）

「イエス＝キリスト〔イエスは救世主〕」。この言葉はキリスト教の核心を表しています。「救世主」は、ヘブライ語でメシア、ギリシア語でキリストといい、これ

■『旧約聖書』

ヤハウェによる天地創造・人類創造を描く「創世記」、イスラエル人のエジプト行きと脱出、モーセの十戒などを記す「出エジプト記」など多くの歴史書・預言書などから成り立ち、主にヘブライ語で書かれている。ユダヤ教とキリスト教の聖典だが、イエスを通じた神との「新しい契約」である**『新約聖書』**に対し、「旧い契約」を意味する『旧約聖書』はキリスト教側からの呼称。

を信じる人がキリスト教徒〔クリスチャン〕で、信じない人が異教徒なのです。キリスト教は民族や国家を問わない**最大の世界宗教**で、信者数は世界人口81億人中、26億人以上とされます。

大工のヨセフを父、**マリア**を母としてベツレヘムに生まれ、ナザレで育ったユダヤ人の**イエス**〔前4頃～30年頃〕は、30歳頃にヨルダン川のほとりで**預言者ヨハネの洗礼**〔バプテスマ〕を受けた。そして、ガリラヤ地方を中心に「時は満ち、**神の国**は近づいた、悔い改めて神の**福音**〔エヴァンゲリオン・喜びの知らせ〕を信じなさい」と人々に呼びかけ、伝道活動を行いました。

イエスは、神殿祭祀中心主義のサドカイ派を無視し、律法中心主義のパリサイ派を形式主義として厳しく批判します。そして、本来の律法の精神に立ち返り、表面的な字句にとらわれず律法の教えを実践することを説きました。これを「**律法の内面化**」といいます。

例えば、パリサイ派が安息日に麦の穂を摘んだ人を非難した時、イエスは「安息日は人のためにあるもので、人が安息日のためにあるのではない」と述べてい

■神の国

「神の愛や救いがあるところ」という意味で、人間が自分本位の考え方を改め、内面に実現すべき世界を指す。イエスは、「神のものは神へ、カイザル〔皇帝〕のものはカイザルへ」と言い、具体的な国家ではなく、自らの罪を悔い改めて互いに愛し合う人々の精神的なつながりとして、神の国が実現するとした。

ます。

　また、**ヤハウェ**について、ユダヤ教がユダヤ人だけの近寄りがたい「裁きの神」「正義の神」とみなしたのに対し、全人類の身近にいる父のような「許す神」「愛の神」であるとしました。そして、**神の愛**〔**アガペー**〕は、**無差別・無条件**に万人に注がれる無償の愛であるとし、「心を尽くし、精神を尽くし、思いを尽くし、力を尽くして、あなたの神である主を愛しなさい」と**神への愛**も説きました。

　さらにイエスは、「あなた自身を愛するように、あなたの隣人を愛しなさい」と言い、神の下で人を分け隔てなく愛する**隣人愛**を実践すれば、公平と正義が実現された神の国が到来し、最後の審判で誰もが救われると説いたのです。

　イエスは、弟子たちとともに町や村を巡り歩き、病気の人々を癒し、当時嫌悪されていた徴税人や罪人と食事をともにするなど、ユダヤ教の社会規範に反しても、社会的弱者とともにあろうとしました。また、**「何事でも人々からしてほしいと望むことは、人々にもその通りにしなさい」**（＝イエスの**黄金律**）と述べ、相手の立場に身を置いて接するよう説いて回りました。

■隣人愛

出会ったすべての人を「隣人」と考える。

このような伝道活動を通じて、民衆の多くはイエスを救世主と信じ、彼の教えに従うようになったのです。

『新約聖書』の「ルカによる福音書」から、イエスのたとえ話を2つ挙げましょう。

「放蕩《ほうとう》息子の帰郷」→神の愛〔アガペー〕について

ある人に2人の息子がいた。兄は父に忠実で勤勉だったが、弟は財産を先に分けてもらい遠い国に旅立ち、放蕩の限りを尽くした。財産を使い果たした時、その国が凶作となり、飢えた弟はどうにもならなくなり、「罪深い自分はもはや息子としての資格はないが、雇われ人としてでもいいから食べさせてほしい」と思い帰郷した。父は、自らの罪を悔い改めた弟を許し、それを見て「真面目に働いてきた自分の立場がないではないか」と怒った兄に対しても理解を示し、2人ともに愛を注ぎ、すべてを与えた。

「善きサマリア人」→隣人愛について

ユダヤ人の律法の専門家がイエスを試そうと思い、「どうすれば永遠の生命を

■父と兄と弟

寛大な「父」は神、真面目な「兄」は律法に忠実なユダヤ人、放蕩息子の「弟」は罪人を表す。

受け継ぐことができますか」と聞いた。イエスが「律法には何と書いてあり、あなたはそれをどう読んでいるか」と問うと、専門家は「律法には神である主を愛しなさい、また、隣人を自分のように愛しなさいとあります」と答えると、イエスは「正しい答えだ、それを実行しなさい」と言った。さらに専門家が「私の隣人とは誰ですか」と聞くと、イエスは「あるユダヤ人が追いはぎに襲われ、半殺しにされ倒れていたが、通りがかったユダヤ人の祭司は面倒だと思いそれを無視して道の向こう側を通り過ぎた。次にレビ人（神殿に直属する聖職者）も通りがかったが、同じように無視した。しかし、次に通りがかった旅のサマリア人（ユダヤ人と敵対関係にあった外国人）は、その人を懸命に助けできるだけのことをした。さて、襲われた人にとって誰が隣人になったと思うか」と尋ねた。専門家が「その人を助けた人です」と答えると、イエスは「行って、あなたも同じようにしなさい」と言った。

②イエスの死とキリスト教の成立（1世紀）

このようなイエスの思想と活動は、ユダヤ教指導者たちの反感を買いました。

■新約聖書の言葉

他にも「求めよ、さらば与えられん」「人はパンのみにて生きるにあらず」「罪を犯したことのない者から、この女に石を投げよ」などが有名。イエスの言行と受難は、『新約聖書』の四つの福音書「マタイ」「マルコ」「ルカ」「ヨハネ」に記されている。

律法を字句通り守ることに重点を置き、選民思想をもつ彼らには、イエスの新しい教えがヤハウェを汚し、自らの権威を貶《おとし》めるものに思えたからです。

30年頃、ユダヤ教指導者たちに「人々を扇動する反逆者で、神を冒瀆《ぼうとく》する者、世を乱す者」だと訴えられたイエスは、ローマ帝国のユダヤ属州総督ピラトの命により、エルサレムのゴルゴタの丘で**十字架**にかけられ処刑されます。この非業の死を「**受難**」といいます。

③原始キリスト教（1〜2世紀半ば）

その後、**ペテロ**（?〜67年頃）を中心とした**使徒**と呼ばれるイエスの直弟子たちの間で、十字架上で死んだイエスは神の子で、救世主であるという教えが説かれました。

そして、イエスは神により3日目に**復活**、その後**昇天**し、終末に地上に再臨して最後の審判を行い、神の国を完成するとしました。

これらを信じる者は罪を許され善人となり、新たな永遠の生命を生きることができるという信仰が生まれ、ここに**キリスト教**が成立したのです。

■復活祭〔イースター〕

イエスが再臨した日に、現在も**復活祭**〔イースター〕が行われている。「春分の日の後の最初の満月の次の日曜」なので毎年変わり、宗派によっても異なる。染めたり塗ったりされるイースターエッグは、生卵ではなくゆで卵。近年はプラスチックやチョコなど代用品が多い。

ペテロら使徒が、エルサレムを中心とするパレスチナ地方で布教活動を行っていた頃、**パウロ**（?〜65年頃）は、パリサイ派のユダヤ教徒としてキリスト教を迫害していました。しかし彼は、イエスの死の2年後に劇的な**回心**を経験し、以後はキリスト教の伝道を行います。

パウロは、ダマスカス（現在のシリア首都）にキリスト教徒弾圧に向かう途中、「なぜ私を迫害するのか」という点からのイエスの声に打たれ、落馬したことを契機に回心しました。彼は、神の子イエスの教えと十字架上の死を、人間が宿命的に背負う**原罪**を贖《あがな》うものと説く、**贖罪《しょくざい》思想**を確立した人物として有名です。

またパウロは、信仰の核心を「人が**義**とされる（＝神から赦《ゆる》されて正しく誠実な魂の状態となる）のは、律法の行いではなく、イエスの福音への信仰による」とする**信仰義認説**も確立し、「**信仰**」「**希望**」「**愛**」という**キリスト教の三元徳**をもって生きることを人々に説きました。そして、これらはユダヤ人以外の異邦人にも及ぶとして、パレスチナ地方以外の地中海沿岸にも伝道しました（＝**異邦人伝道**）。このようにして、**ローマ帝国**支配下の各地に教会が建てられたのです。

■原罪

原初の人間とされるアダムとイヴは、エデンの園で神の言いつけに背き、禁断の果実を食べて追放された（＝楽園追放）。このように、人間は生まれながらにして自己中心的で、罪に向かってしまう存在である、と定義されていた。ユダヤ教やイスラームには、このような原罪の発想はない。

パウロはイエスの直弟子ではないですが、その教えを深く理解し、イエスの言行などとともに『**新約聖書**』に収められている重要な手紙などを書き、「**異邦人の使徒**」と呼ばれます。ローマ市民権をもち広い範囲で活動できた彼は、こうしてユダヤ人以外の民族へもわかりやすく教えを説き、**キリスト教が世界宗教になる基礎を築いた**のです。

以上のように、イエスやペテロが創始し、パウロが教義を確立した初期のキリスト教を「**原始キリスト教**」といいます。

④キリスト教の拡大（1～4世紀後半）

ペテロやパウロの伝道により、キリスト教は社会的弱者を中心に**ローマ帝国**全土に広がり、上層市民にも信徒が現れるようになりました。この過程で、『新約聖書』がギリシア語で記され、ユダヤ教の『旧約聖書』とともにキリスト教の聖典となっています。

当時の帝国内の宗教は多神教で、ローマ皇帝も神の一人とされたので、皇帝に

■使徒ペテロ

ペテロは「教会の中の教会」ローマ教会の創設者とされる。

■キリスト教の聖地

エルサレムの「聖墳墓教会〔聖墳墓記念聖堂〕」。

対する崇拝儀礼が重視されていました。しかし、唯一・絶対の神ヤハウェを信じるキリスト教徒はそれを拒み、国家の祭祀に参加しませんでした。そのため彼らは反社会集団とされ、暴君ネロ帝の迫害（64年、ペテロが殉教）からディオクレティアヌス帝の大迫害（303年）までの間、国家や民衆から厳しく責められたのです。

相次ぐ迫害にもかかわらず、4世紀になってもキリスト教は拡大を続けたため、巨大な存在を無視できなくなったコンスタンティヌス帝は、**ミラノ勅令（313年）でキリスト教を公認**し、帝国内の統一をはかります。キリスト教は、これ以後、皇帝の保護を受けるようになり、最高指導者が**教皇**を名乗る**ローマ＝カトリック教会**を中心に、著しく勢力を伸ばします。その過程で、教会では教義の解釈を巡り、二派に分かれ論争が起きました。

そして、ニケーア公会議（325年）で、イエスを神の子とする**アタナシウス派**が正統教義とされ、イエスを人間とするアリウス派は異端とされます。アタナシウス派の説は、のちに「**神**」「**神の子イエス**」「**聖霊**」**を同一とする三位一体説として確立**され、正統教義の根本となります。

⑤アウグスティヌスらの教父哲学（4世紀末〜5世紀）

4世紀後半、ユリアヌス帝が多神教の復興を試みるも成功せず、ついにテオドシウス帝は、アタナシウス派キリスト教を**ローマ帝国の国教**とし、他の宗教を禁じました（392年）。

このように、キリスト教が国家権力と結びついていくにつれ、一般信徒を指導する聖職者身分が成立し、**ローマ教会の組織化**が進んだのです。その過程で、教義を明文化・体系化し、教会の権威や**神学**の確立に貢献した**教会公認の学者・理論家**を**教父**といいます。彼らがギリシア哲学を用いてキリスト教的真理を説明・確立した思想を、**（古代）教父哲学**と呼びました。

最も代表的な教父は、**アウグスティヌス**（354〜430年）です。著書『**告白**』によれば、青年期は欲望のままに生きていたところ、絶対的な「一者」を求める**新プラトン主義**に触れた後、32歳でキリスト教に回心します。偶然聴こえた隣家の子どもの「取って読め♪」という歌うような声に誘われて聖書を読んだことがきっかけだったそうです。彼はその後、悔い改めて神の救いを望む心と、罪へ傾いてしまう自由意志との矛盾に苦悩しながら、自らを見つめ直していきます。

アウグスティヌスは、「（アダムのように）すべての人間は生まれつき原罪を背負っているからこそ、自由意志でなく神からの一方的な無償の恩恵（＝**神の恩寵**《おんちょう》）によってのみ救済され、善に向かうことができる」と考えました。そして、誰が救われるかはあらかじめ決められている（＝**恩寵予定説**）として、神の絶対性を説いたのです。

さらに彼は、**キリスト教の三元徳**（**信仰・希望・愛**）に**ギリシアの四元徳**（**知恵・勇気・節制・正義**）**を取り込み、それらを合わせた七つの徳を説きました。**

このように、アウグスティヌスが確立した教父哲学は、ヘブライ人とも呼ばれるユダヤ人から生まれた、神ヤハウェを崇拝する**ユダヤ教・キリスト教の思想**（**ヘブライズム**）**と、ギリシアの思想**（**ヘレニズム**）**を融合させ、中世の思想の基盤を創ることになった**のです。

■「最大の教父」

アウグスティヌスは、北アフリカのタガステ出身。ペルシアから伝わったマニ教から回心し、ヒッポ・レギウスの司教となった。現実の（自己愛による高慢な）「地上の国」における教会の役割は、理想の（神への愛による謙虚な）「神の国」との間に立って人々や国家を正しく導くものであると説き、『三位一体論』や『神の国』を著してローマ教会の正統教義や権威を拡大した。

⑥ローマ＝カトリック教会の発展（4世紀末〜11世紀）

キリスト教を公認し国教化したローマ帝国は、4世紀後半のゲルマン民族の大移動により混乱し、395年には東ローマ帝国〔ビザンツ帝国〕と西ローマ帝国に分裂しました。その後、西ローマ帝国は476年に滅亡し、代わりにフランク王国が台頭します。

このフランク王国と協同して西ヨーロッパ世界の形成に貢献したのが、**教皇**を最高指導者とする**ローマ＝カトリック教会**で、他の教会とは別の活動を展開していきます。

もともと原始キリスト教では偶像崇拝は禁止されましたが、キリスト教徒は慣習的にイエスや聖母マリア、使徒など聖人の聖像を用いて礼拝していました。特にゲルマン人への布教に聖像を利用していたのがローマ教会です。

726年、東ローマ帝国のビザンツ皇帝レオン3世が聖像禁止令を出すと、ローマ教会は、（隣接するイスラーム世界と対抗するためにも）偶像崇拝を厳しく禁じた**コンスタンティノープル教会**との対立を深めました。

800年、ローマ教皇レオ3世が、フランク王国カール大帝（シャルルマーニュ）にローマ皇帝の帝冠を与えます。この「カールの戴冠」により、ローマ教皇は、西ヨーロッパ世界で優位な地位を占めることになったのです。

そして11世紀半ばには、**キリスト教世界は、「西」のローマ教皇を最高指導者とするローマ＝カトリック教会**と、**「東」のビザンツ皇帝を最高指導者とするギリシア正教会**（**東方正教会**）（＝もとのコンスタンティノープル教会）が、互いの正統性を主張して完全に分裂しました。

ローマ帝国以来続いていた**地中海世界は、西ヨーロッパ世界・東ヨーロッパ世界・イスラーム世界の3つに分かれ、以後はそれぞれ独自の歴史を歩むことになった**のです。

⑦トマス＝アクィナスらのスコラ哲学（12〜13世紀）

中世のヨーロッパは、「キリスト教の時代」でした。特に西ヨーロッパでは、ローマ＝カトリック教会の絶大な権威が行きわたっており、当時の学者・知識人とは、聖職者・修道士を指したほどでした。

■カロリング＝ルネサンス

カール大帝は、宮廷にアルクインら多数の学者を招き、ラテン語による文芸復興が起きた。これをカロリング＝ルネサンスという。

スコラ学は、中世の西ヨーロッパに発達した、神学と哲学を中心とする総合的学問で、特にその哲学部分を「**スコラ哲学**」と呼びます。

当時は**神学が最高の学問**とされ、東ヨーロッパのビザンツ帝国や西アジアのイスラーム世界から流入した古代ギリシア哲学や自然科学は、低い地位に置かれました。

しかし、スコラ哲学は、11世紀末~13世紀後半まで続いた十字軍の遠征により東西文化の交流が深まる過程で合理化・体系化され、ローマ＝カトリック教会唯一の公認哲学になったのです。

特に13世紀後半に出た、イタリア出身の**トマス＝アクィナス**（1225頃~74年）は、**スコラ哲学の大成者**として有名です。イスラーム世界経由で流入したアリストテレス哲学に影響を受けていた彼は、著書『**神学大全**』において、**理性**（哲学）**と信仰**（神学）**の区別**を論じました。そして、それらは相反するものではなく、理性が信仰を補う存在、すなわち「**哲学は神学の侍女**」と考え、**信仰の優位を維持しつつ、両者の調和的な統合を図った**のです。

■トマス＝アクィナスの考え

アリストテレスの説いた配分的正義の考えを踏まえ、私有財産を認めつつ、同時に貧者への施しなどを通じて貧富の差をなくす必要性も説いている。

■スコラ哲学

スコラはラテン語の「学校」で、英語 schoolの語源。中世の学問は、主に教会や修道院付属の学校で教育・研究された。

⑧信仰と理性をめぐる思想の展開（14世紀）

その後、14世紀になると、信仰と理性の関係について、トマス＝アクィナスとは異なった主張が盛んになりました。

「普遍的な○○」のように普遍に実在性を認める実在論に対し、普遍的なものは概念や言葉でしかないという**唯名論**を唱えたイギリスの神学者・論理学者**ウィリアム＝オッカム**は、信仰は証明不可能なので、信仰に理性は無用であるとして2つを分離させました。

彼は、神の存在や性質は信仰によって知られると主張し、信仰と理性、神学と哲学を分離してスコラ哲学を解体した近代哲学の先駆者とされているのです。

以上のように、中世までの「哲学」は、4～14世紀まで1000年以上にわたり、キリスト教という「宗教」を中心に展開していきました。（古代）教父哲学のアウグスティヌスも、（中世）スコラ哲学のトマス＝アクィナスも聖職者でした。

しかし彼らは、当時の社会で当然もたれていた宗教観（＝キリスト教がもつ功罪

■「オッカムの剃刀《かみそり》」

物事を考える際に必要以上の問題や理由を述べるべきではないと考えた。このような節約的な思考法は「オッカムの剃刀」と呼ばれる。

を客観的に考えない）を背景としつつ、それをより根本的な視点（＝なぜ人は神を信じるのか？）から論理的に見つめ直したという点で、やはり学者でもあったのです。

3 イスラーム（7世紀～）

キリスト教に次ぐ世界第2位の宗教人口をもつ**イスラーム**は、アラブ人の**ムハンマド**によって、7世紀前半のアラビア半島（現在のサウジアラビア）で成立しました。

イスラームは、発祥の地である西アジアから、北アフリカ・中央アジア・南アジア・東南アジアなどに広まり、アラブ人やペルシア人以外の民族や国家も含む**世界宗教**となりました。世界人口81億人中、20億人を超えた現在でも、各地で信徒は増え続けています。

①イスラーム成立以前のアラビア半島

南はアラビア海に面し、東西をペルシア湾と紅海に挟まれた**アラビア半島**は、

■イスラーム(教)

イスラームは「神への絶対服従」という意味で、信仰だけでなく生活全般を指すので、厳密な宗教名は「イスラーム教」ではない。

砂漠の中にオアシスが点在する土地でした。人々は、厳しい自然の中で、農耕も行いつつ遊牧を主流とし、隊商〔キャラバン〕を組む商業活動も得意としていました。

6世紀後半、ササン朝ペルシア（現在のイラン）と東ヨーロッパのビザンツ帝国が戦いを繰り返します。従来、アジアとヨーロッパを結ぶ「オアシスの道〔シルクロード〕」などを通って運ばれてきた各種の商品は、戦乱を避けてアラビア半島西部を経由するようになり、特に大都市メッカの商人は、この国際的な中継貿易を独占して大きな利益を上げたのです。

アラビア半島では、個人はあくまでも部族の一員で、**各部族ごとに偶像崇拝の多神教が存在**しました。

部族の人々は、同族への愛情が強く、他の部族には敵意を向けたので、社会全体としてはまとまりを欠いています。また、多くの利益を得た豪商の間では、貨幣の力こそ万能という考えも広がり、人々の社会生活・日常生活も乱れがちでした。

②ムハンマドとイスラームの成立

7世紀前半、アラビア半島では豪商により富が独占されて貧富の差が広がり、部族間の対立も激しい状態でした。

この頃、メッカのクライシュ族に生まれた大商人**ムハンマド**〔**マホメット**〕（570頃～632年）は、40歳頃、郊外のヒラー山の洞窟で**天使ジブリール**〔**ガブリエル**〕から「**起きて、警告せよ**」という神のお告げ〔啓示〕を授けられたとされます。その後もこれは繰り返されたので、ムハンマドは、「自分はモーセやイエスを選んだ神〔アラビア語で**アッラー**〕によって選ばれた、**最大かつ最後の預言者**なのだ」と自覚し、神に絶対服従する**イスラーム**の教えを説き始めたのです。

③イスラームの迫害とヒジュラ〔聖遷〕

イスラームの教えは、部族制に基づく多神教ではなく、ユダヤ教・キリスト教と同じ**一神教**でした。ムハンマドは、「全知全能の唯一・絶対神アッラーの前ではすべての人間が平等である」と主張し、部族の枠を超えた社会体制をつくろう

■ムハンマドの顔？

イスラームは偶像崇拝を固く禁じているので、絵画でもムハンマドの顔部分が描かれることはない。

としました。しかし彼は、アッラーへの絶対服従を説き、偶像崇拝や富の独占を批判したことで豪商たちから迫害を受けます。

622年、ムハンマドは、彼の教えを信じる人々を率いてメッカから北方の**メディナ**に移住しました。これを**ヒジュラ**〔**聖遷《せいせん》**〕といい、この年がイスラーム暦《れき》（＝1年を354日とする太陰暦）元年となっています。

④共同体の成立とジハード〔聖戦〕

イスラーム教徒は、「アッラーの意志に従う」という意味の**ムスリム**を自称しました。彼らは、民族・部族・身分・貧富の違いに関わらず平等に信徒として認められており、**聖職者も存在しない**のが特徴です。

メディナでは、ムハンマドが率いるムスリムたちの**ウンマ**〔**共同体**〕が形成されました。630年、軍事的・外交的成功をおさめ強力になったムスリム軍は、ムハンマドを先頭に**メッカ**を征服、**カーバ神殿**の多神教の神像をすべて破壊し、聖殿としました。これにより、メッカはイスラーム最大の聖地となりました。

このようなウンマの拡大・防衛のための異教徒との戦いを**ジハード**〔**聖戦**〕と

■ジハード〔聖戦〕

ジハードの本来の意味は「神のための奮闘努力」で、精神的な自分自身の内面における努力と、物理的な異教徒との戦いがある。

いいます。

その後の2年間で、アラビア半島の諸部族はムハンマドの支配下に入り、ゆるやかな統一が実現しました。

⑤イスラームの教え

アッラーは人間的な感情ももつ**人格神**で、モーセやイエス、ムハンマドらを預言者として使わしたとされています。また、アッラーはあらゆる事物を超越した全知全能・唯一絶対の存在なので、**偶像崇拝は厳しく禁じられています**。

イスラームの聖典〔**啓典**〕である『**クルアーン**〔**コーラン**〕』は、神が天使の仲介によりムハンマドを通じて人間に与えた成句であり、アッラーと人間との関係や、人間同士の関係を規定しています。ムハンマドの死後にアラビア語でまとめられ、結婚や相続などの私的な規範や、公的な政治・外交・社会・文化活動にも言及しています（＝**聖俗一致**）。

■クルアーン

「読まれるもの」「朗誦されるもの」を意味し、文体も詩のようであり、読むだけでなく声に出すべきものとされる。

成立時から一言一句変わらない『クルアーン』と、ムハンマドの言行録〔ハディース〕を基にした慣行・行動規範である**スンナ**からなるものが、**シャリーア**〔**イスラーム法**〕で、信仰や日常生活の規範から、行政法・国際法などまで細かく規定されています。

このような信仰・儀礼・社会規範を守ることは、神アッラーの定めた生き方であり、それに従って生きることが、来世での永遠の幸福につながるとされました。また、**ムスリム**〔**イスラーム教徒**〕**の信仰・行動義務**を簡潔にまとめたものを**六**《ろく》**信**《しん》**・五行**《ごぎょう》といいます。この2つは同じように重視され、**信仰心が深くても行動が伴わなければ意味がない**とされています。

六信→ムスリムが信じるべきもの
①**アッラー**→宇宙の創造者、唯一絶対で全知全能の神。
②**天使**→神と預言者を仲介するもの。
③**聖典**→『クルアーン』や『旧約聖書』『新約聖書』の一部。
④**預言者**→アダム、ノア、アブラハム、モーセ、イエス、ムハンマド

■火獄と楽園

「最後の審判」でも現世での信仰心の深さと義務の実行が問われる。ジハード〔聖戦〕で亡くなった者は火獄〔地獄〕に落ちることはなく、必ず楽園〔天国〕に行けるとされている。

〔最大かつ最後の預言者〕など。

⑤**来世**→最後の審判で現世の報いを受ける場。

⑥**天命**→この世のすべては神によって定められたことである。

五行→ムスリムが行うべきこと

①**信仰告白**〔シャハーダ〕

「アッラーは唯一神、ムハンマドは使徒〔預言者〕」と唱える。

②**礼拝**〔サラート〕

どこにいても日に5回、定められた時刻に定められた手順で、聖地メッカの方角に向かい礼拝する。

③**断食**〔サウム〕

健康な成人男女は、**ラマダーン月**〔イスラーム暦9月〕の**夜明けから日没まで、水を含む一切の飲食を断つ**。病人・旅人・妊娠中の女性などは断食を延期できる。

④**喜捨**〔ザカート〕

■**ムスリム用の時計**

各土地の緯度・経度や都市名をセットすると、時刻とメッカの方向を表示してくれる時計があり、ムスリム〔イスラーム教徒〕は外出時に持ち歩く。

資産に応じて貧民救済のための税金を納める〔イスラームでは不労所得をよしとせず、金融でも**利子が禁止**されている〕。

⑤**巡礼**〔ハッジ〕

原則として、一生に一度は巡礼月〔イスラーム暦12月〕に**聖地メッカのカーバ神殿**を訪れる。

⑥イスラームの発展

7世紀に誕生したイスラームは、世界の歴史を大きく変えました。ムハンマドの死後、ウンマ〔共同体〕の分裂を回避するため、継承者である**カリフ**が選ばれ、最高指導者となります。

しかし、どのような人物をカリフに選ぶかという論争から、多数派の**スンナ派**と少数派の**シーア派**に分裂しました。その他にもさまざまな分派が生じ、現在でも分派間の対立や、原点回帰の復古運動を行う**原理主義**〔ファンダメンタリズム〕の活動が、国際社会で問題になることもあります。

■スンナ派とシーア派

預言者の後継者について、ムハンマドに近い血筋の家系に必ずしもこだわらないのが多数派のスンナ派。こだわるのが少数派のシーア派。

■カリフ

「預言者の代理人」という意味。

ムスリム〔イスラーム教徒〕たちは、イラン〔ペルシア〕・イラク・シリア・エジプトの征服を行い、8世紀半ばまでにイベリア半島からインダス川流域までを統治し、古代オリエント世界に代わる**イスラーム世界**が形成されました。そこではアラビア語が公用語となり、カリフやのちの**スルタン**〔**支配者**〕は、シャリーア〔イスラーム法〕に基づく政治・外交を行いました。

⑦イスラーム文化の開花

イスラーム文化は、ギリシアの合理的思考を受け継いで発展しました。

特に9世紀にイラクのバグダードに建てられた「知恵の館」を中心に、ギリシア哲学・自然科学の文献がアラビア語に翻訳され、それを基に**イスラーム独自の神学・哲学・論理学・医学・数学・天文学**などの学問が発展しました。

また、11世紀頃から、**モスク**〔**礼拝堂**〕付属の高等教育機関として「マドラサ」がイスラーム世界の各地に建てられ、ここで学問を修めた者は**ウラマー**〔知識人〕

■**ハラール**

イスラーム社会で許容された事物や行為が「ハラール」で、豚肉や飲酒、金融の利息のように禁止されたものが「ハラーム」。当時はタバコが存在しなかったことから、喫煙は「ハラール」とみなされている。

と呼ばれます。彼らは神学・法学に通じ、イスラーム社会で大きな影響力を持ちました。

アリストテレス哲学は、11世紀前半の**イブン＝シーナー**〔アヴィセンナ〕や、12世紀後半の**イブン＝ルシュド**〔アヴェロス〕らによって研究され、その成果はラテン語に訳されて西ヨーロッパにも伝わり、中世スコラ哲学や、近世の始まりであるルネサンスに影響を与えました（＝**イスラーム哲学**）。

また、理性重視の哲学とは異なり、直観を重視し、身体的修行を通じて精神的な境地を目指すのが**スーフィズム**〔**イスラーム神秘主義**〕で、11世紀後半に**ガザーリー**が学問の中に取り込み、宗教上の正統性を与えられています。

イスラーム哲学やスーフィズムは、イスラーム文化の一部として浸透し、多様性をもたらしました。しかし、モンゴル帝国によって東方イスラーム世界が征服された13世紀以降に、新たな潮流を生みます。

14世紀初め、法学者の**イブン＝タイミーヤ**は、改宗したモンゴルの君主がイスラーム教徒であると認めず、彼らへのジハード〔聖戦〕を広く呼び掛けました。

■イブン＝ルシュド

哲学は『クルアーン』やシャリーア〔イスラーム法〕の理解に必要であり、聖典は哲学が示す真理と矛盾しない形で解釈されるべきだと主張した。

■イスラーム文化

理論的学問だけでなく実用的学問も取り入れられ、のちにこれらは西洋世界にもたらされた。

そして、シーア派、イスラーム哲学、スーフィズムを、スンナから逸脱していると厳しく批判したのです。

このように、後世に生まれた逸脱を排し、ムハンマドとウンマ〔共同体〕の初期世代〔サラフ〕の言行に立ち返ることで、正しい信仰や社会が成立するという考えを**サラフ〔サラフィー〕主義**といいます。

ちなみにイスラーム世界では、同じ唯一・絶対神を崇拝しているユダヤ教徒・キリスト教徒には、条件つきで信教の自由を認め、居住することを許しました。『旧約聖書』『新約聖書』の一部がイスラームと共通する「**啓典の民**」だとしているというのがその理由です。しかし、ユダヤ教に対しては選民思想を批判し、キリスト教に対しては三位一体説を多神教への妥協だと否定しています。

■イスラームの聖地

イスラームの三大聖地は、メッカの「カーバ神殿」、メディナ、エルサレムの「岩のドーム」。

第2章 破

教科書じゃ足りない
宗教と中世思想

◆

佐藤 優

教科書では、ユダヤ教とキリスト教、そしてイスラームは一神教としてくくられているが、この3つの宗教を奉じる人々は争いながら、現在に至るまで歴史をつくってきた。同時に、それぞれの教義も構築してきた。どの宗教も「この世の終わりが来る」という点では共通しているが、その終末観と救済観には違いがある。ユダヤ教とキリスト教の終末観の違い、イスラームの学派の違いは、現代の中東情勢を読み解くカギにもなる。

■サドカイ派

紀元前2世紀中頃〜紀元1世紀のエルサレム滅亡まで続いたユダヤ教の教派。祭司、貴族、商人など富裕な特権階級が中心。保守的だが世俗権力とうまく折り合いをつけながら自分たちの利益を守った。パリサイ派と対立した。

ユダヤ教は待望の論理、キリスト教は希望の論理といえる。

キリスト教では、イエスが誕生し、人類の罪を背負って刑死してくれたおかげで、「元本先取り」の形で「救済はすでに始まっている」と考える。だから未来に希望を持てるのだ。ただし、救済の完成は遥か未来のことであり、今は救済の開始と完成の間の中間時だという考え方をする。

ユダヤ教はイエスを救済主（キリスト）とは認めないから、まだ救済は始まっていない。救済主を待望すれどもいまだ現れず、という状態だ。するとここから先、我々の身にはもっと悪いことが起きると考える。そのために我々は滅びるかもしれないという強迫観念にとらわれ続けている。

イスラームにもキリスト教のような「元本保証」はついてこない。最後の審判で、その人の善行と悪行を天秤にかけ、少しでも悪行が重ければ地獄で焼かれることになり、少しでも善行が重ければ楽園へ行ける。

◆自己愛を否定しない

教科書では、ユダヤ教の項目にもキリスト教の項目にも、ユダヤ教の教派であ

■パリサイ派

エルサレム滅亡まで存続したユダヤ教の教派。「分離した者」を意味する。徹底して律法を厳守することが特徴。イエスも第三者の目からすればパリサイ派だったが、内実の伴わないパリサイ派の人々の律法厳守を厳しく批判し対立した。

る**サドカイ派**と**パリサイ派**について言及している。イエスはパリサイ派を批判したとあるが、当時の文脈で見た場合、イエス自身もパリサイ派だ。

イエスがパリサイ派に厳しいのは、自分と近い関係にあり、律法の形式にとらわれ、律法を自分の血肉としていないからであり、そのような聖職者たちのあり方を批判した。

イエスの思想で重要なのは、**隣人愛**だ。「あなた自身を愛するように、あなたの隣人を愛しなさい」という言葉のポイントは自己愛を否定していない点にある。裏返せば、自分を愛せない人間にどうして他人が愛せようか、ということだ。近年、他者への思いやりの欠如や助け合いの精神が衰えているといった指摘が目立つ。その現象の根源をキリスト教から見ると、自分を愛せなくなっている人が多くなっているからだ、ということになる。自己愛即隣人愛というのは、出会ったすべての人に対し、自分は具体的に何ができるかを考え、実際に行動に移すことを言う。

気持ちは形にならないと意味がない。隣人愛とは、人類愛というような抽象的なものではない。

■エルサレム会議
紀元49年頃、エルサレムで開かれた使徒と長老たちによる会議。『新約聖書』使徒行伝15章に記されている。

◆信仰のハードルを下げたパウロ

イエスの死後、宗教としてのキリスト教が使徒（直弟子）たちの伝道活動によって成立していく。ユダヤ教から独立した宗教としてのキリスト教を確立したのが**パウロ**だが、パウロはイエスの直弟子ではない。幻の中でイエスと出会ったのだとして直弟子を自称しているにすぎない。

パウロはパレスチナを離れ、異邦人に対してキリスト教の伝道を熱心に行った。イエスを救済主と信じれば誰でも救われると説き、信仰のハードルを下げることによって信者を増やしていった。ところが、ユダヤ人のキリスト教徒との対立が生じた。ユダヤ人のキリスト教徒はユダヤ教の伝統にのっとり、異邦人も割礼をすべきだと主張した。

エルサレム会議において、パウロは「異邦人に割礼の必要はない」と主張した。会議で決着はつかなかったが、結果としてパウロ派以外のキリスト教勢力はすべて滅びた。現在のカトリック、正教、プロテスタント、シリアの**ヤコブ派**、エジプトの**コプト派**、**ネストリウス派**もすべてパウロ派の系統だ。

■コプト派、ヤコブ派、ネストリウス派

コプト派はエジプトで広がったキリスト単性論を奉じる教派。紀元1世紀から現在まで存続している。シリアで生まれたヤコブ派はキリスト単性論を奉じる。キリスト単性論とは、イエス・キリストは神性のみを持つとする考え方。ネストリウス派は5世紀のコンスタンティノープル総大司教ネストリウスに端を発する。イエス・キリストの人性と神性を明確に分けようとした。

キリスト教は、「イエスの使徒」を自称する男＝パウロによって作られた宗教だ。イエスは自身をユダヤ教徒と認識していた。キリスト教は、イエスが教祖でパウロが開祖という構造の宗教だと言える。

パウロ自身は、哲学的な思想にも、世俗的な知恵にも長けていた。ローカルな宗教が国家権力と対立したために滅びた例は枚挙にいとまがない。パウロは、どれほど強力で尊いとされる権威であっても、神に依らない権威はないという理由で国家権力との正面対峙を巧妙に避けた。パウロは世俗権力とうまく折り合いをつけ、宗教としての倫理基準を緩くすることで、中世のヨーロッパ世界を支配する教団の礎を築いた重要人物である。

◆旧約聖書と新約聖書はなぜセットか

キリスト教の拡大過程で、聖典が整備されていく。『新約聖書』と『旧約聖書』だ。この成立事情がキリスト教の性格を知るうえで興味深い。最初に聖書を作ったのは、小アジア出身の**マルキオン**（1世紀末〜2世紀半ば）だった。マルキオンによればユダヤ教の神ヤハウェはキリスト教の神とは違うという。ヤハウェは一段低次の神で、この神がこの世に悪を作り出したと主張した。

したがってユダヤ人というのは悪神を崇拝している民族だ。そのユダヤ教の神から解放されるために生まれたのがキリスト教だ。マルキオンは現在のルカによる福音書の一部とパウロ書簡の一部に手を加えて、これをキリスト教の聖書とした。マルキオンの思想は反ユダヤ主義的色彩が濃厚だったのだ。

当時、**マルキオン派**は、正統派のキリスト教と同じくらいの力を持ったため、正統派のキリスト教徒は自分たちの正典（キャノン）を急いで確定する必要に迫られた。正典とは当該宗教の規範となる文書群を指す。それがマタイによる福音書、マルコによる福音書、ルカによる福音書、ヨハネによる福音書と書簡集などから構成される新約聖書とユダヤ教の文書から成る旧約聖書とをセットで正典として確定させた。

旧約聖書が新約聖書と一体とされた理由は、強力な反ユダヤ主義教団であるマルキオンに対抗する必要があったからだ。正統だと思われる文書は聖書にすべて収録した。したがって、聖書を読めばわかるが複数の文書を照らし合わせると食い違いが生じる話は山ほどある。聖書の整合的な解釈は不可能だ。

■**フロマートカ**（1889~1969年）

チェコのプロテスタント神学者。プラハのフス神学大学教授。フス神学大学がコメンスキー神学大学に改称後、亡くなるまで教授を務めた。ナチス政権下にアメリカに亡命し、1947年にチェコスロバキアに帰国。マルクス主義との対話を進めたことから、「赤い神学者」と呼ばれた。『人間への途上にある福音』（平野清美訳、佐藤優監訳、新教出版社）。

歴史的に見ると、キリスト教の信条や教義は、強力なアンチの出現によって防衛的に生じている。キリスト教という宗教は人間の救済が目的であって、理論を第一義に置いていない。キリスト教において理論が出てくるときはその前に敵対理論がある。敵対理論が強力であればあるほど、優れた神学が生まれている。筆者が研究を続けているチェコの神学者**フロマートカ**の神学が優れているのは、マルクス主義というキリスト教に対立する強力な無神論体系があったからだ。

中世最大の教父哲学者アウグスティヌスについては、悪との関連を付け加えておこう。神は完全な存在なのに、なぜこの世に悪があるのか。その難問に対し、アウグスティヌスは悪を「善の欠如」として位置づけた。穴の開いたチーズを思い浮かべてほしい。神学の世界で穴あきチーズモデルと言い、チーズの部分が善であり、悪はチーズの穴に該当する。その穴を埋めれば悪はこの世からなくなるという考え方だ。

ただ、このモデルには欠陥がある。人が引き起こした悪は人間に罪があるとの理由付けが可能で、生得的な罪（原罪）を顕在化させないように人々を導くことができれば、チーズの穴をふさぐことができる。しかし、なぜ、能登半島地震や、

■アフマド＝イブン＝ハンバル

ムスリム法学者。ハンバリー法学派の創設者。強固な保守性が特徴。近現代の復古的な原理主義運動に影響を与えている。

東日本大震災、阪神・淡路大震災のような天災地変が起きるのか。これを悪の観点から神学的に説明することは非常に難しく、チーズの穴をふさぐ手立てがない。いまだに解決不能な神学上の難問だ。悪とは何か。この点に関し、キリスト教徒でなくとも、私たちはアウグスティヌスの思考の鋳型で考えていると言える。

◆教科書に載っていないイスラームの四法学派

イスラームについて教科書の記述から派生して知っておきたいのは、多数派であるスンナ派の4つの法学派についてだ。

①ハナフィー法学派＝トルコや中央アジア。②シャフィーリー法学派＝コーカサス地方、東南アジア。③マーリク法学派＝エジプトやアルジェリアなど北アフリカ。この三学派については世俗文化ともうまく折り合いをつけていて、ひとくくりにしていいと思う。

四番目のハンバリー法学派の思想は、先の三法学派とは大きく異なっている。**アフマド＝イブン＝ハンバル**（780〜855）によって創設され、サウジアラビアで主流の学派になっている。コーラン（クルアーン）とハーディース（ムハン

■サラフィー主義
初期イスラーム共同体（ウンマ）の時代を範とし、その復活を目指す近現代のスンナ派内のイスラーム改革運動。

マドの伝承集）にのみ依拠して宗教上の問題解決を図る。政治から民衆の生活に至るまでシャリーア（イスラーム法）の支配しか認めない。つまり、世俗文化に妥協しない。原理主義そのものだ。

イスラームの原点回帰運動である**サラフィー主義**は基本的にハンバリー法学派の延長線上にある。また、アルカイダや「イスラーム国」もハンバリー法学派だ。国際社会に影響を及ぼしうる勢力だという点でハンバリー派の動向は注視しておきたい。

アメリカ、イスラエルとの対立を深めているイランは少数派シーア派の中で最大の**十二イマーム派**を国教としている。

9世紀末から10世紀初頭とされる時期、12代目のイマーム（シーア派指導者）が人々の前から突然姿を消した。そのイマームを人の目に見えない別次元に存在する「お隠れイマーム」とし、最後の審判の日に再び姿を現して人々を救ってくれると信じているのが十二イマーム派だ。

イマームが再臨するまでの期間をガイバ（隠れ）という状態だとしている。キリスト教に似た構成だ。

十二イマーム派はガイバの間、自分たちは危険な状態にあると考えている。そのため信仰を守り、自分の身を守るためには嘘をついてもいいとされている。教義の中に嘘をつくことを認めている宗教はかなり珍しい。

第３章

近代思想のめばえ

第３章 守

教科書が教える
近代思想のめばえ

◆

伊藤賀一

ルネサンス〔文芸復興〕は、11世紀末〜13世紀後半の「十字軍の遠征」によりイスラーム世界からもたらされて再評価されるようになった「古代ギリシア・ローマ文化」に立ち返りつつ、「中世キリスト教文化」を継承・発展させ、近代思想の出発点となりました。宗教改革は、腐敗したローマ＝カトリック教会の反省を促し、「カトリック」「東方正教会」に続くキリスト教第３勢力の「プロテスタント」を登場させます。そして、旧来のキリスト教中心の価値観が転換されていく「神から人間へ」という流れの中で、自己に対し内省的な思索・観察を行うモラリストも登場します。

1 ルネサンス〔再生〕（14〜16世紀）

①文芸復興・人間復興

中世の西ヨーロッパは、封建的権力と教会権力の双方に束縛される社会で、個人の自由や人間性の尊重という意識は存在しませんでした。

しかし**14世紀**頃、ローマ＝カトリック教会の権威が弱まるのと前後して、権力を断ち切り新しい社会を築こうとする運動が起こります。

ルネサンスは、フランス語で「**再生**」を意味します。これは、キリスト教の影響を受ける以前の、人間味にあふれた古代ギリシア・ローマの学問・芸術の復興のことです。

人々は、**文芸復興**だけでなく、精神的な部分においても、古代人のように宗教から自由になろうとしました。あるがままの人間性を肯定し、生き方や価値観を自らの感情や理性で決定する**人間尊重の精神**が登場したのです。

■**万能人**

ルネサンス期の人々は、地上の生活に積極的意義を見出し、そこで能動的に活動するところに人間の価値を求めた。彼らが理想とした人間は、丈夫な身体と強い意志、広い知識と冷静な理性を兼ね備え、能力を全面的に発揮する**万能人〔普遍人〕**だった。

ルネサンスは北イタリアから始まりますが、その背景には、東方貿易による経済の発展がありました。貨幣経済の発達は、市民を固定の身分から解放し、個人が活躍する場を与えたのです。そして、自由の意識に目覚めた人々は、経済活動だけでなく多方面で活躍するようになります。

②ルネサンス期の主要人物

ルネサンスを支えた**人文主義・人間中心主義**〔ヒューマニズム〕とは、**古代ギリシア・ローマ文化を学ぶことによって、人間性を回復することを目指した思想・運動**です。

中世ヨーロッパの「神」中心の社会秩序に代わる新たな「人間」中心の秩序が求められ、人々は古典の中にそれを見出そうとしたのです。「世界と人間の発見」とされるルネサンス期における古典研究は、単に知識・教養を深めるのではなく、現状を批判し、克服していく方法の研究でした。

以下に、文学・思想・美術の3ジャンルの重要人物を列挙します。以後の近代哲学の成立・発展に、これら「**神から人間へ**」の動きは、重要な役割を果たしていきます。

●文学

イタリアの**ダンテ**（叙事詩『**神曲**』はルネサンスの先駆）、**ペトラルカ**（叙情詩『**カンツォニエーレ**〔**抒情詩集**〕』で恋愛感情を表現）、**ボッカチオ**（小説『**デカメロン**〔十日物語〕』で欲望を肯定し教会や聖職者を批判）、イギリスのチョーサー（小説『カンタベリ物語』）、シェークスピア（戯曲『ロミオとジュリエット』『ハムレット』『オセロー』『リア王』『マクベス』『ヴェニスの商人』）スペインのセルバンテス（小説『ドン＝キホーテ』）など。

●思想

イタリアの**ピコ＝デラ＝ミランドラ**（論文『**人間の尊厳について**』で**人間の自由意志を説く**）、**マキャヴェリ**（『**君主論**』で「狐のずる賢さと獅子の獰猛さ」を併せもち「目的のためには手段を選ばない」現実的な権謀術数主義〔マキャヴェリズム〕を説き**政治を宗教・道徳から分離**）、ネーデルラント〔オランダ〕の**エラスムス**（『**愚神礼賛**《ぐしんらいさん》〔**痴**《ち》**愚神礼賛**〕』で教会の腐敗・堕落および神学者の聖書解釈の愚劣さを痛烈に風刺、他にも『**自由意志論**』で

■「14」は不吉な数字

14世紀のヨーロッパは、中世から近代への転換点だが、1348年から細菌性の感染症であるペスト〔黒死病〕も流行した。イタリアから感染拡大した3年ほどでヨーロッパ約3分の1の人口を失い、「メメント・モリ（死を忘れるな）」という標語の下、個人の生き方を重視する風潮が強まった。

人間の自由意志を説く)、イギリスの**トマス＝モア**(『**ユートピア**』で理想的な平等社会の自由な生活を示し当時の社会を批判)。

●美術

「人間の視点」として絵画に**遠近法**を採用し、彫刻を含め**ありのままの肉体美**を表現しました(＝写実主義)。イタリアの**ボッティチェリ**(絵画『春(プリマヴェーラ)』『ヴィーナスの誕生』)、**レオナルド＝ダ＝ヴィンチ**(絵画『**最後の晩餐**』『モナ＝リザ』など、科学・発明・建築・軍事などに才能を発揮し天文学・物理学・機械学・解剖学などさまざまな学問に業績を残した**万能人の典型**)、**ミケランジェロ**(絵画『**最後の審判**』・彫刻『**ダヴィデ像**』を制作した万能人)、**ラファエロ**(絵画『**アテネの学堂**』や多数の『聖母子像』)。

2 宗教改革(16世紀)

ローマ帝国により国教となったキリスト教は、古代・中世を通して教義が確立し、**ローマ＝カトリック教会**の体制も整い、西ヨーロッパの人々の生活と強く結びつきました。
その一方、**教皇**を頂点とする宗教的階層も成立し、教会は皇帝・王などの世俗権力と結びつき、土地所有や税の徴収など、封建領主と同じ側面をもつようになりました。中世末期には、教会の資金源として**贖宥状**《しょくゆうじょう》（**免罪符**）が売り出されるなど、キリスト教本来の精神から離れてしまっていました。

このように腐敗した教会・聖職者を批判し、「真の信仰とは何か」を考え、生き方を探究する人物たちが現れます。ルネサンスの人間中心主義（ヒューマニズム）は、宗教思想にも影響を及ぼしていたのです。14世紀後半のイギリスのウィクリフ、15世紀初めのボヘミア（現在のチェコ）のフスらを先駆に、**16世紀**、ドイツのルターやフランスのカルヴァンが行ったのが、**宗教改革**です。

①ルターの宗教改革

1517年、**ドイツ**の神学者**ルター**（1483～1546年）は、教会を批判し、4年後に教皇レオ10世から破門され、皇帝カール5世からは神聖ローマ帝国追放

■ルター

22歳の時、落雷に襲われ死への恐怖を感じたことから回心。法学を学んでいた大学を去り修道院に入る。のちヴィッテンベルク大学の神学教授となり、34歳の時、ラテン語で書いた『95カ条の論題』で教会を批判して宗教改革を始めた。著書『キリスト者の自由』『奴隷意志論』。人間の自由意志には否定的であったため、オランダのエラスムスと論争している。

処分とされますが、有力諸侯〔貴族〕や市民の庇護を受けて改革を続けました。彼は、神に認められるためには**「信仰のみ」**が重要だと主張し、「これさえ買えば天国に行ける」という贖宥状を乱売する教会を厳しく批判しました。

また、一般の人々も読めるように、ヘブライ語・古代ギリシア語から**ドイツ語に聖書を翻訳**しました。

ルターは、**神の愛**を強調し、神の前ですべてのキリスト者は平等であり、教会・聖職者の権威におもねることや、彼らが勧める善行・功徳を積むことではなく、**ひたすら信仰することで直接神と向き合うべき、とパウロの教えへと回帰**し**「信仰義認説」「福音主義」**を説きました。そして、神の言葉を伝える**「聖書のみ」**が、信仰の拠り所であると**「聖書中心主義」**を説きました。

また、キリスト者は等しく神の前に立つ者であり、その観点からは、世俗の者も司祭〔聖職者〕であり、誰もが聖書を通して神と直接関わることができるため

■社会の変革

15世紀にドイツのグーテンベルクが活版印刷技術を発明していたので、教会の贖宥状やラテン語聖書も、ルターの著作やドイツ語聖書も大量生産が可能となった。

■贖宥状

当時、教皇はサン＝ピエトロ大聖堂改築のための資金をドイツのフッガー家から借り入れており、その返済にあてるため贖宥状を発行した。

特権的身分は不要と「**万人司祭説**」を唱えました。ルターは、この考えに基づき、**世俗の職業は卑しく聖職は高貴である、という従来の考えを否定し、職業はすべて神から与えられたもので貴賤などない**、と「**職業召命観**」も唱えました（ただし利潤の追求は否定）。

これらの考えは、近代ヨーロッパの大きな特徴である個人主義的な自由・平等思想が発展する基礎となりました。

②カルヴァンの宗教改革

フランスに生まれ、**スイスのジュネーヴで宗教改革に取り組み、『キリスト教綱要』**を著して**神の絶対性**を強調し、教皇・教会の権威を徹底的に否定しようとしたのが**カルヴァン**（1509〜64年）です。

彼は、神は個別の人間の救済の可否についてあらかじめ決定しており、人間はそれを変更することはできない（＝人間の生前の行いは関係ない）と**予定説**を説きました。これは、「ある者は救いに、ある者は滅びに予定されている」という**二重予定説**です。

■万人司祭説

ルターは教会の権威は聖書の権威に由来するので、聖書の権威にまさるものではない、と主張した。

また、人が自らの救済を確信するためには、各人が聖書の教えに従い、神への奉仕として与えられた世俗の職業に禁欲的に励むべきであるとしました。このような「**職業召命観**」は、ルターが最初に唱え、カルヴァンが利潤追求を積極的に肯定した「禁欲主義的職業召命観」へと発展させた考えで、ルネサンス期に理想とされた万能人〔普遍人〕に対し、**職業人**〔**専門人**〕という新たな人間像を生みました。

カルヴァンは、**神の栄光**を増す各職業に励んで富を増大させることは正当で、蓄財を還元し社会を改善しようと努力することが大切だと考えました。そして、職業は天の神から与えられた**召命**〔**天職**〕で、すべての個人は、身分と関係なく神の前で平等だと説きました。

このようなカルヴァンの主張は、西ヨーロッパの商工業者の間に広く普及し、16世紀後半には、**フランス**〔「**ユグノー**」〕・オランダ〔「ゴイセン」〕・**イングランド**〔「**ピューリタン**〔**清教徒**〕」〕・スコットランド〔「プレスビテリアン」〕へと広がり、**カルヴァン派**はルター派〔福音主義教会〕と並ぶ大勢力となったのです。

■マックス＝ウェーバーの考え

19世紀後半〜20世紀のドイツの社会学者マックス＝ウェーバーは、世俗の労働を卑しいものと考えるカトリシズムに対し、禁欲・勤勉・実直を奨励し利潤や利子まで積極的に認めるカルヴァン派の職業召命観が、資本主義下の経済発展を促進したと著書『プロテスタンティズムの倫理と資本主義の精神』で分析した。

③対抗宗教改革〔反宗教改革〕（16世紀）

一方、プロテスタントの進展に焦りを感じた**カトリック**も、教義の明確化と内部革新を通じて勢力回復を目指します。**15世紀後半以降の大航海時代を背景に、プロテスタントやイスラームへ対抗するための海外布教**が行われました。これが**対抗宗教改革**〔**反宗教改革**〕です。

中心となったのは、スペイン人の**イグナティウス＝デ＝ロヨラ**やフランシスコ＝ザビエルらが1534年にパリで結成した**イエズス会**〔ジェズイット教団〕や、フランシスコ会・ドミニコ会などの修道会です。**ポルトガル・スペインの海外進出とともに、アジアや中南米にカトリックが広がります**。16世紀半ばの日本にも、南蛮人と呼ばれた彼らが来航し、鉄砲やキリスト教を伝えたことは有名です。

このように、プロテスタントによる宗教改革と、カトリックによる対抗宗教改革〔反宗教改革〕によって、かえってキリスト教は多くの人々へ広まる結果となりました。ルネサンスがあったからといって、「キリスト教そのもの」が否定され

■**カトリックとプロテスタント**

従来のカトリシズム（＝普遍的な教え）を支持するカトリック〔旧教徒〕に対し、ルターやカルヴァンのプロテスタンティズム（＝抗議する教え）を支持するのがプロテスタント〔新教徒〕。カトリックの神父・司祭と違い、プロテスタントの牧師は特別な身分ではなく、世俗の職業の就業や結婚も認められる。

たわけではなかったのです。

しかし、ヨーロッパでは、新旧二派の対立から**宗教戦争**や異端者の激しい弾圧が起きました。

3 モラリスト（16～17世紀）

14世紀に始まるルネサンスのヒューマニズム〔人間中心主義〕に基づく個人主義精神に助長され、16世紀には宗教改革が進展しましたが、プロテスタント〔新教徒〕とカトリック〔旧教徒〕の対立は激化し、ヨーロッパ各地で悲惨な**宗教戦争**が起こってしまいます。

この時期以降、主に**フランス**に現れた思想家たちが**モラリスト**です。彼らは、新旧の価値観の対立が起きた西ヨーロッパにあって、**人間を深く観察**し、その能力や人間性を**謙虚**に捉え、**内省的な生き方**〔モラル〕**を探究**しました。

■モラリストの特徴

彼らの随想的な著書には、格言〔マキシム〕や警句〔アフォリズム〕がちりばめられている。

①モンテーニュ（16世紀後半）

『**随想録**〔**エセー**〕』で有名な「エッセイの祖」である**フランス**の**モンテーニュ**（1533〜92年）は、人間の理性は不完全であり、そのままでは絶対的真理を認識することはできないため、常に独断や偏見を控え、**謙虚な態度で思索を深めるべき**だとしました。

そして、ソクラテスの「無知の知」の影響もあり、「**ク・セ・ジュ？**〔**私は何を知るか？**〕」という**懐疑の精神**をもち自らを見つめます。彼は、カトリックの立場から宗教戦争〔ユグノー戦争〕の調停にも心を砕き、他者に対する**寛容の精神**も説きました。

②パスカル（17世紀半ば）

遺稿集『**瞑想録**〔**パンセ**〕』で有名な**フランス**の**パスカル**（1623〜62年）は、「この宇宙の沈黙は私を震撼させる」と述べ、広大な宇宙の中で、自分がどこから来てどこへ向かうのか知らないまま、偶然存在していることへの驚きと畏れを

■**理性と心情**

思考することに人間の尊厳を見出していたパスカルは、神・信仰や真理・愛など人間の在り方や物事の本質を捉えるためには、推理や論証を行う能力「**幾何学の精神**〔理性〕」だけでなく、柔軟に直観で物事を把握する能力「**繊細の精神**〔心情〕」が不可欠であるとし、親交のあった数学者・物理学者・哲学者のデカルトには後者が欠けていると批判した。

表現しました。

また、「人間は一茎の葦にすぎず、自然の中で最も弱い。だが、それは**考える葦である**」「空間によって宇宙は私を包み、一つの点のように飲み込む。考えることによって、私は宇宙を包む」と述べ、宇宙に対し人間は孤独で無力な**悲惨さ**をもつ存在であるが、思考するところに**偉大さ**をもつとしました。

そして、人間は、これらの悲惨さと偉大さの間をさまよう**中間者**であるとし、自らの悲惨さを認識できる自覚的・反省的思考に、人間の尊厳と生き方を見出したのです。

パスカルは、人々が学問や社交、娯楽や賭け事などの**気晴らし**をすることは、死や孤独に不安をもつ悲惨さから一時的に目をそらしてくれるが、最後には絶望や悲哀に落ち込んでしまうと考え、そこからの救いとして、カトリック信仰を説きます。彼は、人間は物質〔身体〕・精神・愛という三つの秩序を生きているとし、有限な人の真の生き方は、すべてを超えた永遠の神の「愛の秩序」を信じることにある、と考えました。

パスカルは、**理性の限界を明らかにして心情も重視し、その先に信仰を**

■繊細の精神

パスカルも「幾何学の精神」の数学・物理学で多大な業績を残し、俗世と信仰の間を揺れ動き、31歳で「決定的回心」を果たしていたからこそ「繊細の精神」の重要性に気づいた視点だった。

置くことにより、キリスト教を擁護したのです。

モラリストが、既成の思想や世間の考えに囚《とら》われず自分の目で、それでもカトリックの立場から人間観察をしたように、**ルネサンスや宗教改革を通じて、「キリスト教」そのものは決して否定されることはなく**、ただ、旧来の中世的な価値観からは自由となり、「学問」は近代へと新たな展開を見せていきました。

次章では、「神→人間」へと視点を移した本章を受けて、「主観→客観」へと劇的な発想の転換が行われます。いよいよ近代科学・近代哲学が確立されるのです。

■パスカルの生き方

彼は、12歳でユークリッドの定理の一つを独学で証明、16歳で著書『円錐曲線試論』刊行、19歳で世界初の計算機を発明、のち大気と水圧を研究し、「パスカルの原理」で名を残すほどだったが、貧民救済の活動資金を集めるため、世界初の公共交通機関としてパリで乗り合い馬車も運行している。

第３章 破

教科書じゃ足りない 近代思想のめばえ

◆

佐藤 優

西ヨーロッパで起きたルネサンス（Renaissance）と宗教改革（Reformation）という「２つのR」について、高校の教科書では「近代の始まり」として位置づけられている。しかし、大学において「２つのR」は中世の出来事として位置づけて教える場合が多い。その理由はどこにあるのか。「２つのR」が中世の出来事だとしても、近代への橋渡しとなる顕著な動きがある。ここでは高校教科書が教えないルネサンス像と宗教改革像を描いてみたい。

■ウエストファリア条約

三十年戦争を終結させた条約。1648年調印。神聖ローマ帝国とフランス、同帝国とスウェーデンとの間に結ばれた条約をまとめた呼称。主権国家間初の国際条約。

■ローマ法

古代ローマ建国以来、整備されて発展してきた法体系。中世に入り、ローマ＝カトリック教会の権威によりヨーロッパ諸国共通の法となった。

中世の西ヨーロッパは、ローマ＝カトリック教会の権威による支配の時代だったと言える。言い換えれば、コルプス・クリスティアヌム（corpus christianum，直訳するとキリストの体、キリスト教共同体の意味）の枠組みの中で政治も日常生活も営まれていた。コルプス・クリスティアヌムは3つの原理――①ユダヤ・キリスト教の一神教の原理（ヘブライズム）、②ギリシア古典哲学の伝統（ヘレニズム）、③**ローマ法**の伝統（ラティニズム）――から成立している文化体系のことである。

コルプス・クリスティアヌムの枠組みが崩れるのが、1618年～48年の30年戦争だ。ドイツを主戦場に行われた宗教戦争で、戦争の進展につれデンマーク、スウェーデン、フランスが介入し、国際戦争の様相を帯びた。戦争は**ウエストファリア条約**（1648年）の締結で終結した。ドイツは人口の3分の1を失ったと言われ、中世的な神聖ローマ帝国は解体し、オーストリアとプロイセンに分かれた。

ウエストファリア条約は初の主権国家間の条約で、大学では、西ヨーロッパにおける中世はウエストファリア条約を境に近代に入ったという見方が主流になっている。したがって、ルネサンスも宗教改革も30年戦争以前に起きたことだから、

■ビザンツ帝国

東西に分裂したローマ帝国のうち、476年に西ローマ帝国が滅亡すると、東ローマ帝国のみがローマ帝国となった。帝国の版図はバルカン半島と小アジアで、ギリシア色が強くなり、7世紀頃、ビザンツ帝国と呼ばれるようになった。1453年、オスマン帝国によって滅亡。

「2つのR」は中世に位置づけられると考えられているのだ。

ルネサンスはなぜフィレンツェを中心とした北イタリアで起きたのか。これは**ビザンツ帝国**（東ローマ帝国）の滅亡が大きな要因になっている。1453年、ビザンツ帝国はオスマン帝国に滅ぼされてしまう。首都コンスタンティノープルにいた学者や芸術家が亡命したのが北イタリアだった。彼らはギリシア古典哲学、文学、芸術の継承者であり、北イタリアの財力を蓄えた市民の力と相まって新しい文化を花開かせた。ビザンツ帝国が滅びなければルネサンスは起きていなかったと言える。

ルネサンスの特色として挙げられる人間中心主義（ヒューマニズム）を一言で表せば、主に美術や文学を通じて人間を理想化するということになる。理想があれば現実がある。この当時の人間像、あるいは人間社会とはどのようなものだったのか。この答えは教科書に載っていない。結論から言えば、悪ければ悪いほど現実的なのだ。なぜならば人間は**原罪**を持っているからだ。原罪が形をとると悪になる。そんな人間が作る社会システムも悪に満ち溢れているから、戦争や疫病、災厄など悪いことばかりが起きる。そして人間社会が悪に満ちれば満ちるほど、神の権威＝教会の崇高さが際立つことになる。

こうした人間観からの解放運動がルネサンスにおけるヒューマニズムだった。さらに踏み込めば、教会権威のくびきから解き放たれようとするヒューマニズムは近代に成立する人権思想の胎動のひとつだと言える。

中世が終焉を迎え、世俗化が進む過程で見落とせない動きがある。人権の誕生だ。神の持つ権利が人間に移行することで人権という考え方が成立する。つまり、人権思想とはこれまで神が持っていた神権の所有者が人間に変わったものである。すると、もともと一神教に由来する**神権思想**が希薄な東アジアでは人権という概念が定着しにくい。逆に、神権思想が根強いイスラム世界でも人権思想は定着しにくい。

2011年に中東や北アフリカで起きた民主化運動・アラブの春はなぜ挫折したのか。その理由も、神権＝人権の関係性から読み解ける。西側で高等教育を受けたイスラム圏出身のインテリたちは、自国に戻り革命を起こして自由な選挙を行った。その結果、原理主義的で人権を否定し神権にすべてを委ねることを主張する人たちが当選し権威主義的な体制ができた。また、エジプトのように一度は民主的な政府が樹立されても軍に倒され権威主義的な体制に戻った国もある。シリアの場合はもっと悲惨で激しい内戦を招いてしまった。これはある意味で当然の帰結だ。アラブの春が挫折した国々では、神権が人権に移行していなかったのである。だから民主主義的で自由な選挙で民衆は欧米的な自由と民主主義を否定し、神権による統治を訴えるイスラム原理主義政党に投票したのである。

神権がない国、あるいは神権が希薄な国における人権とは何か。人権は普遍的な価値だと捉えられているが、それがキリスト教世界の神権に由来する権利だということを知れば、人権について学んできたことが揺らぐ。実は、私たちが当然のように受け止めている人権は、西欧のキリスト教文化と深く結びついているのだ。

◆中世がわかるハイブリッド文学

本題に戻ろう。ルネサンス期の文学として重要なのが、ダンテの長編叙事詩『神曲』だ。アメリカの作家ダン＝ブラウンの『ダ＝ヴィンチ＝コード』は日本でもベストセラーになった。ルネサンスを代表する芸術家レオナルド＝ダ＝ヴィンチの業績を下敷きにしたミステリーだ。ところが、同じ作家によるルネサンスの代表的な文学作品を下敷きにしたミステリー『インフェルノ』は、日本ではヒットしなかった。この小説は『神曲』のなかの地獄篇をベースにしているが、『神曲』をきちんと読んだことのない人にとって、ここで描かれる地獄はイメージしにくい。

欧米では『神曲』は学校教育で広く教えられ、大学レベルの知識を持っている人ならば、ほぼ『神曲』の概要を知っている。『神曲』で描かれる地獄は底に向かってすり鉢状に9層に分かれ、罪や悪事に応じて受ける責め苦が異なる。なかでも、大食いが非常に大きな罪とされている。

食糧の安定的な大量栽培技術がない時代、必要以上に食べることは、他人の食べ物を奪うことと同じで罪深いこととされた。時代は下るが、宗教改革でカトリックとプロテスタントがお互いを誹謗中傷するビラをまいた。その時に攻撃する相手はとても太った人間として描かれていた。このことからも大食いがいかに罪深いことだったのかがわかる。

『神曲』の詩から、欧米人の思考の鋳型を見出せることも注目すべきだが、それ以上に重要なのは、『神曲』のハイブリッド性だ。『神曲』はトスカーナ語で書かれている。当時のトスカーナ語は一般の民衆が話す世俗語だった。そして描かれているのは中世的な世界像、言い換えれば、中世的な世界を近代人に理解可能な言語で表現した稀な作品が『神曲』である。『神曲』を読むことで私たちは中世的な世界に戻ることができる。

では、この文脈で『神曲』に該当する日本の古典は何か。筆者は『太平記』だと思う。『太平記』は近代人に理解できる言葉で書かれていて、そこで描かれているのは中世的な世界像と近代的な世界像が交錯する様でもある。例えば、負けが明らかな局面でも、東国武士は名乗りを上げる。時代遅れな行為だとして西国武士は驚き、矢を射かけて殺してしまう。東国武士は戦を天覧のもと名誉を追求するものだと捉えているという意味で中世的であり、西国武士は合理的な戦法にしか関心がないという意味で近代的だ。『太平記』を通じて私たちは中世的な価値観に基づいた人々の生き方を追体験できるのだ。ちなみに『太平記』を初めて読むならば、全訳のついた小学館版をおすすめする。

◆宗教改革

教科書では、宗教改革の先駆者として、14世紀後半のイギリスのウィクリフ、

15世紀初めのボヘミア（チェコ）のフスの名前を挙げた後、**ルター**が登場する。教科書は時系列順以上の言及をしていないが、宗教改革のポイントを先に示しておくならば、ルターの宗教改革はフスのコピーだ。これはルター本人も述べている。フスは贖宥状《しょくゆうじょう》販売や聖職者の土地所有を攻撃し、最終的に異端とされて焚刑《ふんけい》に処せられた。改革の内容ではフスのほうが急進的だったのだ。ただし、ルターのように教会を割るという発想はなかった。あくまでもカトリック教会の刷新を図ることがフスの狙いだった。

教科書はルターが聖書をギリシア語からドイツ語に翻訳したことにも触れているが、聖書を世俗語に翻訳したのはルターが初めてではない。その前にウィクリフが英語に、フスがチェコ語に訳していた。

ルターに至る宗教改革の流れを図式的に整理すると、ウィクリフの宗教改革（14世紀後半、イギリス）→ウィクリフに強い影響を受けたフスの宗教改革（15世紀初め、ボヘミア）→フスの宗教改革を模倣したルターの宗教改革（16世紀、ドイツ）となる。なぜ、ウィクリフとフス、言い換えればイギリスとボヘミアという離れたところで宗教改革に関する継承ができたのかというと、中世スコラ哲学におい

■ヴィッテンベルク城教会
ヴィッテンベルクはベルリンの南西、ザクセン地方の小都市。エルベ川に面する。ヴィッテンベルク城に隣接する教会。


て論争となった**実念論**（**リアリズム**）**と唯名論**（**ノミナリズム**）に関係する。

哲学史の流れで言えば、個物から独立して普遍的な概念が実在するとする実念論から、普遍的概念の実在を否定し個物のみが実在するという唯名論が優勢となって近代へとつながっていく。

ところが、中世末になっても二つの地域で実念論が残った。それがイギリスのオックスフォード大学とボヘミアのカレル（プラハ）大学だった。哲学・神学の流派が同じだから両大学の交流が緊密で、結果として、他地域には大きな影響を与えなかったウィクリフの神学がボヘミアには強い影響を与えた。

ちなみに、チェコの神学者たちは、15世紀のフスの宗教改革を第一次宗教改革、16世紀のルター、ツヴィングリ、カルヴァンの宗教改革を第二次宗教改革と区分する説を唱えている。

◆誤解されがちな「信仰のみ」

改めて、ルターの宗教改革について教科書の記述を補足していこう。どの教科書も、1517年、教会の贖宥状販売に抗議して、**ヴィッテンベルク城教会**

の扉に「**95カ条の論題**」を貼ったとある。これは、ルターの協力者のメランヒトンが約30年後に証言したことに基づいた話で、実証史学では、張り出した事実はなかったという説が有力だ。なぜならば、論題はラテン語で書いてあり、それを張り出しても民衆は読めないからだ。

ルターは当初、ラテン語が共通言語の聖職者だけを相手に論戦に挑んだのだ。後にこの論題がドイツ語に訳され、広く読まれることになり、ルターの教会批判は、1524年のドイツ農民戦争の遠因にもなった。

教科書のルターの項目で、もう一点強調されるのが、救済への道は「信仰のみ」だとしたことだ。よく誤解される言葉で、信仰だけあれば行動は問われない、あるいは清い心だけを持っていればいい。このように捉えられがちだが、それは違う。カトリックの場合は救済への道は「信仰と行為」によるとする。プロテスタントは信仰と行為を分けること自体を否定している。信仰があればそれは即行動になると考える。わざわざ「行為」を言挙げする必要はない。だから「信仰のみ」になるのだ。ところが近代になると「信仰のみ」という態度は、危険性をはらむことになる。大学レベルになると、プロテスタンティズムは古プロテスタンティ

■**シュライエルマッハー**(1768~1834年)

ドイツのプロテスタント神学者。近代神学の父と呼ばれる。宗教の本質を「感情と直観」と定義した。その後、「絶対依存の感情」だと定義し直した。いずれにせよ、近代化科学の発達と啓蒙主義の潮流の中で、信仰における主観的な側面を強調した。

ズムと近代プロテスタンティズムに区分して考える。前者にはルターやカルヴァンが入る。神は上、つまり天にいると考えていた。

ところが、コペルニクスが地動説を唱え、ガリレイが実証的にその説の正しさを証明し、それが時を経て広く受け入れられてくると、天にいる神という像を維持できなくなった。神が天に居場所をなくした後のキリスト教が、近代プロテスタンティズムだ。では、どこに神の居場所を求めたのか。

18世紀末から19世紀前半に活動したドイツの神学者・**シュライエルマッハー**を中心に、神は各人の心の中にいるとして、神の居場所とコペルニクス以降の宇宙像との矛盾を解決した。しかし、心の中に神がいるということで、自分の主観的な心理状態と神を、限りなく同一視することになり、自己絶対化につながりうるという新たな問題を生み出したのだ。

◆二重予定説の特徴

カルヴァンに関して教科書が強調する二重予定説の特徴は、神は生まれる前から救われる人と滅びる人、両方を決めている、という点だ。すると、自分が生きている間に何をやっても無駄だ、意味がないというように受け止められる。これについては後述する。

まず、カルヴァンがなぜ、二重予定説を思いついたのか。ここで役立つのが、「親ガチャ」の思想だ。世の中、一生懸命努力しているのに報われない人がいる。その一方で、たいした努力もしていないのに儲かっている人もいる。なぜこんな理不尽なことが起きるのか。カルヴァンは、神があらかじめ決めていたと考えた。

カルヴァンはそこからさらに踏み込んで考えた。親ガチャで裕福な家に生まれ、何不自由なく暮らし、親の財力で最高の教育を受け、親のコネで就職する。やがては親の財産を自分が相続する。すべて自分のものと思っている時点で、その人は滅びている。

親ガチャは昔からあった。むしろ、昔のほうがどんな家に生まれたかで将来が決まるという点では今より厳しかった。一方で、親の経済的事情のために機会が得られない人が他者の援助を受けることになっても負い目に感じる必要はない。援助を受けて成功した人もまた、自分の能力や必要とするもの以上の富を社会に還元すればいい。世の中はそのように助け合うものだ。カルヴァンの二重予定説には以上のような含意がある。

このように考えると、教科書で強調されている「職業召命観」も自然に理解できる。人間の働く能力、仮に自他ともに仕事ができると認められていても、それは自分の能力ではなく、神からもらった能力であり、神の栄光のために働いている。その成果物は神に返す（神への愛）。しかし、神に直接返すことはできないから、他者へ還元する（隣人愛）ように説く。カルヴァンは罪の中でも怠惰が最も重いと考えていた。カルヴァン派の人々はこのように考えるから、生まれる前から自分の運命が決まっているのなら何をやっても無駄だという発想にはならない。自分の能力の全てを神の栄光のために使うという態度になる。カルヴァン自身、睡眠時間をぎりぎりまで削って仕事をしていた。

◆日本が植民地になっていた可能性

カトリックによる対抗宗教改革（プロテスタントに対抗するための教会刷新）は、当時のカトリック大国スペインとポルトガルによる世界分割（ローマ教皇が両国の勢力境界線を規定した、トルデシリャス条約）を背景に展開された海外布教に特徴がある。

■**フランシスコ会、ドミニコ会**

フランシスコ会はアッシジのフランチェスコによって創設された修道会。宣教活動に積極的で、1593年、ペドロ=バウティスタの来日以降、多くの殉教者を出しながら布教活動を行った。

ドミニコ会は1216年に創立された修道会。トマス=アクィナスは同会会士だった。日本へも宣教師が渡航し殉教者を出した。

重要なのは**イエズス会**の存在だ。これは軍隊型の組織で、教皇に対する忠誠と中央集権的な規律を特徴としていた。日本にもイエズス会をはじめ**フランシスコ会**、**ドミニコ会**の宣教師が戦国時代に来日した。当時のカトリック教会による海外布教のやり方は、対象国を完全にカトリック化することを目的にしていた。日本においても土地を寄進させ、寺社を破壊させるなどの暴力行為が起きていた。ここで考えたいのが、江戸時代の「鎖国」をどう捉えるかということだ。

厳密に言えば、「鎖国」は外国に対して国を完全に閉ざしてしまうことではない。北海道の松前口でオホーツク（のちのロシア）とつながっていたし、対馬口で朝鮮半島とつながっていた。長崎の出島でオランダとつながり、薩摩口で琉球を通じて中国とつながっていた。当時の日本の安全保障上危険がある国以外とはつながっていたことになる。裏返せば、植民地大国だったスペイン、ポルトガル、イギリスを排除したことだ。この政策が正しかったのだろうか。当時の条件下では、正しい選択だったと思う。鎖国をしなければ、日本が植民地になっていた可能性があったのだ。

第４章

近代思想の確立

第4章 守

教科書が教える
近代思想の確立

◆

伊藤賀一

人間の理性に基づき「客観」を重視する**近代科学**が確立したことで、自然を意思のある生物のように捉える生命論的自然観や、「自然はこういう姿であるべきだ」と感情的に考える古代ギリシア以来の目的論的自然観に代わり、自然を意思のない精巧な機械のように捉え、「自然の仕組みを解明しよう」と合理的に考える機械論的自然観が広まっていきます。このように、人間が自然と一体化せず、自然をどう支配して世界で生きていくのかを考えるのが近代哲学のスタートです。

1 近代科学の確立（16～17世紀）

①近代科学とは？

近代科学〔**近代自然科学**〕とは、キリスト教の権威に基づく神の「**主観**」的な価値づけに囚われず、人間の理性を信じ「**客観**」的に考えて自然を理解しようとする学問です。

近代科学は、観察と実験を通じて自然に内在する法則を発見し、**数学的思考を用いて**その機械的な仕組みを理解しようとしました。これは、教会の掲げてきた目的論的自然観とは矛盾するものですが、近代科学の誕生・発展にもまた、キリスト教信仰による動機づけはありました。**近代科学者・哲学者の間には、自然の仕組みを解明することで、それを創造した神の偉大さを確認しようとする意図もあった**からです。だから彼らは、自然現象を説明する際に「神の意思」の介入があることは否定しますが、**キリスト教や神の存在は否定し**

■近代哲学

また、このような姿勢で主体的に生きる道を問う学問を、近代哲学という。

なかったのです。

②近代科学の学者たち

●コペルニクス（16世紀前半）

カトリックの聖職者でもあった**ポーランド**の**コペルニクス**（1473〜1543年）は、この世界を支配しているのは神だという信念はもったまま、教会が公認する、古代ギリシアのプトレマイオスが2世紀に唱えた**天動説**（＝地球の周りを他の天体が回る）を否定しました。

彼は、**『天体〔天球〕の回転について』**を著し、**地動説**（＝太陽の周りを地球などが回る）を唱えました。

●ガリレイ（16世紀末〜17世紀前半）

イタリアの**ガリレオ＝ガリレイ**（1564〜1642年）は、自作の望遠鏡による天体観測の結果、宇宙は神が創造した絶対空間で、地球はその中を動く惑星だという結論に達しました。

■ガリレオでは?

近年の教科書は、倫理・世界史ともに「ガリレイ」表記のみ。東野圭吾の人気推理小説「ガリレオ」シリーズも、若者には意味不明。本書はお節介ながら読者の年齢層を考え、ガリレオ＝ガリレイとした。

彼は『**天文対話**』を著し、**コペルニクスの地動説を支持**しましたが、教会から異端審問による宗教裁判にかけられて有罪判決を受け、自説の撤回を余儀なくされたのです。退廷時「**それでも地球は動く**」とつぶやいたとされますが、これ以降、幽閉され監視下での生活を送りました。

●ケプラー（17世紀前半）

ドイツの**ケプラー**（1571～1630年）もまた、天体運動の観測に基づき、惑星が楕円軌道を描き運動する「ケプラーの法則〔惑星の軌道に関する三法則〕」を発見し、**コペルニクスの地動説を支持**しました。

●ニュートン（17世紀後半～18世紀初め）

ケプラーの影響を受けた**イギリス**の**ニュートン**（1642～1727年）は、**万有引力の法則**・微積分法・光のスペクトル分析という「三大発見」をして、『**プリンキピア**〔**自然哲学の数学的原理**〕』を著しました。ここでは、地上の物体の運動も天体の動きも、ともに統一的な力学の法則に従っていることを解明しています。

■ケプラーの著書

著書に『宇宙の神秘』『宇宙の調和』がある。

■カトリック教会の反省

ガリレイに対する宗教裁判が誤りであったことをローマ教皇ヨハネ＝パウロ2世が認めたのは、ガリレイの死から350年後の1992年。

4人に共通するのは、**キリスト教への信仰心をもってはいても、その教義に囚われず自然と向き合い、その姿を客観的に解明しようとした**ことです。彼らは、自然の真理に迫るために仮説を立て、観測・観察に基づき一定の条件下での実験を繰り返し、法則性を見出そうとしていました。

この態度が、**「科学〔サイエンス〕」の出発点**になったのです。

さて、続いては、神による主観的な価値づけに囚われず、人間の理性を信じ、主体的に生きる道を問う学問である**「近代哲学」の出発点**を確認しましょう。自然科学の発展とともに、人文科学の代表的学問である哲学も発展していきます。

2 イギリス経験論（17〜18世紀）

①経験論とは？

ヨーロッパ大陸から離れた島国の**イギリス**で発達した**経験論**は、「（白紙状態か

■「近代科学の父」

ニュートンはそう呼ばれることも多い。

ら）**個別のサンプルを積み重ねて一般法則を見出す方法論**」です。

②フランシス＝ベーコン（16世紀後半〜17世紀前半）

「経験論の祖」とされているフランシス＝ベーコン（1561〜1626年）は、本来、知識は生活の向上に役立つべきもので、人間の力の源泉なのだ、と考えました。学問を机上のものとして完結させず、環境や状態の改善のため、初めて生活の向上に利用しようとしたのです。これを表すベーコンの言葉が「**知は力なり**」です。

ここでいう「知」は、自然を支配し利用する「力」、すなわち自然科学と技術開発です。彼は、それらは自然法則の発見によって獲得できるが、そのためには謙虚に自然を観察しなければならない、としました。「**自然は、服従することによってでなければ征服できない**」という名言は、こうして生まれたのです。

ベーコンは、先入観や偏見を排除して自然をありのままに観察する必要性を説き、**経験によってのみ得られる事実を最重視**しました。

■もう一人の「ベーコン」

中世の自然科学者ロジャー＝ベーコン（1220頃〜92年頃）は、イスラーム科学の影響を受けて実験を重視し、後の近代科学を準備したことで有名。ロジャーとフランシスを混同してしまう受験生もちらほら。

これがイギリス経験論のスタートになります。

彼は、排除すべき先入観や偏見を**イドラ**（ラテン語で「迷妄」「幻像」）と呼び、以下の**4つ**に分類します（＝**4つのイドラ**）。

●種族のイドラ

人間という種族が生まれながらにもつ感覚により起こる、見間違い・聞き間違い・錯覚など。例えば「肉眼で見えないから、大気中にウイルスは存在しないと考える」「太陽と月の大きさは同じくらいと思い込む」など。

●洞窟のイドラ

個人の性向・教育・環境などにより起こる、洞窟内のような限られた視野で真実の全体を見たと思い込むようなこと。例えば「B型はマイペース。自分もそうだし学校の友人も職場の上司も確かにそうだったし」「あたしは晴女、あなたは雨男」という決めつけなど。

●市場のイドラ

■イドラ

英語のidol（偶像）の語源でもある。

他者との交流の中で、言葉や噂を信じたり疑ったりすることにより起こる、多数の人が集まる市場で聞いたような、いい加減な話題を真実だと思い込むこと。例えば「アイドルのコンサート会場で会った人たちがこう言っていたから、あの新メンバーは性格が悪い」と思い込んだり、「そばにいるよ」と「そば屋にいるよ」を聞き間違い会えずに喧嘩したりするなど。

●劇場のイドラ

劇場で見た芝居を真実だと思い込んでしまうように、伝統や権威を妄信し、誤った説や主張を無批判的に受け容れてしまうことで起こる。例えば「新聞にこう書いてあるから正しい」「代々の部活の伝統なので意味がある」という判断など。

ベーコンは、このようなイドラ（先入観・偏見）を避け、正しい知識を得るための方法として、**帰納法**の重要性を説きました。

これは、「**観察や実験から得られた多くの個別的事実を整理し、その中から一般法則を発見しようとする方法**」です。

■帰納法

例えば「ソクラテスは死んだ、プラトンもアリストテレスも死んだ（＝個別的事実）→彼らは人だ→ゆえにすべての人は死ぬ（＝一般法則）」。

帰納法が紹介されているのが、著書『**ノヴム＝オルガヌム**〔**新機関**〕』です。ベーコンの著書としては『ニュー＝アトランティス〔新大陸〕』も有名です。

彼のように、経験的事実を重視する立場の人を「**経験論者**」といいます。特にベーコンは、寒い日に屋外で鶏の腹に雪を詰める冷凍実験を行ったことで肺炎にかかり亡くなるほど、徹底的に経験的事実を重視していました。

③経験論の展開―ホッブズとロック―

ベーコン以後も、同じ17世紀に活躍した有名な経験論の哲学者が2人います。

●ホッブズ（17世紀半ば）

社会契約説でも知られる**イギリス**の**ホッブズ**（1588〜1679年）は、すべての事象は自然法則に従う物体の機械的な運動として説明できる、と機械論的唯物論を唱えました。

そして、人間の知識は、刺激が脳に伝わり生まれる快・不快の感覚が記憶として蓄積されたもので、人間の意志〔意思〕は、その**経験**から快を求めようとして

■**職人技から学問へ**

ベーコンが確立した方法により、科学は特別な人々の「職人技」ではなく、誰にでも挑戦できる「学問」となった。

いるにすぎない、すなわち「人間は内部の意志を自由に働かせて行動しているわけではなく、経験に由来する外部の知識が意志を決定する」と考えました。

●ロック〔17世紀後半～18世紀初め〕

ホッブズより半世紀ほど遅れますが、同じく社会契約説で知られる**イギリスのロック**〔1632～1704年〕は、**経験論を確立**した重要人物です。著書『**人間悟性論**〔**人間知性論**〕』で、人間の心は、出生時には何も書きこまれていない「**白紙**〔**タブラ・ラサ**〕」のようなものであり、あらゆる観念は**経験**に基づき構築されたものであるとして**生得観念を否定**し、「**人間の理性は経験なくしては働き得ない**」としました。

これは、17世紀後半にヨーロッパで広く受け容れられていた「〔生前から知っている〕イデアの想起」を説くギリシアのプラトンの考えや、「人間は生得観念をもつ」とするフランスのデカルトの合理論を批判するものでした。しかしロックは、デカルトの唱える世界〔物〕と精神〔心〕の二元論については批判しておらず、世界は心の外に存在するという前提で考えていました。

■ロックの豆知識

ロックは経験論者だが、合理論の影響も受けている。ちなみにロックは、ニュートンの親友でもあった。

■ホッブズ豆知識

ホッブズはベーコンの秘書をしていたこともある経験論者だが、合理論の影響も受けている。

④経験論の発展―バークリーとヒューム―

●バークリー（18世紀前半）

「そもそも事物としての世界は存在するのか？」「人間の精神は世界を正しく認識できているのか？」という命題は、**アイルランド**の聖職者**バークリー**（1685～1753年）に引き継がれます。

彼は、「**存在することは知覚されることである**」とし、主体である心が知覚経験するものこそが存在すると言えるのであって、客体である事物は心によって知覚されなければ存在しない、という立場をとりました。例えば、ヨーロッパ人にとって、コロンブスが発見するまでは新大陸など存在しないも同然ですし、信じない人にとっての幽霊も同じ。これは、「自分の存在の根拠は人の心の働きにある」とする**唯心論**です。すなわち、「主体としての人間は存在する」「客体としての事物は存在しても人間に影響はない」と言っているのです。

●ヒューム（18世紀半ば）

■バークリーの考え

カップに入ったホットコーヒーは、「琥珀色」「液体という形」「甘い香り」「コクのある味」などを知覚することで初めて存在する。すなわち、知覚された色・形・香り・味を取り去れば、何も残らない＝無ということ。

18世紀初めに**イギリス**に組み込まれた**スコットランド**の**ヒューム**（1711～76年）は、ロックの経験論を突き詰めていきました。

彼は、帰納法から導き出された因果関係（＝**因果律**）は、その人が習慣として考えるようになった、いわば感じ方の癖にすぎない、とします。「じつは原因と結果の間に因果関係などなく、人間は日頃の知覚の蓄積から推論し、そこに因果律があると見ているだけ」という意見です。

これは「（合理論のように）〝生得観念がある〟といった主張も、科学的事実ではなく信念にすぎない」という**懐疑論**の立場。言い換えると「世界には最初から決まっていることなどない」という、**徹底的な経験論**の立場なのです。

ヒュームは、著書『人性論（人間本性論）』の中で、知覚した**経験**の蓄積で世界を認識しているという意味で、人間を「**知覚の束**」と呼びました。主体としての人間ですら存在すると考えられる根拠はなく、ましてや世界が精神の外に独立して存在する、などと確信をもつことはできない。すなわち「あるのは感覚の集まりだけなので、経験で得られる以上の知識など存在しない」ということなのです。

■ヒュームの名言

ヒュームは、「理性は情念の奴隷にすぎない」という言葉も残している。

3 大陸合理論（17〜18世紀）

①合理論とは？

フランス・オランダ・ドイツなど**ヨーロッパ大陸**で発達した**合理論**は、「（当たり前の定義から出発して）**確かな事実を丁寧に積み重ね、合理的に真理を導き出す方法論**」です。

②デカルト（17世紀前半）

「近代哲学の父」と呼ばれることが多い**フランス**の**デカルト**（1596〜1650年）は、宗教戦争など争いが絶えない当時のヨーロッパ大陸において、確実な真理を求め、自然現象を解明する方法を提唱し、**『方法序説』『省察』『哲学原理』**などを著しました。

■ヒュームの懐疑論

懐疑派は古代のヘレニズム期から存在するが、ヒュームの懐疑論では、すべての知識は「確からしい」という印象・経験を基に獲得される。したがって、人が正しいと信じていること（＝信念）も、そこから推論を経て「確かに違いない」と考えるに至ったにすぎないとした。

彼は、若い頃にヨーロッパ各地を旅したり軍隊生活を送ったりして、「人により言うことが全然違う」という現実を目の当たりにしていました。だからこそ、「経験や感覚は、真理を取り違えさせてしまう疑わしいもの」として重視しなかったのです。

デカルトは、人間が生まれながらにもつ**生得観念**〔本有観念〕である**理性**によって、まず疑いない真理を見つけ、そこから推論を積み重ねていく過程で得る知識こそが、真に実用的な知識だと考えました。

彼は、**「そもそも人間は、自身を含む世界を正しく認識できているのか？」**と、見る側の人間も、見られる側の世界も、何もかもを**疑う**ことから思考を始めます。

例えば、ある叫び声が聴こえ、頭痛がするとします。これは身体の外・内双方の感覚ですが、じつは夢の中の出来事かもしれない。また、12×5＝60という数式についても、計算を間違えるかもしれないし、神に欺かれているのかもしれない……etc. と、とにかく疑いまくります。その結果、**「あらゆるものを徹底的に疑っても、なお疑い得ないのは、疑っている自我**（＝肉体から独立した精神）

■デカルトの豆知識

デカルトは、優れた数学者でもある。

が存在している事実である」という結論に達しました。

こうして「**われ思う、ゆえにわれあり**（ラテン語で**コギト・エルゴ・スム**）」という名言が生まれたのです。彼は、この「考える自我の存在」を根本的な真理として「**哲学の第一原理**」に位置づけました。このように、真理に到達する方法としてあらゆるものを疑う手法を「**方法的懐疑**」といいます。

デカルトは、**思考する際の「四つの規則」**を提唱しました。

●**明証**
即断と偏見を避け、誰にとってもどんな場合でも明らかで（明晰）、はっきり区別できる（判明）もの（＝**明晰判明**）しか受け容れない。

●**分析**
対象を細分化して構造を理解する。

●**総合**
単純なものから複雑なものへ階段を上るように思考を深めていく。

●**枚挙**

■**デカルトと2人の女性**

プファルツ選帝侯フリードリヒ５世の長女エリザベートとの交流は、『情念論』をまとめる契機となった。また、スウェーデン女王クリスティーナが愛や最高善は何かと問いかけたことで、重要な書簡を書くことになった。

――事例を挙げて間違いのないように確認して見渡す。

そして、正しい知識を得るための方法として、**演繹法**《えんえき》の重要性を説きました。これは、「**経験や感覚に頼らず、最も単純で確実な真理から段階を踏み、論理的により複雑な結論を導こうとする方法**」です。

演繹法を実践するときは、欲望や感情を排除して物事を正しく判断する**理性**、すなわち**良識**〔**ボン＝サンス**〕を使わなければならないのですが、デカルトは「良識はこの世で最も平等に分配されている」**生得観念**であるとしました。

またデカルトは、**客観的な事物**（＝**意識される側**）**と、主観的な精神**（＝**意識する側**）**を分けました**。

事物の本質は「**延長**」（＝長さ・広さ・深さなどの空間的広がり）であるとし、**思惟**を本質とする精神には「延長」がなく、この点において明確に区別されると考えたのです。その上で、自然界の事物（＝生物や人間の身体）に質的な価値があ

■**デカルトvs.ロック**

これに対し、デカルトの死後、イギリス経験論のロックは、白紙〔タブラ・ラサ〕を主張して生得観念の存在を否定し、デカルトを批判している。

■**演繹法**

例えば「すべての人間は死ぬ（＝大前提・確実な真理）→私やあなたは人間（＝小前提・実例への適用）→ゆえに私やあなたは死ぬ（＝結論）」。

るように見えるのは主観のせいにすぎず、そこには精神性は全くないとしました。

自然界にある物体は疑い得るが、人間の精神は物質的要素を含まないため疑い得ない。

事物〔物〕と**精神**〔心〕を区別するこのようなデカルトの立場を「**物心二元論**〔**心身二元論**〕」といい、著書『省察』『情念論』で展開されています。

デカルトは、**客観**（＝事物である世界）よりも、**主観**（＝精神である自分自身）に注目します。例えば、プールの水中に見えるぼんやりした物をあれこれ推測するよりも、まずは自分がゴーグルをかけようとするようなものです。

ただしデカルトは、「情念」や「徳」について論ずる場面においては、人間を心身合一体と捉えました。欲望・愛憎・悲喜・驚きなどの情念は、身体から生起したものを精神が受容した状態で、それにより精神が乱れたり行動が束縛されたりします。徳とは、身体と結合した情念を統制することで、それを可能にするのが「**高邁《こうまい》の精神**」という理性に基づく意志の働きだと考えました。

■自然界の事物は疑い得る

このような立場は、機械論的自然観の原型となる。

また、この後に出て来る2人の合理論者（スピノザとライプニッツ）につながる話ですが、信仰心の強いデカルトは、「神は存在する」という定義を以下のように試みました。

人間という物体は疑い得る不完全な存在である↓人間は神を完全なものと考えている↓不完全な人間は完全な神のことを考えられないはず↓ならば神は人間と関係なくどこかに存在している↓神は人間を創ったのだから神や神が創った世界を人間が認識しているはず。

14～16世紀にかけてのルネサンス以降、人々の神への信仰は揺らぎ、17世紀、特にデカルトの移住したオランダは〝世界貿易センター〟アムステルダムを中心に、貨幣経済や物質文明が栄え、貨幣や商品（＝客観）に対する執着が高まった代わりに、精神（＝主観）の堕落が見られました。

強く神を信じるデカルトはこれを懸念し、自らの哲学により、神への信仰を取り戻そうとしたのです。

③合理論の展開―スピノザとライプニッツ―

デカルトを出発点とする「物〔事物〕↔心〔精神〕」(＝「存在」についての話)と「客観↔主観」(＝認識についての話)からなる**「物心二元論」は、後に続く合理論者の中でも、さまざまな議論を生みます。**

オランダ出身のポルトガル系**ユダヤ人**の**スピノザ**(1632〜77年)は、デカルトの哲学を独学で学びました。

彼は「あらゆる存在をさかのぼれば、自己のみで存在し得るものに行き当たる」と考え、これを「**神**」(ヤハウェとは限らない)とします。つまり、「世界の一切合切は唯一の実体である神から必然的に生じ、神との必然的な関係をもつ」と唱えたのです。

この「世界のすべては神のあらわれ」という考えを**汎神論**《はんしん》といいます。**神が創造した自然に偶然などないため、経験を用いずに理性**(**＝主観**)**によって世界**(**＝客観**)**のすべてを把握することができるはず**ですね。

このようにスピノザは、事物を「**永遠の相の下に**」つまり神の必然性の下

■異端者スピノザ

自然界の事象をさかのぼれば神に到達するという考え方は、神を超越した存在と位置づけてきたユダヤ教・キリスト教の教えと相容れない。ゆえにスピノザは生前は異端者とされ、ユダヤ教会から破門され、著書も出版できなかった。彼の哲学が脚光を浴びたのは約１世紀後のドイツで、カントやヘーゲルといった近代哲学の集大成である観念論者に多大な影響を与えている。

に理解したとき、人間は最高の喜びを得られると説きました。物心二元論のデカルトと違い、事物と精神を**神による一元論**でまとめようとした〝神に酔える哲学者〟は、世界はそのまま神である（＝「**神即自然**」）と考え、『**エチカ**』を著しています。

●ライプニッツ（17世紀後半〜18世紀初め）

ドイツの**ライプニッツ**（1646〜1716年）も、デカルトの「物心二元論」に挑戦した合理論者です。

彼は、事物の究極的要素は、神が創った非物質的で精神的な極小実体の**モナド**〔**単子**〕であり、神はあらかじめ無数のモナドの間に調和的秩序が存在するように定めている（＝神の意思による**予定調和**）と唱え、『**単子論**〔**モナドロジー**〕』を著しました。

彼の説によれば、偶然的・経験的な事実が世の中に入る余地はありません。ライプニッツは、経験論を否定する**合理論の立場をとりつつ**、「物」と「心」の共通点は変化と運動だと考え、それを行う単一体の集まりが世界だとする**一元**

■ニュートンとライプニッツ

それぞれ独自に微積分法を発見したため、互いに盗人呼ばわりするほどの犬猿の仲だった。現在、第一発見者としての功績は、二人ともに与えられている。

論を打ち出しました。彼はもちろん、人間を否定したわけではなく、神に対し、経験・感覚に頼り存在する人間の有限性を考察したのです。

このように、**デカルトの合理論は、「物心二元論」の部分に議論の余地を残しつつ、ヨーロッパ大陸全体に大きな影響を与えていきました。**

④近代の合理的精神

帰納法を使ったベーコンが創始し、ホッブズ・ロックやバークリー・ヒュームが引き継いだ「経験重視」の**イギリス経験論**と、**演繹法**を使ったデカルトが創始し、スピノザ・ライプニッツが引き継いだ「理性重視」の**大陸合理論**は、アプローチこそ異なっても、「自然を（機械的に）理解して支配するために必要な知識を求める」という点で動機は等しいことから、両者をまとめて**近代の合理的精神**と呼ぶこともできます。

ルネサンス・宗教改革と近代科学の成立を経て、いよいよ**近代哲学**がスタートしたのです。

■過集中のスピノザ

スピノザは、真理を探究する熱意が溢れすぎて３カ月間外出しなかったことがあるほど。いかにも近代「哲学者」らしいエピソード。

⑤科学革命（17世紀）

16〜17世紀における近代科学の成立期は、イギリスの歴史家バターフィールド（1900〜79年）によって「（17世紀）**科学革命**」と名付けられました。それを拡大し、広めたのがアメリカの科学史家・科学哲学者**トマス＝クーン**（1922〜96年）です。

彼は「**パラダイム論**」で有名です。パラダイムとは、特定の時代、社会の大多数が認める理論的枠組みのことで、自然科学の分野でそれがひっくり返った（＝**パラダイムシフト**）のがこの時代だった、というわけです。

例えば、中世までは天動説が主流だったけど、そこには「自然とはこういう姿のはずだ、こういう姿であるべきだ」という目的が先にあって、それに合うように科学理論が構築されてきたという背景がありました（＝**目的論的自然観**）。

しかし、イギリス経験論のベーコンは、帰納法によって自然に対するこのようなアプローチを否定し、経験や観察によってのみ自然を理解できると考えました。

また、大陸合理論のデカルトは、自然は機械的な物体の運動のように動いている、

■占星術

単なる星占いではなく、天体が人間に与える影響を考察するために天体の位置を正確に計算する術。コペルニクス・ガリレイ・ケプラーの研究は、占星術への関心によって促進された。

と考えました（＝**機械論的自然観**）。これは、自然には意思などなく、支配の対象であるという立場で、「自然の数学化」と呼ばれることもあります。

思想的には、このような17世紀前半の方向転換が近代の始まりだといえます。そして、そうした立場に立ったニュートンが、17世紀後半にたどり着いた「三大発見」という成果が、近代科学の出発点となったのです。

「（17世紀）科学革命」は、アリストテレスの影響を受けた中世カトリック教会のスコラ哲学の世界観から、近代の数学的・物理的・合理的科学への発展のことですが、その源泉の一つに、占星術・自然魔術・錬金術といった、ルネサンスの神秘主義もありました。

⑥進化論（19世紀）

「科学革命」の後も、中世の価値観は根強く残ってはいましたが、それを19世紀に大きく破壊したのが**進化論**です。

イギリスの**ダーウィン**（1809〜82年）は、ビーグル号に乗り込んでの遠洋

■自然魔術

自然の中に隠された類似関係・対応関係を見出し、これに基づいて自然を操作しようとすることで、観察された事実から一般法則を引き出し、実践に応用しようとする一種の自然哲学で、近代哲学の礎となっている。

航海を通じ、「人間を含めた生物は、突然変異と自然選択に基づいて環境に適応することにより、系統的に分化して多様なものになっていく」と**生物進化論**を唱え、著書**『種の起源』**は教会から厳しい攻撃を受けました。

生物が自然淘汰・適者生存によって進化していくことを説くこの学説は、同じ**イギリス**の**スペンサー**（1820〜1903年）によって**社会進化論**へと発展します。スペンサーはダーウィンの進化論を支持し、社会は生物のような有機体であり、社会・国家も環境に応じて多様に変化していくとしました。だからこそ、政府が介入しない自由な競争こそ、適者生存の原理に基づいて社会を進化させるには重要だと説いたのです。余談ですが、「弱肉強食・優勝劣敗」という言葉は、スペンサーが使い出したと言われています。

■カトリック教会の妥協

20世紀末、教皇ヨハネ=パウロ2世は「進化論は仮説以上のもので、肉体の進化論は認めるが、人間の魂は神に創造されたもの」と述べている。

■錬金術

イスラーム世界から伝わった、物質に対し実験と観察を重ねて分析と総合を行う学問で、化学的・医学的な知識の蓄積に貢献しており、ニュートンも没頭していた。

第4章 破

教科書じゃ足りない 近代思想の確立

◆

佐藤 優

この章に関する高校教科書の記述は、大学レベルの教育との連続性が非常に高く、内容にもズレがない。したがって、教科書の記述に補足する形で話を進めていきたい。16～17世紀、自然科学における知見の広がりと深まりが、ユニークな思想を生んだ。ヒュームの「懐疑論」を超えることは現代でも難しいとされる。「汎神論」のスピノザは、キリスト教世界では人気がない。独特な多元的世界を描いた「モナド論」を提唱したライプニッツは、微分法と積分法を発見した。

■**小室直樹**(1932~2010年)

社会学者、評論家。京都大学理学部卒業後、大阪大学大学院経済学研究科へ。小室氏の守備範囲は政治、国際問題から数学にまで及ぶ。東京大学の自主ゼミナール「小室ゼミ」は伝説化している。橋爪大三郎氏、大澤真幸氏、宮台真司氏らが同ゼミ出身。小室氏の人となりを知るには『評伝小室直樹』上下（村上篤直、ミネルヴァ書房）がある。

教科書では、アリストテレス的な目的論的自然観に代わって機械論的自然観が広がったという解説が一般的だ。この記述だと、目的論的自然観が廃れたように受け止められかねない。

社会学者の**小室直樹**が述べたこと（『評伝　小室直樹』）を援用して述べてみたい。小室氏によれば、世界についての考え方は究極的には二つに分かれるという。一つが、カルヴァン派的な二重予定説、つまり、何をどのようにしても結末は決まっているという考え方だ。科学技術分野で言えばシステム制御論に該当する。

例えば東京からニューヨークに行く自動操縦の飛行機があったとしよう。途中、嵐に遭ったとしても必ずニューヨークに着く。このように目的に沿った結末が必ず成就する、というのが目的論的自然論だ。

その対極にあるのが、ヒンドゥー教だという。ヒンドゥー教は森羅万象を因果関係で捉える。入力と出力の関係、あるいは刺激と反応の関係だ。現代で言えば行動心理学がそれに該当する。

つまり、世界は一方の極にシステム制御論（目的論的自然観、二重予定説）があり、もう一方の極に因果論（行動心理学）があり、その間のスペクトラムに人間とその

■**新カント派**

1870年代から1920年にかけて、ドイツを中心に起きたカントの批判哲学を再評価し復興させる運動。いくつかの学派があり、代表的なのは論理主義的な方向をとったマールブルク学派と、認識論的な方向を志向した西南ドイツ学派。

所産はすべて収まると小室氏は述べていて、筆者もその通りだと思う。すると、目的論的自然観がなくなって機械論的自然観に移行するという単純な話ではないことがわかる。

◆法則定立と個性記述

教科書は、近代科学（近代自然科学）の確立と、その立役者であるコペルニクス、ガリレイなど、この時期を代表する科学者について解説している。

ここで注意したいのが、自然科学と対をなしているのが人文社会科学だということだ。このように整理されるのは、18世紀のカントの登場を待つことになるが、それをさらに明確に整理したのが、19世紀後半から20世紀初頭の**新カント派**と呼ばれる思想家たちだった。

しかし、教科書では新カント派は軽視されている。新カント派は、日本の大正デモクラシーや教育制度にも大きな影響を与えた学派であり、しっかり教えられるべきと思う。

ここでは自然科学と人文社会科学、それぞれの特徴を押さえておこう。新カント派を代表する哲学者の一人、**リッケルト**（1863〜1936年）の思想について紹介したい。

自然科学を成立させるポイントは、再現性だ。実験を行い結果Aが得られたとする。結果Aが真であるためには、同じ条件の下で何度実験を繰り返しても結果Aが得られる、つまり再現性のあることが必要だ。それによって、結果Aを得る法則が成立する。自然科学は法則定立型の科学だ。

2014年に発表された「STAP細胞」は、四カ国・七つのチームが再現を試みたが作成できなかった。再現性が認められなかったわけだから、いくら「STAP細胞はあります」と言っても、自然科学の分野では認められない。

一方、人文社会科学はどのようなものなのか。この分野では実験ができない。「歴史の実験」という表現があるが、それはアナロジカルな表現であって純粋な意味での実験ではない。つまり同じ条件下で実験を繰り返すこともできなければ、再現もできないのだ。

人文科学に分類されている経済学は法則を立てようとする学問だが、函数体《かんすうたい》（function field）を立てるところで、経済活動にまつわるさまざまな要素（例えば買い物をするときの個々人の感情の揺らぎは一般化できない）を捨てている。初動のモデル設定に無理があるから、自然科学で見られるような再現性がない。

では、人文社会科学の目的は何か。それは個々の事象の個性について述べることだ。個性記述型の科学だ。その場合に重要なのは、頭の中でモデルを作ることだ。19世紀末〜20世紀初頭に活躍した社会学者**マックス＝ウェーバー**が用いた**理念型**（**Idealtypus**）が代表的なモデルだ。

これは、研究の対象とする複雑で多様な現象の中から、本質的だと思われる事柄を抽出して組み合わせた理論的なモデルで、そのモデルを現実に重ね合わせることで、現実を説明しようとする手段として用いられている。

◆「逆問題」は役に立つ

この章に登場する、イギリス経験論の**ベーコン**が唱えた帰納法については、その応用である「**逆問題**」が重要だ。高校数学では教えず、大学数学でも関心を持たない限り学ぶ機会がないため、知らない人のほうが多いだろう。

逆問題の説明で、よく使われるのが料理のレシピだ。カレーを作る場合を考えてみよう。ある市販のカレールー辛口の場合、一箱分に対し、材料は肉500グラム、じゃがいも300グラム、にんじん200グラム、玉ねぎ400グラム、サラダ油大さじ2、水1300ミリリットルを用意せよとある。作り方は、具材を炒め、水を加えて、沸騰後15分煮込む。いったん火を止め、カレールーを割り入れて溶かす。その後弱火で10分煮たら出来上がり。材料から料理の完成に向かう。これが順問題だ。

逆問題はその反対の道をたどる。出来上がりのカレーから使われた材料、カレールーの銘柄、買った店を推定していく。その場合、各材料を何グラム使い、煮込みの時間は何分で、その温度は何度だと定量化することが必要だ。きわめて難しいが、必ず解はある。このように結果から原因を定量的に求めていくのが逆問題だ。

定量化をせずに、定性的に使われた材料だけを推定する場合には、逆問題とは言わず、物事を反対側からも考えようとする発想術になる。このようなものの見方を身につけておくことは強力な思考の武器になる。

◆ヒュームの思想は超えられない

懐疑論の立場をとった**ヒューム**の有名な命題に、「明日太陽が東から昇るとは限らない」がある。この命題は正しい。太陽は約50億年後に今の100倍以上に膨張し、その後、縮んで一生を終えると考えられている。地球は太陽が膨張したときにのみ込まれるとも軌道から外れて弾き飛ばされるとも言われている。いずれにせよ、太陽がなくなってしまえば東から太陽が昇ってくることはない。太陽系の一生という時間軸で考えると、ヒュームが言ったことは間違いではない。

ヒュームは人間を「**知覚の束**」と呼んだと教科書は強調する。経験で得られる以上の知識は存在しないということだが、一人の人間が経験できることには限界がある。

その意味で「知覚の束」とは「偏見の束」だと筆者は思う。懐疑論は、自己絶対化を避けるためにも大切な態度だ。

教科書は触れていないが、ヒュームの思想でもう一点大切なのが、振り子理論だ。人間は一方の極からもう一方の別の極に揺れるだけだ。理性を重視する時代もあれば感情を重視する時代もある。グローバリゼーションが主流の時代もあれば多極化が主流の時代もある。

ヒュームは、世界は振り子のように揺れるだけと考え、進歩を認めていない。そして、どちらの極がよくてどちらの極が悪いという優劣もつけていない。これは現代の社会学の考え方に通じる。価値判断をさしはさまず、その社会に内在する論理や法則性を見出そうとする態度だ。その意味でヒュームは現代に生きている。

◆汎神論は汎悪魔論か

スピノザは、「世界のすべては神のあらわれ」と考えた。世界のあらゆるものの総和が神だとする思想（汎神論）だ。ポストモダン思想との親和性が高い一方で、キリスト教世界では嫌われている。

汎神論においては、「悪」の扱いが問題になるのだ。世界の総和が神だとすると、戦争や災害、疫病なども神の属性になる。すると、神は悪魔で、悪魔は神だというふうに、汎神論は汎悪魔論に転換してしまう。

世界が悪魔で満たされることは神を完全なる善とするキリスト教にとって都合がよくない。

キリスト教は、次項で述べるライプニッツが提唱した神義論（弁神論）という考え方をとっている。神義論は、神が善であることが前提であり、かつ結論だ。その枠組みで神の善性や全能と現実世界における悪とは矛盾するものではないことを証明しようとするものだ。

スピノザの汎神論は神義論の前提も結論も壊してしまうのだ。神には悪意があるという可能性を排除しない、排除できないために、キリスト教の枠を超えてしまう。

◆モナドが描く多元的世界

ライプニッツが提唱したのがモナドロジー（単子論）だ。事物の究極要素モナドの面白さは、いくつものモナドがあり、一つひとつのモナドは神によってコントロールされていて、神以外はモナドを生むことも消すこともできないとした点だ。

部屋の中をたくさんの風船が満たしている光景を思い浮かべてみよう。一つひとつの風船がモナドだ。その風船は大きくなったり小さくなったりしながら全体としては調和がとれている。その風船には紐がついていて、すべての紐を握っているのが神だ。神はその風船を割ることもできるし、新たな風船を膨らませることもできる。しかも風船だから他の風船との間で出入りできる窓や扉はない。それぞれの風船は他の風船の姿を見て自分の姿を想像するしかない。

現実に適用すれば、一つひとつの風船を世界と見ることができる。アングロサクソン世界があり、ロシア世界があり、東亜共同体世界があり、ゲルマン世界があり、ラテンアメリカ世界があり、ユーラシア世界がある。それぞれがモナドであり、切磋琢磨している。今はアングロサクソン的世界が小さくなり、中国的世界が大きくなっている。どこかが小さくなれば、どこかが大きくなる。それで全体としては調和がとれている。

ライプニッツは、このようにものが大きくなったり小さくなったりすることに関心を持ったことから、漸進的変化を扱う**微分法と積分法**を発見した。

同時期にニュートンも微積分を発見していて、どちらが先に発見したのか論争になったが、重要なのは、「変化」ということが重要な意味を持つ時代に入っていたということだ。変化のなかった中世から近代への移行の一断面とも言える。30年戦争の終結を境に、西ヨーロッパでは大きな変化が始まった。その意味で数学上の発見・発達と思想の展開との関係性は無視できない。

ところが、倫理という科目で決定的に欠けているのが数学史だ。知識を補完するものとして小堀憲『**物語 数学史**』を一読することを勧める。

■『物語 数学史』

著者は数学者の小堀憲。古代から20世紀初めまでの主な数学者の人生と業績が紹介されている。数式はほとんど出てこないから、数学に苦手意識のある人も読みやすい。ちくま学芸文庫に収録。

対談 離

哲学史からこぼれた部分を見逃すな！

佐藤優×伊藤賀一

佐藤　ソフィストというのは、西洋哲学史において重要です。

伊藤　そうですね、自分は塾・予備校の講師を長いことやっていますけど、ソフィストは「教師の祖」と思っています。

佐藤　ソフィストといわゆる哲学者の違いは何かと言うと「対価を取るか取らないか」なんですね。

伊藤　ソフィストは職業教師であるけれど、哲学者はお金を取りませんね。

佐藤　ええ。でも対価を取らないと、「親分・子分」という関係になりがちです。だから対価を払うことによって、「知はいただくけれど、あなたに従いたくありません。私は私の人生を歩きます」とある意味でドライに知を獲得できます。

伊藤　なるほど。

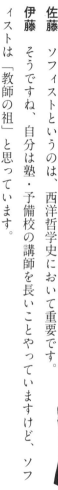

◆ソフィストが持つ技法

佐藤　ソクラテスは死刑判決を受けて毒杯を持ってなお、「死んでも魂が……」と言っていたといいます。そんなことしないで隣の町に逃げれば良かったんです。こういう先生に師事する弟子は大変です。その点、ソフィストのほうが、「偉くなりたいのなら」「弁論が上手になりたいのなら」「私に任せておきなさい」と結果に見合う方法論を教えてくれる。

伊藤　そう考えると、小・中・高校には教員免許がありますが、塾・予備校の講師は免許はありません。「教え方のプロ」「受験対策の専門家」として知識を切り売りしている面があります。べつにそれを恥ずかしいと思ったことはないですけれど。佐藤先生は、大学の教員についてどう思われますか。

佐藤　大学教員は「デタラメ率」がかなり高いです。市場原理が働いていないから、ソフィストにはなれていないと思います。

伊藤　そもそも免許もないですからね。

佐藤　免許もないですし、一度なったら、犯罪で捕まるか破廉恥行為でマスコミが大騒ぎすることがない限り、クビにはならない。同志社大学にいる外務省出身の特任教授が著書に、「名誉革命の結果、マグナ＝カルタができた」と平気で書いています。

伊藤　時系列がメチャクチャですね。

佐藤　「宗教改革はイタリアで始まった」とかね。

伊藤　それはすごい（笑）。

◆哲学者同士は仲が悪い

佐藤　よく言われるようにソクラテス自身は自分の思想を文字に残していません。弟子たちがどこまで先生の言うとおりに書いていたのかは検証不能です。あくまでも弟子である「プラトンの目」を通したソクラテスですからね。イエスもそうですが、口述したものをテキストに起こしていく作業には必ず偏差が生じます。

伊藤　なるほど。

佐藤　もう一つ、注目しないといけないのは、プラトンとアリストテレスは、なりそこないの政治家だということです。二人とも政治や、権力への意思はあったけれど、うまくいかなくて哲学者になった。これはマルクスもヘーゲルもそうですけど、政治をやりたいという意欲がみなぎっているが政治家になれなかった人が、意外と哲学をやる。こういうのも哲学史を学ぶうえで面白いところだと思います。

伊藤 そうですね。

佐藤 プラトンのもとで勉強していたアリストテレスは、プラトンのことをバカにしているところがあります。哲学者同士は仲が悪い。

伊藤 文系の生徒さんたちには、倫理という科目は選択したがらない傾向があります。難しいと思われているようですが、僕はもっと気楽に考えたほうが良いと言っています。哲学者たちは皆、好き放題言っていて、矛盾だらけのところもあるから、「昔の先輩の話を聞いているというぐらいの気持ちで受講して」と言うようにしています。そもそも西洋哲学とか思想の知識は、世界の知識人たちの「共通言語」みたいなものですから、知っておかないと損です。

佐藤 そのとおりです。

伊藤 知らなかったら相手にされないこともあるし、もうちょっと肩の力を抜いてもらえると良いですね。

佐藤　例えば、「目に見えるもの」と「目に見えないもの」の関係で、目に見えないけれども確実に存在するものがあります。信頼とか慈しみとか愛情とか、こういうものは目に見えないけれど確かにあります。そこからプラトンの世界につなげていくことができるし、「君の話の理屈は崩れている。矛盾してるじゃないか」なんて言われた場合、「同一律」「矛盾律」「排中律」という論理学の基本を知っておけば背理法が使えます。こうした論理の基礎はアリストテレスにあります。

伊藤　ソクラテス、プラトン、アリストテレスという順番で登場することは知っていても、アリストテレスは孫弟子にあたりますがソクラテスに会ったことはない。また、東洋思想で言うなら、孔子と孟子と荀子は、会ったこともないですよね、きっと。

佐藤　そう思います。

伊藤　だから一度だまされたと思って、倫理の教科書とか図説資料集を見ると案外わかることって多いと思うんです。資料集の読み方まで講義する時間的余裕はないですが、実は中身がすごく濃い。目から入ってくる情報、特に地図は面白いですね。例えば、地中海周辺図を見ても、ここにイオニアという場所があり、あそこにアテネがありスパルタがある。

佐藤　エーゲ海のちょっと外れたところから、哲学が生まれていることもわかります。

伊藤　ギリシア哲学というと、ソフィスト、ソクラテス、プラトン、アリストテレス、アレキサンダーが出てきて、ヘレニズム思想がどうだというところでつまずいてしまって、その程度でやめちゃう人が多いので、まずは佐藤先生とのこの共著で、いかにここが面白いものか知ってほしいですね。

佐藤　アリストテレスに従うと、顔が大きいとか頭が大きいのは、基本的にそれだけで高貴な印で、筋骨隆々なのは生まれながらの奴隷ってことになるんです(笑)。だから「人を見た目で判断する」という現代的な流行の元祖はアリストテレスです。プラトンは内面を重視した人ですから。

伊藤　そうですね。

佐藤　アリストテレスには今でいう自然科学の実験という発想はなかったんです。岩波文庫に入っているような大きな作品以外で、例えば、「小便と糞の違いについての研究」というのがあります。糞は時間が経つとにおいが減少するのに、小便はなぜいっそう臭くなるのか。

あと、「好色な人間はなぜハゲているのか」という命題があります。人間の体の中には体液と熱が流れていて、好色な人間は下半身に熱が溜まりやすい。その結果、頭が冷える。頭が冷えることは毛髪にとってよくない。そうしたことから「好色な人間はハゲる」。ですから、好色イコール禿頭という、今でいう偏見につながるような小品がアリストテレスにはある。全集を読んでいて面白いなと思ったところです。

伊藤　なるほど（笑）。

◆哲学史に現れないローマ法

佐藤　ヘレニズムを考える場合、なぜヘレニズムが必要なのかというと、ヨーロッパができる一つの柱がヘレニズムだからです。もう一つ、「宗教と中世思想」で出てくるのがヘブライズム、そして、ギリシア哲学と宗教の間にもう一つ出てくるのがラティニズムです。ローマは建設とか法律とか、実用知において非常に優れていたけれど、哲学的に見るものはなかった。だから、ローマ神話はあるけども、ローマ哲学はないですね。

伊藤　はい。

佐藤　でも、あえて言うとローマ法とかローマ建築の中に哲学は埋め込まれているわけです。特にローマ法のような法的な体系です。例えば契約においては、「合意は拘束する」という原則があります。別に合意したと言ったって守らなくても構わないわけです。しかし「合意は拘束する」と言われたら、破ったらいけない基本的ルールだと思われている。

それから「後法は先法に優先する」というのも、ケースバイケースで良い場合もあるけども、私たちが常識と思っていることの多くが、ローマ法によって作られています。哲学史の中からはこぼれ落ちてしまうけれども、中世が成立する過程においては結構大きいことです。ローマ法的な概念によって、キリスト教がヨーロッパに入ってきたということは指摘しておきたいと思います。哲学史で整理すると、残余の部分が出てくるものがあります。

伊藤　自分は予備校講師が長いので、生徒さんに点数を取らせないといけないというのが常に意識にあります。例えば、ソクラテス・プラトン・アリストテレスが三人セットにされているのは、師弟関係があるからだけじゃなくて、あくまでも「ポリス」という都市国家の枠内で「ポリス市民」として物事を考えている人たちだからです。それがヘレニズムの人たちの「世界市民」とは違うと教えます。

佐藤　重要な点ですね。ポリスの構成員というのは基本的に「自由」であることです。自由民には貴族と平民がいて、それ以外に奴隷、女性、子どもがいた。この人たちは自由民の外側にいます。だから、ポリスの基本は「ノモス」、つまり法になるけれど、奴隷や女性、子どもたちをすべて包括した社会とは何か、ということは教科書に出てこない。

伊藤　そうですね。

佐藤　家庭や家政というのは「オイコス」です。そこを支配する力は何かといえば、それはノモスじゃなくて「ビア」といって「暴力」です。家庭の領域には、政治の領域における法はなくて、暴力が平然と介入してくる。こうしたヨーロッパ的なルールは根源的に、今でいうところのドメスティックバイオレンスとつながりがあるんじゃないかと見ることもできます。経済の領域においても、「金さえあれば何でもできる」というある種の暴力性が潜んでいる。だから現代においてもギリシア哲学の大枠は重要だと思います。

◆水の使用量でわかる生活の乱れ

佐藤 もう一つ、私が注目しているのは「水道の哲学」です。マルクス＝アウレリウスは帝国を牛耳ることができましたが、ギリシアとローマの違いは何かといえば、水道という技術の有無だと思う。

伊藤 うーん、なるほど。

佐藤 ギリシアは井戸を造っただけでした。それでは水の確保ができないから、都市国家よりも大きくはならない。ところが、ローマは水道を造った。だから帝国にまで強大化しました。古代中国の帝国でも治水を重視していた。だから水を管理できることと帝国とには大きな関係があります。エジプトもメソポタミアも水道は重要でした。ところが、ギリシアにはあれだけ優秀な人たちがいたにもかかわらず、水道の哲学を唱える人がいなかった。もし、ギリシアで水道について思想と技術を確立できる人がいたら、ギリシアは巨大国家になっていた可能性があります。

伊藤　なるほど。

佐藤　こうした考えは、近代以降になると「インストルメンタリズム」になります。プラグマティズムのような「道具主義」という思想です。道具の思想というのは重要です。なぜなら、大学生になって娘や息子が下宿するようになったときも、生活の乱れをチェックするためには、水道の使用量を見たらわかるからです。下宿先に新しく一人加わっても電気代は増えないけれど、水道は生活用水に比例して増えるからすぐにわかる。逆に、水道を全然使っていないということは家に帰っていないということです。水道使用量の推移を見れば、生活の乱れはだいたいわかる。だから古代から水は重要です。都市国家で終わるか、巨大帝国になるかは水次第です。

◆ユダヤ教とペストと猫

佐藤　伊藤先生は、受験生に対して、どうやってユダヤ教とかキリスト教とかに関心を持たせていますか。

伊藤　まず、世界人口81億人のうち、キリスト教徒は世界に26億人以上、イスラム教徒（ムスリム）は20億人以上いる。でも、同じ神を崇拝している一神教なので、ユダヤ教があって、ユダヤ教が一番上、次がキリスト教、そしてイスラーム。この三きょうだいだと教えています。ヤハウェとアッラーが同じ神様だと知らない生徒がほとんどで、中学生までだとほぼ知らないです。

あとは、ヒトラーのホロコーストを例に出したり、中世のペストの話をしたりして、ユダヤ教徒がなぜ弾圧されているのかということを教えるようにしています。ユダヤのほうが衛生面で厳しく、清潔だったからペストに感染する人が少なくて、「あいつらが毒をばらまいている」という話になった……といった説明から入らないと、なかなか高校生でもユダヤ教については興味が持たれません。

佐藤　なるほど。

伊藤　世界史だったらもう少し入試に出ますけども、倫理だとちょっと触れる程度です。キリスト教の話をするのにユダヤ教の話をしないといけないから、という前振りとしてといった感じです。

佐藤　私はユダヤ教を教えるとき、まずこう言います。

ユダヤ教・キリスト教・イスラム教が同じ神だとみんな習ってきたんだけど、本当にそうなのかな？　ユダヤ教とキリスト教はそもそも、「ヤハウェ」という呼び方も含めて一緒だ。イスラム教は「アッラー」という。しかしそれぞれの神様は本当に同じなのだろうか？　もし同じだとすれば、なぜ人間観がこんなに違うのか？　人間はどうやってできたか、みんな知ってる？　イスラム教では汚い水によって人間ができたんだ。汚い水、つまり精液でできたんだ。それに対して、ユダヤ教とキリスト教では、神が創ったんだ——。

こんなふうに人間観の違い、原罪観の違いを考えさせるために、ここから始めます。キリスト教は生まれながらに原罪を負っている。それに対してイスラム教では人間はまっさらで、「最後の審判」によって決まる。これまでやってきた良いことと悪いことを天秤にかけて、ちょっとでも良いことが多ければ天国に行けるし、ちょっとでも悪いことが多ければ「ゲヘナ」という地獄で火の中に投げ込まれる。イスラム教徒はリアリティーをもって「火の中に投げ込まれる」と思う。だからイスラム教徒と結婚した場合、火葬ができない。もし火葬すると、近隣のムスリムたちが集まってきて、「なぜゲヘナに入れられなければならないんだ」

と大騒動になる――こんな話をします。
違う宗教であっても神様が一緒なら人間観は近づくはずなのに、なぜこんなにも人間観が離れているのか。こうした問いはとても有効だと思います。
伊藤 なるほど。
佐藤 中世のペストの話に関しては、私は猫の話から入ります。中世は猫にとっては受難の時代だった。「猫目」といって目の色がいろいろ変わるし、身のこなしが軽いから悪魔の手先だということで、猫は大変ひどい目に遭って虐待されていた。ところがユダヤ人は猫を大切にする。猫がたくさんいるからユダヤ人の居住区域（いわゆるゲットー）ではネズミが少ない。だから、ネズミたちは基本的にキリスト教徒の地区にいる。するとノミを通じてペストが媒介される。しかし当時はノミが原因だと思われていないから、「ユダヤ人は特殊なことをしてキリスト教徒だけに酷いことをしている」。そんな流言によってユダヤ人の弾圧が起きる。しかしその謎を解く鍵は、猫にあった。イスラム世界は猫を大切にするし、その意味において猫にとっても住みやすいところである――。
こんなふうに、ユダヤ教とキリスト教とイスラム教は、近いところと遠いところがあるんだけど、みんな不思議に思わない？　といった具合に彼らの関心をひきつけます。

伊藤　講師として、とても勉強になります。

◆ちょっとした差異が大問題

佐藤　イエス＝キリストはユダヤ人だったのに、なぜヒトラーはユダヤ人を弾圧したのか、ということにも触れます。ナチスに協力した神学者たちが、「実はイエスはユダヤ人ではない、イエスはアーリア人だ。ガリラヤ（現在のイスラエル北部地方とヨルダンの西側）にいたのはアーリア人だが、ユダヤ人によって殺された」というインチキ理論を作った。ドイツの神学者エマヌエル＝ヒルシュらが作りあげた嘘っぱちです。「キリスト非ユダヤ人説」というものが出てきたら、これは「反ユダヤ主義」と必ず結びつくから要注意と学生たちに教えます。

伊藤　宗教は、それぞれの関係性が近ければ近いほど喧嘩《けんか》になりますからね。

佐藤　日本における中核派と革マル派の関係になぞらえることができます。もともと同じ母体（革命的共産主義者同盟）から生まれたセクト同士で喧嘩する。でも、中核派と大日本愛国党が喧嘩してるとか、防共挺身隊が革マル派と殴り合いをしていたという話は聞いたことないですから(笑)。

伊藤 思想が離れていると互いに興味がないから接点はなさそうですけれど、似通っていればいるほど激しい対立になりますね。

佐藤 そうです。だからちょっとした差異というのが大問題になります。

伊藤 倫理の講義では、ユダヤ教、キリスト教、イスラームの話を押さえておかないとその次に出てくるルネサンスに橋渡しができないんですね。実は共通テストのレベルで、古代・中世の思想家としてきちんと教えるのは二人だけです。アウグスティヌスとトマス＝アクィナスです。

世界史だったらもっと大勢の人物が出てきますが、倫理の講義では、そこからルネサンスにつないで、宗教改革や近代科学の成立という項目への橋渡しをします。それまで哲学者の話をしていたのに、急に三大宗教の話になって、それで突然、近世というか近代、すなわちルネサンス以降を教えることになるので、ここでうまく興味関心を引き寄せていかないと、後ろまでついてきてくれないのが苦しいところです。

佐藤　たしかに、アウグスティヌスとトマス＝アクィナスを押さえておけば十分と言えます。アウグスティヌスの場合、最大の問題は、マニ教の影響を強く受けていることです。これは西のキリスト教にとって大問題です。マニ教はもともとゾロアスター教です。マニ教の禁欲主義の影響を受けているので、独身性を奨励するとか性的な禁欲が厳しいところがある。こういうのを見ると、本当にキリスト教なのかと思います。あともう一つ、東のキリスト教という意味では、だいたい神父というとスケベの代表、生臭坊主のような類でしか話が出てきません。同時に、マニ教の影響がないために「悪」に対する考え方がかなり違うんです。

◆東方教会と西方教会

佐藤　アウグスティヌスの概念では、悪は「善の欠如」です。別の言い方をすると、スイスチーズモデルになります。スイスチーズのチーズの部分が「善」だとすると、そこに穴が開いて欠けている部分は「悪」になる。悪は実体がないから、人間の力によって悪をなくすことはできる。チーズでいっぱいにしてしまえばいいわけです。

それに対して東方正教において、悪はそれとして自立していると考えます。善の力によって悪を封じ込めることはできない、それ自体自立しているという考え方です。だから、悪魔には悪魔の権利があるとか、原罪があるすべての人間を支配する権利があるという話が出てくる。この悪魔から人間を解放するために、見た目は罪を持っている人間だけれど、罪を持っていない神の子イエスを釣り針にかけて、悪魔の前に送った。すると悪魔がそれをパクっと食べてしまった。悪魔の条件であるところの「罪のある者のみを支配する」という条件に反したから、悪は力を失った――こういう考え方が東方教会にあります。

伊藤　難しいですね（笑）。

佐藤　しかしこれには一つ大きな難点があります。相手が悪魔であったとしても、神が騙《だま》し討ちにすることがはたして神の属性として正しいことなのか。すると答えることができなくなる――。中世にはそうした議論が多数あって面白いです。

トマス＝アクィナスは非常に複雑と思われるかもしれないけれど、東方教会の理論と比べるときわめて単純です。今の「悪魔の釣り針」のような話は、西方教会の理論には出てきません。ありとあらゆる些末《さまつ》でよくわからないような議論は、東方から山ほど出てきます。だから日本の倫理の中には入ってこないけれど、「東方のキリスト教」は非常に重要になります。なぜかといえば、東方のキリスト教を継承しているのがロシアだからです。

伊藤　そうですね。

佐藤　ロシア人の行動がわかりにくくなるのは、実は西洋哲学史からこぼれているところにロシアの思想があるからです。だから西洋哲学史の枠組みを見ただけでは、ロシアはわからない。まずはそれを理解しておけばよいと思います。

伊藤　なるほど。

佐藤　そういう意味では、西欧で言うところの中世もなければ、ルネサンスも宗教改革も、ロシアにはないわけです。でもそれは、中国史を見た場合にも言えます。トマス＝アクィナスと中国は関係ないし、宗教改革もルネサンスも関係ないですよね。その意味においては、ロシア史は西洋史でもなければ東洋史でもない、ユーラシア史なんです。そういう重要なところが、西洋哲学史からはこぼれているんです。

伊藤　本当にそうですね。東京・御茶ノ水に「ニコライ堂」があることは有名なのに、東方正教会についてはあまり知られていません。私たちが、ペリー来航の開国以降、太平洋のほうばかり見てしまってということなんでしょうね。アメリカからさらに向こう、大西洋をはさんでさらに向こうのヨーロッパを見ているという感じですから、完全に抜け落ちていますね。

佐藤　しかもそれを現代から照らしています。実は、日露戦争まではロシア正教の存在感は、たぶんカトリックと同じぐらいあったと思うんですね、プロテスタントほどではないにしても。それが日露戦争と、その後のロシア革命になってからほとんど影響力がなくなった。日本ハリストス（キリスト）正教では自分たち独自の日本語訳の新約聖書はあるけれど、旧約聖書は訳してないんです。

伊藤　なるほど。

佐藤　聖書を読むのはキリスト教の特徴かと思ったら大間違いです。正教の場合、聖書は神父による正しい指導の許《もと》で読まないといけないので信徒が勝手に読むことを奨励していません。特に旧約聖書に関しては、新約聖書とかなり違っているから普通に読むとよくわからなくなる。だから、基本的にあまり普及させたがらないのです。

そういうわけで聖書のウェイトはかなり低い。正教会教会堂の中には福音経というのがあって四福音書を合わせて、そこに宝石などをちりばめて作った大きな聖書があります。十字架がついていて、そこにキスをすると読んだのと同じ効果があると言われている。曼荼羅《まんだら》のような感じで聖書を使うんです。識字率が低かった時代の名残です。そうしたところで見ると、正教会の礼拝というのは、本願寺に近い雰囲気があります。

伊藤　学校では東方正教会について世界史でしか習わないから、倫理の講義からはほとんど抜け落ちています。ニコライ堂は、世界史では習わなくて、日本史で出てきます。「コンドルが設計しました」「コンドルの弟子が、片山東熊と辰野金吾です」という具合に建築物のところでニコライ堂が出てきます。受験科目でぶつ切りになっているだけで、本当は近接し合う歴史の話なんですけどね。

佐藤　大学も最初の2年は一般教養だから、大学の専門課程は2年ぐらいしかありません。大学院の修士課程に進んでも計4年しかないですから、4年間でできることは少ない。社会人になって仕事のうえで一人前になるには最低7、8年かかりますからね。それと比べると大学での勉強時間は圧倒的に少ないです。

◆1648年以降が近世というコンセンサス

佐藤　「近代思想のめばえ」といえば、私が高校生だったころ、ルネサンスと宗教改革は「近代」という時代区部だったと思います。ところが今の教科書は、それもポストモダンの影響を受けた後の教科書では、どこまでが近代でどこまでが近世で、どこまでが中世か、という境界線がきわめて曖昧です。

伊藤　はい、本当にそうです。

佐藤　大学に入って驚いたんだけども、ソビエトの歴史学の本と宗教史学派というマックス＝ウェーバーにも大きな影響与えたエルンスト＝トレルチという有名な神学者によると、1648年までが中世だといいます。

伊藤　ほう。

佐藤　今の高校教科書も基本それに近いんですね。なぜかと言うと、三十年戦争が終わってウエストファリア体制ができたことによって、宗教以外の原理で世界が動くようになったし、近代的な国際法ができてきたから、ここからは確実に近世になる。どこで中世が終わってどこで近世が始まるかについて明確な定義はないものの、「1648年以降に関しては近世だ」というコンセンサスがある。だから、中世が長くなってきているんです。

伊藤　うーん、なるほど。

佐藤　中世という概念を整理してみると、現在と古代があって、古代は良かった、だからその古代を取り戻したい、中世という概念自体、ろくでもない時代で、古代と現代に挟まれた暗黒の時代だ――そうした含意が中世の概念にはあるのですね。

伊藤　実際、日本史もそうだと思います。日本史における中世は、荘園公領制という土地制度がありますが、荘園という私領と公領すべてに必ず武装した管理人（地方武士）がいる状態でした。これが前提となって日本史の中世の定義は、皇族や貴族の公家勢力と、武家勢力と、寺社勢力の三つが同時並行している状態、いわば武家勢力による統一、すなわち近世への過渡期だという扱いです。それが最後の百年間だけ戦国時代になる――そういう時代であると捉えられているんですね。混沌としていると言うと変ですけど、まっとうな幕藩体制ができるまでの時代だという認識です。

佐藤　なるほど。それも中世という概念自体がヨーロッパから来ているからでしょうね。特にマルクス主義史観の影響が強いから、日本における奴隷制はどうだったかというずれた議論をしていました。明治維新がブルジョア革命なのか封建制の確立なのかという論争もしていましたから。

伊藤　ええ。

佐藤　もともと合わない物差しで測ろうとすることに無理があったと思います。かと言って、何もなくて「なんでもあり」のポストモダンの思想になると、整理すること自体が不可能になります。

◆中世と近世の間

伊藤　僕も、ルネサンスはもう近代だと習っていた人ですけど、結局、日本史ほど、中世と近世が明確に分けられていないのですね。日本史は、古代が平安時代後期まで、中世は平安時代末期から室町時代後期の戦国時代まで、近世は安土桃山時代からペリー来航の一日前まで、とガチっと決まっています。世界史はそうではないので、「ルネサンスから近代になりました」という感じで習いました。

ところが中世は、めちゃめちゃ曖昧になってきました。

佐藤　今の教科書は、基本、ルネサンスは中世ですね。

伊藤　そうなんです。これまで近世という言葉をあえて使っていなかったのに、近代ではなくて、かといって中世と言い切るのも困るから、近世という言葉を使っちゃうとか（笑）。

佐藤　「古い近代」を「近世」と言うようになったという感じでしょうか。いわゆる「アーリーモダン」というニュアンスでしょうね。でも面白いですよね、歴史で起きたことは変わっていないのに、時代の解釈が変わるわけですから。

伊藤　確かに、近世なんていう言葉は、世界史ではあまり使わなかったですからね。そういう「踊り場」みたいなところを、適当な意味で近世と言っています。しかも使い方も人によって揺らぎがあるから「どれも間違いではない」という幅があるんですね。

◆作品を通して「想像できない時代」に行く

佐藤　中世と近世の間は非常に長いので、例えばダンテの『神曲』をどう見るか、解釈が分かれます。あの中で描かれる地獄絵図というのは、明らかに中世的な世界観で描かれている。人生の半ばで森に迷うのですが、では、人生の半ばとは何歳か。あの当時、成人に達した人だと70歳ぐらいまで生きていました。乳幼児死亡率が高いだけで実は人生70年（笑）という時代です。

だから人生の半ばというと、35歳です。35歳で森に迷う。ウェルギリウスの案内で、「地獄」「煉獄《れんごく》」「天国」をめぐります。しかし天国に行くと、ウェルギリウスは洗礼を受けていないから、「もう私は煉獄までで、この先は案内できない」と言ってベアトリーチェに案内人が代わるわけです。そういうのはどう考えても中世的でしょう。

伊藤　そうですね。

佐藤　ハイブリッド性があるんですね。では、日本史でハイブリッド性のある作品が何かといえば、私は『太平記』だと思います。

伊藤　ああ、なるほど。

佐藤　太平記は、イエズス会が日本語の学習テキストとして使ったぐらいで、その意味では近世的な要素がありました。しかし、そこで書かれている世界像や生命観というのはかなり中世的です。ハイブリッド性があるから、『神曲』と『太平記』という作品は、今でも面白いと思います。それらを読むと、我々が皮膚感覚で共感できる部分を通じて、我々が想像できない時代に行くことができます。

伊藤　なるほど。講談では太平記が一番有名です（笑）。

佐藤　そうそう、『太平記』読みたちがいましたからね。現代のドイツ語ができる過程では、ルターの聖書が重要です。日本でもそうですけど、現代の日本語は東京の山手言葉がベースだという説があるけれど、それは違います。書き言葉ができたから、書き言葉に合わせて話すようになるんです。

伊藤　なるほど。

佐藤　同様に、チェコ語の聖書ができたから口語としてのチェコ語ができるのであって、書き言葉が先行しています。宗教改革の意味とは、実は世俗後、これが書き言葉によって共通の言語が広範な地域にできていくということです。もう一つ、なぜ宗教改革が広まったかといったら活版印刷の発明があったからです。オリジナルと同じものを大量複製できることが人類にどれほど大きな影響を与えたことか。きわめて大きなことだったと思います。

◆変化の時代に生まれた微分法

佐藤　現代思想の枠組みで見ると、パスカルという人は数学史の人です。このパスカルの登場によって、確率という考え方が生まれました。確率がなければ、チャットGPTもAIもありません。だから、現代の最先端テクノロジーの生みの親の一人でもあるわけです。

伊藤　パスカルは近代思想家として習いますが、確かにそういうことですね。

佐藤　「近代思想の確立」という項目では、近代科学の誕生が出てきました。やはり、コペルニクス革命がきわめて重要だと思います。

伊藤　はい。

佐藤　地球が太陽の周りを動いているし、地球は球体だ。でも、コペルニクスやガリレイが言っていたことはまだ実証されていなかったから、地球が球体だと実証するのは、ヴァスコ＝ダ＝ガマまで待たないといけなかったのです。彼は実際に回ってきたわけですから、まさに実証です。そこで重要なのは、思想で言うならば、「上にいる神が崩壊した」ということです。

伊藤　なるほど。

佐藤　地球が球体で、地球が太陽の周りを回っていると、上はどこだという話になります。

伊藤　上はどこだと？

佐藤　上はないとなると、非常に面倒なことになります。それをどう処理するか。そのあと二、三百年もの時間がかかる。カトリックは結局、現在に至るまで処理できていなくて「やっぱり神は上にいる」とがんばるわけです。

ちなみにソビエト政権が成立したとき、「戦闘的無神論者同盟」というのがあって、農民を飛行機に乗せて雲の上に飛ばして、「おい、神様いたか」「いなかった」「ほら、神いないだろ」「なるほど」。こういった形で無神論を広げたと言われています。

伊藤　なるほど（笑）。

佐藤　ただ、プロテスタントでは18世紀の間から19世紀のはじめに、シュライエルマッハーという神学者が出てきて、神様の場所を心の中に変えました。心はどこにあるか図示できない。でも確実にある。そこに神がいるとすると、別に物理的な神の場所は関係なくなるんです。その前提として、ガリレイとかケプラーとかニュートンの考え方がこの時代に普及したということがあります。ニュートンにしても万有引力の法則とか、ニュートン力学で有名ですけど、この人の本職は錬金術師なので、中世的要素を併せ持っていました。

伊藤　そこが面白いですね。

佐藤　ニュートンは錬金術の過程の中でいろいろなことを思いついただけで、本人は錬金術ができると信じていた。あとはライプニッツが同じ時期に微分法を発見発明したことも重要です。二人の間で、「俺が見つけたんだ」と大変な喧嘩をしています。重要なのは、中世においては物事が安定して静止していたのだけれど、そこから変化が始まった。変化を知るには微分法が必要になります。

この頃数学では対数が発見されました。なぜなら、天文学の発展によって通常の計算では大変大きな桁数の計算をしないといけないから、対数計算に頼るようになりました。

さらに、トマス＝クーンが「パラダイム」ということ言い始めた。本来は文法の変化表を指す言葉が、科学やさまざまな思考の前提として使われるようになります。こうした思想的な出来事と発明、発展の混ざり合いというのが、思想史を見るうえでもきわめて面白いところだと思います。

第５章

市民革命期の思想

第5章 守

教科書が教える
市民革命期の思想

◆

伊藤賀一

ルネサンス、宗教改革に伴う宗教戦争、科学革命を経た近代ヨーロッパでは、イギリス経験論や大陸合理論の哲学者たちが、理性について科学的に考えるようになりました。それは、中世の「神中心」から近代の「人間中心」へと秩序・価値観の転換が進んだからこそ可能だったのです。こうした風潮の中、理性を通して無知蒙昧な人々に新しい価値観を広めようという動き(=啓蒙思想)が広がります。特に近代自然法思想を土台とした社会契約説は、市民革命に揺れる西ヨーロッパにおいて、国家の正統性や意義を理性に照らして説明しようとしたのです。

1 近代自然法思想と社会契約説の登場（17世紀）

16世紀以降のヨーロッパは、官僚制と常備軍を柱とする専制政治「**絶対王政**」の時代でした。

農村を基盤とした中世以来の封建制度は、貨幣経済の発達とともに衰え、商工業者が台頭します。しかし、王は貴族と大商人に特権を与え、市民階級は抑圧されていました。

イギリスのフィルマー（1588頃〜1653年）やフランスのボシュエ（1627〜1704年）は、「王の権力は神との契約により授けられ、その統治権は神聖で不可侵である」という**王権神授説**を唱えました。

王権神授説を盾に君臨する王に対し、まず17世紀の**イギリス**で世界初の市民革命「**イギリス革命**」が起きました。

それがピューリタン〔清教徒〕革命（1640〜60年）と名誉革命（1688〜89年）です。そして、その思想的根拠となったのが、**近代自然法思想**と、それを土台に登場した**社会契約説**だったのです。

①近代自然法思想（17世紀前半）

自然法とは、ある時代のある社会の誰かのみに通用する実定法（誰かが定めた法）に対し、どの時代のどの社会の誰にでも通用する**普遍的な法**（特に定めない法）のことです。

ドイツ三十年戦争（1618～48年）の悲惨さを見た**オランダ**の法学者**グロティウス**（1583～1645年）は、『**戦争と平和の法**』を著し、神の存在によらずすべての人間がもっている**理性**こそ、いつ・どこ・誰にでも通用する自然法の源であるとし、平和の重要性を説きました。

自然法を法体系の最上位に置いたグロティウスは、「**近代自然法の父**」「国際法の父」と呼ばれています。彼が暮らしたハーグには、現在、国際司法裁判所〔ICJ〕と国際刑事裁判所〔ICC〕があります。

以上のような自然法思想に基づき主張されるようになった、自己保存・自由・

■国際司法裁判所と国際刑事裁判所

国際司法裁判所は国際連合の司法機関で、審理の対象は国家。後者は国際連合から独立した司法機関で、審理の対象は個人。

平等・所有などの諸権利が**自然権**です。

自然権の発想は、「宇宙を支配する理法〔ロゴス〕がある」とした古代ヘレニズム思想のストア派に始まり、「神の恩寵が自然を完成する」とした中世スコラ哲学へと継承されてきました。

②社会契約説の登場（17世紀半ば〜後半）

社会契約説とは、「**個々の人間は、**（自然権があるので）**本来は自由で平等な存在だが、秩序や平和を守るために、便宜上、社会や国家を形成する契約を結んだ**」とする考えです。

「社会や国家を形成する以前の**自然状態**から、**契約**を通じて自然権が保障された**社会状態**（＝社会や国家）に移行する」という作り話〔フィクション〕で、自然権の侵害を防ぎ、**王権神授説を否定**しました。

社会契約説は、世界初の市民革命である「イギリス革命」期に登場します。

●ホッブズの社会契約説（17世紀半ば）

ピューリタン〔**清教徒**〕**革命**（1640～60年）と王政復古の混乱を体験した、**経験論者**でもある**イギリス**の**ホッブズ**（1588～1679年）は、人間の最も基本的な欲求とは、自らの生命を維持・発展させようとする「**自己保存の欲求**」であると考えました。

これを満たす権利は、人間が生まれながらにもっている**自然権**ですが、彼は、自然権を無制限に主張し合う**自然状態**では、「**人間は人間に対して狼**」なので「**万人の万人に対する闘争**」を引き起こしてしまう、と考えました。

そこでホッブズは、「**人間たちは、平和と自己防衛のために国家が必要だと思い、自らの自然権をあえて放棄し、統治者に全面的に譲渡**〔**移譲**〕**する契約により社会秩序を実現しようとした……**」というフィクションを創り出します。

国家はこのような経緯で誕生したので、人間は（『旧約聖書』の「ヨブ記」に出てくる海の怪物リヴァイアサンのような）**絶対主義国家**に服従しなければならないという、著書『**リヴァイアサン**』における主張は、**結果的に絶対王政を擁護することになった**のです。

■**ホッブズはフランスへ**

ピューリタン革命時には生命の危険を感じ、フランスへ亡命した。

しかしホッブズは、**それまで国家成立の根拠とされていた王権神授説を否定して社会契約説を初めて唱えたことで、合理的な近代民主主義の先駆け**（**＝近代政治思想の出発点**）**となった**のです。

●ロックの社会契約説（17世紀後半）

経験論者でもある**イギリス**の**ロック**は、ホッブズに影響を受けつつも、**自然状態の人間は平和的である**と考えました。「人間には**理性**が備わっているので、基本的に平和を好んでいたはずだ」と。

しかし、人間は常に理性的なわけではなく、他人の物が欲しくなる時もあるはず。そこで「**人間たちは、平和を維持し、自らの所有権を守っていくために、国家をつくることで互いが同意した……**」というフィクションを創り出します。

その際、法律を定めたり運用したりすることは政府に**信託**したので、国家は**間接民主制**（**議会制民主主義**）をとるようになったと考えたのです。

ロックは、著書『**統治論**（**市民政府二論**）』の中で、「統治は信託に基づき成立するので、人々は政府を解体する権利をもつ」としました。すなわち、政府が権

■**「健康ヲタク」**

ホッブズは、非常に健康に気を遣うタイプ。食事に注意したり就寝前に寝室で歌を唄ったりして、91歳まで長生きした。

■**ホッブズは「出禁」に**

ホッブズの合理的な政治思想は「無神論者」という批判も招くこととなり、一時、フランスに亡命中のイギリス皇太子の家庭教師となったが、のちに出入りを禁じられている。

力を濫用した場合には、人々はいつでも権力を取り返して新たな政府を樹立することができる、という理屈で**抵抗権・革命権**を唱え、このことにより**名誉革命**（1688〜89年）を正当化したのです。

彼の社会契約説は、**「国家成立の契約後も国民は個人としての権利を保持し続ける」**という性格がありました。ロックは、国家の目的を人民の生命・自由・財産の保護に限定する自由主義を説き、信教の自由を保護すべきだと主張しています。

以上のように、国家権力の起源が人民にあり（＝**人民主権**〔**主権在民**〕）、政治も法の支配の下にあると主張したロックは、宗教的迫害に反対し、国家権力を立法権・執行権・連合権〔外交権〕に分立すべきと**「権力分立論」**を唱えました。これは立法権が優越するという考えなので完全な三権分立ではないのですが、海を越えてフランスのモンテスキューらに影響を与え、**啓蒙思想の先駆け**ともなったのです。

■**ロックの思想**

ロックの「権力の存在意義は個人の自然権である所有権の保全にある」「最高の権力は人民にある」という思想は、約100年後のアメリカ独立宣言やフランス人権宣言にも大きな影響を与えた。

2 啓蒙思想の展開と社会契約説の発展（17世紀後半～18世紀）

イギリスで社会契約説が唱えられ、市民革命が発生する中で発展したのが、**啓蒙思想**です。

これは、**偏見に囚《とら》われた無知蒙昧な人々に理性の光を当て、伝統的権威や先入観に基づく考えから解放しよう**という考えです。

すなわち、王・教会の権威や形而上学（＝中世までの哲学）を批判し、**近代科学・近代哲学による自然支配の発想を肯定**したのです。

啓蒙思想は、17世紀後半、**イギリスのロックを先駆け**に、18世紀にかけてヨーロッパ各地で展開されます。

特に、いち早く革命を達成し議会政治を始めたイギリスに比べ、絶対王政が続き「旧制度〔アンシャン＝レジーム〕」の下で民衆が苦しんでいた**フランス**で大きな意味をもち、**18世紀は「啓蒙の世紀」**と呼ばれました。

■啓蒙専制主義

フランスよりさらに遅れていたドイツ・オーストリア・ロシアでは、啓蒙思想は革命理論とはならず、絶対王政と結びつき、君主主導の「上からの近代化」を進める啓蒙専制主義を生んだ。

①啓蒙思想家と百科全書

●モンテスキュー（18世紀前半）

フランスの**モンテスキュー**（1689～1755年）は、イギリスのロックの権力分立論に影響を受け、王に権力が集中する絶対王政を問題視して『**法の精神**』を著しました。彼は、国家権力を憲法の下に**立法権・行政権・司法権**に分け、それぞれを独立した機関（議会・政府・裁判所）に担わせることで、相互の抑制と均衡（チェック&バランス）をはかる**三権分立**の重要性を説き、それを欠くフランスの専制政治を批判したのです。

●ヴォルテール（18世紀半ば）

同じ**フランス**の**ヴォルテール**（1694～1778年）は、パリで絶対王政を批判してバスティーユに投獄されますが、その時に書いた戯曲で名声を得ました。

その後、貴族との喧嘩が原因でロンドンに渡り見聞を広めました。帰国後に表した手紙文形式の『**哲学書簡**』において、イギリスの進歩的な政治制度や文化、

■権力分立論

「権力分立により国民の人権・自由を守る」という思想は、のちアメリカ独立革命やフランス革命に多大な影響を与えた。

ロックやニュートンの思想・学問の紹介を通じ、フランスの現状が遅れていることを指摘して**近代科学の尊重を主張**しました。

さらに啓蒙専制君主フリードリヒ2世の招きでプロイセンに赴き、その後ジュネーヴ共和国に移り住みながら、哲学・文学など多くの作品を著しました。特に、伝統的な偏見やカトリック教会の横暴に対し、**宗教的寛容の精神**について説いた著書『寛容論』は有名です。「私はあなたの意見には反対だ。しかし、あなたがそれを主張する権利は命をかけて守る」という名言に、彼の思想が象徴されています。

● 『百科全書』の刊行（18世紀半ば～後半）

さらに同じ**フランス**の**ディドロ**（1713～84年）は、のちに決別した**ダランベール**（1717～83年）とともに近代科学知識の組織的解明を目指し、学問や技術の成果を全35巻の『**百科全書**』にまとめて刊行し、「**百科全書派**」の中心となりました。

『百科全書』は、封建制を批判する内容が多かったため、編集中に政府から何度

■ディドロ

当初は神学を志したが、のちに無神論の立場をとっている。『百科全書』には、重農主義を唱えた経済学者ケネーや数学者コンドルセの他、モンテスキュー、ヴォルテール、ルソーらも執筆・協力している。

も発禁処分を受けますが、**フランス啓蒙思想の集大成**ともいえる仕上がりです。**学問**（＝近代科学）**を多くの人に広める**という意味で、世界的に大きな役割を果たしました。

②社会契約説の発展（18世紀半ば～後半）

●ルソーの社会契約説

『百科全書』編纂に音楽項目で関わった**フランス**の啓蒙思想家**ルソー**（1712～78年）は、17世紀半ば～後半にイギリスのホッブズ、ロックが展開した**社会契約説**を、18世紀に発展させた人物です。

彼は、ジュネーヴ共和国（現スイス）に生まれ、16歳で放浪の旅に出て20代でフランスのヴァランス夫人の愛人となり、その庇護の下でさまざまな学問を学びました。30歳でパリに出て多くの知識人と交流し、そのかたわら宿の女中と関係を結び、5人の子どもをもうけるも全員孤児院に放り込み、38歳で『学問芸術論』がアカデミー懸賞論文に入選し、ようやく注目を浴びるという、波乱万丈の半生を送りました。

■保守的な女性観

「自由」の象徴のような扱いのルソーだが、女性観は超保守的だったことで有名。現代ならミソジニストのレッテルを貼られるはず。

公衆の面前で尻を見せ何度も捕まるほどの露出癖があったルソーは、**理性を重視した啓蒙思想家の中で感情を重視した異端児**です。

40歳の時、彼が作曲した歌劇『村の占い師』はルイ15世の前で上演され、喝采を受けましたが、国王との謁見を拒否し、年金をもらうチャンスを逃しています。

その後、46歳でディドロ・ダランベール・ヴォルテールら百科全書派と絶縁、50歳で出版した政治哲学書『**社会契約論**』と教育書『**エミール**』は、宗教や政府を冒涜《ぼうとく》するものとしてパリやジュネーブで禁書扱いとなり逮捕状まで出されたので、一時期イギリスで逃亡生活を送り、フランスに戻った後も各地を転々としたほどです。彼は66歳の時にパリで亡くなりましたが、人生の終盤もまた波瀾万丈だったのです。

ルソーは、「**人間は自由なものとして生まれた。しかし、今やいたるところで鉄鎖につながれている**」と説き、**自然状態**における人間は、**生まれ**

■ルソーの豆知識

童謡『むすんでひらいて』のメロディーは『村の占い師』が下敷きとなっている。「自然に帰れ」はルソー独自の言葉ではない。

つきの素朴な自己愛と憐憫《れんびん》の情をもつだけで、虚栄心も敬意も軽蔑も知らなかったと考えました。経済的・法的なやり取りはなく、財産の所有や売買、それに伴う不正や、正義の実現の必要性といった観念も存在しなかった、と**自然状態を理想化**したのです。

しかし土地の私有を始めたことで社会に不平等がはびこり、争いが持ち込まれる。そこで「**人間は、身体や財産を守るために、共同体の共通の意志に沿って政府を樹立し、自分たちの権利を全面的に委任することにした**……」。

彼は、著書『**人間不平等起源論**』でこのようなフィクションを唱え、貧富などの社会格差やそれに起因する争いをなくすため、**理性を重視する**（＝**綺麗事《きれいごと》が多い**）**文明社会を否定し、感情を重視する**（＝**素直に生きる**）**ことを主張**し、人々に「**自然に帰れ**」と呼びかけたのです。

ルソーは続いて『**社会契約論**』を著し、人間同士の自由・平等を維持する社会のあり方を説きました。

彼は、個々の人間は私利私欲を**特殊意志**としてもっており、これらを集めたにすぎない**全体意志**は何の統一性もないため、自由で平等な社会の基盤には適さないと考えました。その代わりに、人々が「全員が賛成できる利害（＝公共の利益）に関する意志」である**一般意志**に自身を従わせると誓い合い「**主権者**」という団体をつくることで、各人が**市民的自由**を得た理想的な社会が実現する、としたのです。

●直接民主制の主張

ルソーは、国家権力の意義は、一般意志＝主権の代行者であることだと考えました。そして、「一般意志への服従を拒む人がいるなら、共同体全体でその人に服従を強制しなければならない」としました。

彼は、「多数決による決断である全体意志よりも、公共の利益をもたらす一般意志に**自ら**絶対服従するほうが、自由としてより高度である」と考えていました。

そして、一般意志は人民全体のものなので**人民の主権は譲渡・信託どころか分割すらできない**とし、絶対王政を擁護したホッブズや、間接民主制・権力分

■一般意志

ルソーは、一般意志を実現することは、特殊意志・全体意志をも充足させると考えた。

立を説いたロックを批判して**直接民主制**を説きました。

直接民主制においては、誤った契約で成立した国家は、いつでも創り直すことができます。また、公共の利益である一般意志を尊重するなら、個人の権利など必要ありません。

このようなルソーの思想は、彼の死後に起こった**アメリカ独立革命の独立宣言**（**1776年**）**や、フランス革命の人権宣言**（**1789年**）**の精神的・理論的根拠**となり、さらに**現代の自由主義思想**（**「自由」を追求**）**と社会主義思想**（**「平等」を追求**）**の形成に多大な影響を与えた**のです。

以上のように、グロティウスの近代自然法思想を土台に、ホッブズ、ロック、ルソーという3人の思想家が理論づけた「**社会契約**」は、のちに「**憲法**」としてまとめられることになります。

そして、啓蒙思想家たちにより「理性」の光を当てられ目覚めた人々は、政府に憲法を守るように求め、**近代立憲主義**が確立し、以後、現在に至るまで、そ

■ルソーの名言

「一般意志は代表されない」と主張したルソーは、間接民主制について「イギリス人は選挙の時だけ自由だが、選挙が終われば奴隷だ」とまで述べている。

の考えは世界中に広まっていきます。
17〜18世紀の西洋思想は、それほど重要なものなのです。

■「近代」
そもそも「近代」という発想そのものも、西洋の価値観が他地域を巻き込んでいるにすぎない。

第5章 破

教科書じゃ足りない
市民革命期の思想

◆

佐藤 優

教科書は、市民革命期の特徴として「理性」を通して無知な人々に新しい価値観を教えようとする啓蒙思想が広がったと解説している。ここでは理性の前提となる認識はどのような過程を経て得られるのか、中世における物事の認識法との比較から見ていきたい。中世では物事の認識に「天才」を必要とした。それが誰にでも物事の認識ができるようになったとき、時代は近代に移った。そこにはどのような変質があったのだろうか。

中世における物事の認識には、天才を必要とした。今の私たちは認識に関し、「認識主体」があり、「認識対象」があることで、「認識作用」が生ずるという三項図式で理解している。ところが中世における認識は、それより一つ少ない、二項図式で理解されていた。

日本語で「印象」と訳されるインプレッション（impression）が中世における認識のカギになる。中世後期14世紀に生まれた言葉だ。「中に押し付ける」「押しつけて跡をつける」という意味のラテン語に由来する。

シグネットリングというものがある。その人物を表す紋章などが刻まれた指輪だ。その歴史は紀元前に遡るが、中世ヨーロッパで盛んに用いられた。王侯貴族などが書類の封印に用い、熱して垂らしたロウの上にシグネットリングを押しつけると紋章が刻まれる。リングを押しつけることで、ロウの表面が意味を帯びるのだ。

中世の認識はそれに似たところがある。空中に目に見えない薄い膜のようなものが漂っていて、例えば、「伊藤賀一先生」を認識する場合、「伊藤先生もどき」のような薄い膜が空中を漂っていると考えられていた。その膜に触れることができた者が、「伊藤先生」のことを認識できる。シグネットリングの印章が浮かび上がる感じだ。それは手のひらとひらを合わせる合掌に似ていて、どちらの手が押され、どちらの手が押されているのかわからない。そのようなものを瞬時に掴むことができる人間にしか物事を認識することはできなかった。つまり、天才が必要とされたのだ。

そんな天才は一握りしか存在しない。圧倒的多くの人は認識できないか、間違った認識をしてしまう。近代に入り、天才にしかできないとされた認識を、普通の人にもできるように、インプレッションとして認識されていた物事をいくつかに分解し（**ラチオ**＝ratio,ラテン語で計算、比率、比例の意味）、理詰めで理解する態度が主流になっていく。

例えばAとCが同じだというとき、中世の天才はそれをインプレッションとして瞬時に掴む。しかし、天才以外はわからない。一方、ラチオの手法で分解し、AとCの間に、すでに両者と等しいことが明らかなBを挟んで考えれば、A＝B、B＝C、ゆえにA＝Cが成り立つ。この方法ならば誰にでもわかる。天才は必要ない。これが近代の理性（ratio、英 reason）の基本姿勢だ。このような思考法は、金利の計算など金儲けのために使われる「下品なもの」とされてきたが、近代に入り、そのような性質を持つ理性は、その地位を上げていく。

◆中世の自然法と近代の自然法

では、物事を理詰めで組み立てて認識しようとする理性が、この時代の思想にどうかかわってくるのか。教科書では、理性を通じて、自然法、自然権の発想が生まれ、それが社会契約説へとつながっていくという説明が一般的だ。

ただし、自然法の発想は近代の産物ではなく、中世にもあった。人間は原罪を持つ。罪が形をとると悪になる。したがって、人間社会は悪ければ悪いほど自然だというものだった。自然は神が作ったもので創造の秩序があるから罪はない。しかしなぜ大災害や疫病という悪が生じるのか。その原因も人間が行う悪事と結びつけた形で説明される。すると、理想郷は天国にしかない。これが中世における自然法の発想だ。

ところが、**コペルニクス**や**ガリレイ**による天文学上の発見により、キリスト教における神の居場所である「天」が維持できなくなり、神権が人間に降りてきて人権となった。同時に、神の創造物だった自然も人間の枠内に収まったのだ。それは神による創造の秩序が人間に降りてきたことを意味する。

ここで**ホッブズ**が唱えた「万人の万人に対する闘争」について考えたい。これは、神の創造秩序における自然状態において起きることを前提にした闘争だ。その意味で、ホッブズの発想は中世の残滓《ざんし》がある。自然状態において人間は何をするかわからないから、社会契約の必要を説いた。同じ社会契約でも、後のロックやルソーになると中世の残滓はなく、むしろ無神論的な発想に近づいていく。

◆悪の問題と人権思想

自然権に関連して、再度、悪の問題を神学の方向から整理してみたい。筆者が悪について繰り返し述べているのは、キリスト教と切り離して考えることができない西洋思想における難問でもあるからだ。

神は善なるものなのになぜ、悪は存在するのか。

神義論では悪を三つに整理する。①形而上的悪。悪とは何かというテーマでのアプローチ。②人間的悪あるいは道徳的悪。人間の行動や心のありようを問う。

■天譴論

東日本大震災が起きた3日後、当時の石原慎太郎都知事の「日本人のアイデンティティは我欲。この津波をうまく利用して我欲を1回洗い落とす必要がある。やっぱり天罰だと思う」という発言が典型的。

これは、人間の原罪に起因すると説明できる。③自然的悪。これが最も説明が難しい。さきほども述べたように、善なる神が創造した自然になぜ悪が存在するのか。人間の悪行に対する神の警告や罰といった**天譴論**《てんけんろん》で処理される場合が多いが、これも歯切れが悪い。天災に関して神学的に説明することは非常に難しいのだ。逆に、説明できないからこそ、そこに特別な意味がある。このように見ることもできる。

天という概念が維持できなくなり、神権が人間に降りて人権になると同時に、自然の秩序も人間に降りたと述べたが、悪の問題を念頭に置くならば、西洋思想においても、神は完全には地上に降り切ってはいない――このような見方もできる。神権が完全に人間のものになっていないから、人権思想は首尾一貫した組み立てができず、現在に至るまで、さまざまな揺れが生じているととらえることもできるだろう。

◆力を信仰するアメリカ

17～18世紀の思潮を人権思想の揺れの観点から考えると、まず、ピューリタン

（清教徒）革命が挙げられる。イギリスにおいて絶対君主制から立憲君主制への流れの先鞭《せんべん》をつけた革命だ。ピューリタンは宗派で言うとカルヴァン派の系統になる。カルヴァンはスイス・ジュネーブで神権政治を行った独裁者の側面がある。カルヴァンが説いた政治的主張は、原理主義的で、「イスラム国」（ＩＳ）やアルカイダのそれに近い。

加えて、ジュネーブから**プロテスタント主義＝革命の輸出**を行った。だから、力によって正義を実現していくという面がピューリタンにはある。実際に、ピューリタン革命では血で血を洗う内戦が展開された。そうした血の教訓によってイギリスでは二度と流血の革命は行わないということがコンセンサスとなった。それが無血の名誉革命として実現する。

すると、相対立する勢力同士であってもうまく折り合いをつけていこうというイギリス社会には、原理主義的なピューリタンの居場所がなくなる。流血をいとわず自分たちの信仰、信念を実現しようとする人々が、新天地を求めてアメリカに渡ったのだ。したがってアメリカは、ピューリタン革命においてキリスト教徒からなる鉄騎兵を率い、当時の国王チャールズ1世を処刑した「クロムウェルの伝統」を引き継いでいる。

力によって正義を実現するという考え方は、アメリカの建国原理の中にあると見ることができる。イギリスが排除したピューリタニズムがアメリカの基底になっている。これは**アメリカという国**について考えるときに非常に重要な要素だ。これは倫理の教科書では教えてくれない。

◆啓蒙思想が及ばなかったカナダのフランス人

イギリスにおける市民革命の進展の中で生まれたのが啓蒙思想だ。啓蒙（英語でenlightment）は「明るくなっていく」という意味だ。真っ暗な部屋の中に火のついたロウソクを1本立てると、少し周囲が明るくなった。もう1本立てたらさらに明るくなった。こうしてロウソクを増やせば増やすほど明るくなる→物事がより明瞭にわかるようになる、このような楽観的な考え方が啓蒙思想だ。そのカギになるのが理性だ。複雑な物事は細かく分割して単純化し、そこから論理連関をつけていけば、世界を理解できるはずだという明晰さを求める考え方に近い。

啓蒙思想はフランスでも大きく開花し、その思想はフランス革命の背骨となる。

革命により、絶対王政によるアンシャン＝レジームは基本的に克服された。自由・平等・友愛という人権思想が明示された。

この文脈で、日本では全く語られていないことがある。カナダにおけるフランス人だ。17世紀初め頃からフランス人のカナダ入植がはじまった。入植者たちはセントローレンス川沿岸を中心に、**ケベック**をはじめ植民市を建設した。

つまり、この時期にカナダに渡ったフランス人はフランス革命＝啓蒙思想の影響をあまり強く受けていないのだ。こうした人々の末裔《まつえい》がカナダ人になりケベック人（ケベック・フランス語を母語とする人々）になっている。したがって、ケベック州においてキリスト教はカトリックが強い。その影響で、秩序感覚に敏感で、中世的な森を愛し、合理的な価値観にあまりとらわれないフランス人が独自の生態系を形成していった。

フランス革命よりもやや時を遡るが、同じ北米のアメリカがイギリスから独立すると、イギリス派だったアメリカのイギリス人＝アメリカでの「負け組」が、カナダに移ってきた。そのためにイギリス人とフランス人との葛藤が生じ、その中で独自の世界を形成したのがカナダだ。ケベック問題と呼ばれる、ケベック州

■ワイマール共和国

戦間期に誕生した共和制政体（1919～33年）。ワイマール憲法に基づく。国民主権、男女平等の普通選挙権、生存権の保障など、20世紀の世界各国の憲法の先駆けとなった。

■ロマン主義

18世紀後半～19世紀前半にかけて、ヨーロッパで起きた哲学、文学、芸術上の運動。個性や自我、形式よりも内容、知性よりも情緒、理性よりも想像力を重要とした。

のフランス系カナダ人がカナダ連邦からの分離独立を求める運動は約200年前から現在に至るまで続いていて、問題の根深さがわかる。

すると17～18世紀のヨーロッパの非主流派がアメリカやカナダを築いたことになる。私たちは「欧米」という形でひとまとめにとらえがちだが、啓蒙思想を手がかりに少し掘り起こすと、北米とヨーロッパは深いところでは相性が良くないことがわかる。アメリカとカナダが一国としてまとまらないのもこのような歴史的・思想的要因がある。

◆ナチスの野蛮を生んだもの

啓蒙思想のその後について述べておきたい。エンライトメントという啓蒙の精神は、理性の光によって物事を明瞭にし、人間の解放を目指すものだった。啓蒙主義の時代は18世紀に最盛期を迎え、19世紀初めに**ロマン主義**の反動はあったが、19世紀いっぱいまで続く。人々が理性的に行動することでヨーロッパでは大規模な戦争は起きないと思われていた。

しかし、第一次世界大戦が勃発し、かつてない大量殺戮を経験した。敗戦国の

■カバラ

古代から伝わるユダヤ教の神秘的な教理。カバラは、モーセ五書以外のユダヤ教の諸書、預言書を指す。意味を狭めれば、ユダヤ神秘主義、神智学の発展形態をいう。

ドイツは、洗練された人権思想を基盤にした憲法をいただく**ワイマール共和国**として再出発したにもかかわらず、ナチスドイツの野蛮を招いてしまった。

それは、理性の明るさが増せば増すほど、闇がどんどん深くなっていくことに気づけなかったからだ。

この思想的構造を学術的に解明したのが、**アドルノ**と**ホルクハイマー**による名著『啓蒙の弁証法』だ。2人ともユダヤ人で、ユダヤ教の神秘主義思想**カバラ**の発想を下敷きに論を展開した。カバラでは光が生まれると同時に闇が生まれる。両者は時間の経過とともに距離がどんどん離れていき、ある距離になるとクラッシュが起きるという考え方をする。

こうした見方は高校の教科書レベルでは教えられないし、大学でも哲学でこの分野を専攻するか、神学を研究するかなどしなければ学ぶ機会がない。

啓蒙主義の限界が明瞭となり、第二次世界大戦後もさまざまなアプローチによる人権思想が提唱されている。

◆知と知をつなげる

ここまで出てきた啓蒙思想、ピューリタン革命、フランス革命、アメリカ、カナダ、ワイマール共和国、ナチスドイツ……といった言葉は、高校までに習ったものばかりだ。

受験や試験のために暗記した知識を、大学以降はテーマに応じてつなげていくことが、自分なりの思考の鋳型を作っていくうえで重要だ。倫理や世界史に限らずさまざまな科目で積み上げてきた知識を、ここまで述べたような形で再構築していくことは知的に楽しい作業だ。使わなくては勉強した意味がない。

そこでポイントになってくるのが**『百科全書』**の思想だ。教科書の解説には特に付け加えることはないから、知識をつなげていくことと『百科全書』の思想にどんな関係があるのかを述べてみたい。

「百科事典的知識」という表現がある。断片的知識に近い意味合いで、マイナスイメージがある。しかし、百科事典的知識こそが大切だ。ただし、百科事典的知識を生かすには前提が必要だ。

■**金日成**（1912~94年）

北朝鮮の政治家。最高指導者。第二次世界大戦後、朝鮮民主主義人民共和国を建国した。1972年から死去するまで国家主席。マルクス・レーニン主義を独自に発展させたとする「主体（チュチェ）思想」を国家理念とした。

教科書では『百科全書』についてフランス啓蒙思想の集大成という説明がなされている。『百科全書』を読めば、編纂当時の知の到達点が体系的にわかる。つまり百科事典は円環をなして閉じていることが大切だ。閉じられていることで、一つの時代の知を体系的に把握できる。百科事典の目的は過去の知をつなぎ、さらに次の世代へ渡していくことだ。その作業の中で次世代に渡すべき知か否か、ふるいにかけている。つまり、ある時代状況における知の体系化がなされている。

閉じられて体系化された知だからこそ、つなげることができる。その意味で開かれていて、いつでも更新可能なネット空間のウィキペディアは時代性が希薄なため百科事典ではない。ただ、百科事典を持っている人も少なくなっているだろうから、筆者は広辞苑など紙の辞書を引く習慣をつけることをお勧めする。あるいは『現代用語の基礎知識』などでもいい。

受験で暗記した知も18歳までの閉じられた知だと考えることができる。百科事典で自分が知りたいことを任意に調べることができるように、これまで暗記してきた知にランダムアクセスできるように習慣づけることが大切だ。そのうちに知と知をつなげることができるようになる。

余談になるが、北朝鮮を建国した**金日成**主席は百科事典の大切さがわかっていた。外国の百科事典を翻訳することを禁じ、自分たちで項目を立てて百科事典の編纂を進めた。最初は小さい百科事典を作り、次の段階で分野別の百科事典を作り、その後、大百科事典を作るよう指導している。朝鮮民主主義人民共和国としての学知の形成を重視したからだ。

考えてみれば、北朝鮮があの経済規模で瀬戸際外交を続けてなお、国家として存続しているのは、独自の体系知がエリートだけでなく国民にも定着しているからと筆者は考えている。

◆三権分立より重要なもの

フランスの『百科全書』編纂にも参加していた**モンテスキュー**について、三権分立の重要性を説いたという教科書的な説明は誤解を招きやすい。というのも、三権分立と言っても国家権力を三つに分けるだけであって、総体としての国家権力に変わりはない。これでは民主主義を保証できないというのがモンテスキューの真意だ。

モンテスキューの思想で注目すべきは**中間団体**を重視している点にある。これは教会やギルド（商工業者などの同業者組合）など、私益を追求するのではなく、国の代表機関でもない。こうした性質の中間団体の存在が国家権力の暴走を防ぎ、民主主義を保証すると考えた。

中間団体は、**経済合理性**（ラチオ）を重視する**新自由主義**との相性が悪い。新自由主義のラチオ偏重に対し、中間団体は掟や文化というラチオの外側のものを重視するからだ。中間団体が強力だと効率のよい金儲けができなくなる。

逆に中間団体が弱体化すると新自由主義による格差はどんどん拡大し、国家の暴力はむき出しで個人に向かってくる。一番小さい中間団体は家庭だが、これも解体プロセスにある。モンテスキューが重視した中間団体の構築は21世紀的な課題と言えよう。

◆権利を誰に委任するのか

ルソーは欧米では人気がない。立派なことを言うくせに、自分の子どもを孤児院に入れるなど実生活はめちゃくちゃで、そんな人間は信用できないというわけだ。とくに、英米の経験論やプラグマティズムを重んじる国の人には評判が悪い。

教科書では、ルソーの思想が民主主義の原型であるかのように教えている。①「共同体の共通意志に沿って政府を樹立し」、②「自分たちの権利を全面的に委任する」というのがルソーの思想エッセンスだ。①を見ると、選挙で自分たちの代表を選ぶという発想のように思える。しかし重要なのは②の「委任」をどう捉えるかにある。自分たちの権利を誰に委任するのか。

ルソーの考えでは、能力のある人間、つまりエリートに委任することになる。言い換えれば官僚支配だ。ルソーは民主主義を否定しているわけではないが、エリート主義、官僚支配をよしとしていたことを見逃してはならない。

第6章

近代市民社会の倫理

第6章 守

教科書が教える
近代市民社会の倫理

◆

伊藤賀一

(イギリス)経験論と(大陸)合理論の二大潮流は、続く18世紀後半〜19世紀半ば、後進国ドイツ発の観念論によって合理論の立場を強化(=理想主義化)しつつ統合され、近代哲学の集大成となります。また、先進国イギリス発の功利主義は、経験論の立場を強化(=現実主義化)します。そして同じ頃、近代科学を肯定し、それを道徳・社会にまで拡大しようと試みるフランス発の実証主義も登場したのです。市民革命・産業革命後のヨーロッパにおける近代市民社会の倫理は、このようにして19世紀半ばまでに確立していきました。

1 ドイツ観念論（18世紀後半～19世紀前半）

①カントによる観念論の創始（18世紀後半）

●批判哲学

東プロイセンの**カント**（1724～1804年）は、理性ができることとできないことを分けました。このように、**理性の限界を問う**哲学を**批判哲学**といいます。彼は、**理性の能力と限界を明らかにし、それを超えたものについては判断を控える**、という立場をとりました。

批判とは、「徹底的に吟味・検証する」という意味です。カントの著した『**純粋理性批判**』『**実践理性批判**』『**判断力批判**』は「三批判書」として有名ですが、**批判哲学は、近代哲学の始まりであるイギリス経験論と大陸合理論の批判的統合を試みたもの**で、これをもって17世紀後半～18世紀に展開した**啓蒙思想が完成**したとされます。

■カントの名言

カントの墓の記念牌には「感嘆と畏敬の念をもって心を満たす2つのものがある。わが上なる星空と、わが内なる道徳法則とである」という『実践理性批判』の「結び」の冒頭が刻まれている。

■カントの考え

経験論と合理論の対立を見て、経験論に固執するとどのような真理にも到達できない「懐疑論」に行きつき、合理論は経験的な事実を無視すると「独断論」に陥ると考えた。

●観念論の創始者カント

「精神的なもの（＝観念・理念・理想〔イデー〕）を世界の根源的実在とする」観念論〔イデアリズム〕は、「物質を世界の根源的実在とする」唯物論〔マテリアリズム〕の対になる発想です。

イギリス経験論と大陸合理論の批判的統合を試みたカントの**ドイツ観念論は、大陸合理論の要素を強く引き継いでいます。**

東プロイセンのケーニヒスベルク（現在はロシア連邦カリーニングラード州）出身のカントは、苦学して大学を卒業し、地方で約8年、家庭教師を務めました。その間、自然科学の**ニュートン**（イギリス）、合理論のライプニッツ（ドイツ）、経験論の**ヒューム**（イギリス）、啓蒙思想家の**ルソー**（フランス）の著書から影響を受けています。

31歳で故郷に戻り、ケーニヒスベルク大学の私講師、46歳で教授となり、のちに学長まで務めました。カントは、以後地元を離れることなく、毎日の散歩で思

■カントに影響を与えた2人

ヒュームには「独断のまどろみ」を破られて人間の理性の限界に気づき、ルソーからは「人間を尊敬すること」を学んだという。

索を深め著述にいそしみ、頻繁に来客を招き談笑しつつ、79歳で亡くなっていま
す。最期の言葉は「Es ist Gut（これでよい）」でした。

●認識について

カントは、「経験により初めて対象への認識が生まれる」とするイギリス経験論では、「感覚不可能なものの存在の有無についてはわからない」とするしかないことから、経験を過大評価するべきではないとしました。例えば人間は、毛に包まれた、ヒゲの長い、夜目が効く、鋭い爪をもつ、ニャアと鳴く動物は、大きさや色、形などが個体ごとに異なるにもかかわらず、「猫」と一括りに分類して認識することができます。

彼はこれを、人間が感覚した内容を整理して秩序立てる能力を生まれつき備えているからこそ可能だとしました。

カントは、人間（主観）は、このような意識の流れで対象（客観）を捉えて認識しているのだ、と考えました。

■「猫」という認識

人間の思考は、感覚を通し対象を経験することで初めてその存在を認めるわけではなく（それなら個々の情報はバラバラに認識され「猫」と結論できないはず）、「人間は経験以前（＝ア・プリオリ〔先天的〕）に、ある対象について感覚した個々の内容を相互に関連づける能力を有し」ており、「この能力を用いて、対象全体に○○という概念を当てはめる」ことができる。

彼は、対象を感覚する能力を「**感性**」、感覚した内容を組み立てて概念を当てはめる能力を「**悟性**〔知性〕」と呼び、存在そのもの＝**物自体**《もの》**は認識できない**、と説いたのです。

●コペルニクス的転回

こうしてカントは、「**認識は、対象を感覚することから起きる**」とされていたことに対し、「**認識は、人間に認識する能力があるから起きている**」とし、従来とは真逆の議論を提示しました。そして、この思考の転回を、天動説から地動説への転回を唱えたコペルニクスになぞらえ、**コペルニクス的転回**と名付けました。

カントの「**認識が対象に従うのではなく、対象が認識に従う**」という有名な言葉があります。これは、経験を通して得たいかなる知識も、人間の認識能力の範囲内で意味付けされているにすぎず、真理を抽出することなどできない、ということなのです。

彼は、コペルニクス的転回を遂行しなければ、人間の理性は解決できない**ア**

■物自体は認識できない

人間は対象を認識するとき、必ず感性と悟性の連携を経なければならないため、物自体を直接（概念を当てはめることなしに）認識することはできない。例えば、レモンの形・色・匂い・肌ざわりなどを感性で捉えた途端に、「楕円形」「黄色」「さわやか」「でこぼこ」などと悟性で名付けられ、秩序立てられてしまう。

ンチノミー〔**二律背反**〕に陥ると考え、自然に眠る真理を追究すべく重ねられる認識には限界があることを明らかにしました。

事実認識に基づいて「私は何を知り得るか」と科学的知識を求める理性である「**理論理性**」では、神の存在や魂のように、感覚では経験できない形而上学的な価値を論じることはできない、としたのです。ということは、「君たちはどう生きるか」などの道徳的な問いもまた、理論理性では判断できないことになります。

●人格主義

しかし、人間は「物を盗んではいけない」「人を殺してはいけない」ことを誰もが知っており、それらを行えば普通は罪悪感が生まれる。これをカントは、自然界に自然法則〔**因果律**〕があるように、人間にも**道徳法則**が存在しているからだ、と考えました。

彼は、人間には「私は何を為すべきか」と正しい生き方を判断する理性である「**実践理性**」が備わっているとし、一時の感情や欲望に流されず、道徳法則に従い行動することを自ら選択するとき、人間は本当の自由を実現すると考えました。

■**アンチノミー〔二律背反〕**

代表的な四例は、①世界には空間的・時間的な「限界」が存在するか否か、②世界のすべてを単純な要素に「分解」できるか否か、③本当の「自由」はありうるか否か、④「神」は存在するか否か。

そして、実践理性を働かせることができる存在を「**人格**」と呼び、**人間の尊厳**の根拠は人格にある、と**人格主義**を説きました。

●動機主義

カントは、実践理性を働かせて何かを起こそうとするとき、「**もし……なら～せよ**」という条件付きの命令（＝**仮言命法**）に従った行為には、道徳的価値を認めなかった。そのような行動は、例えば溺れる人を助けるため飛び込む場合でいえば「周囲からいい人に見られたかったから」「助けた人にお礼を言われたかったから」のように〝前置き〟が付くのなら、結局は自分の利益を得るためだからです。

カントは、真に道徳的価値がある行為とは、「**～せよ**」と無条件に理性から下される命令（＝**定言命法**）に従ったものだけである、としました。

結果として現れる行為は同じであっても、動機が異なればその価値は異なる、というこの立場を**動機主義**といいます。

■人間の尊厳

感情や欲望に流された人間の行動は、道徳法則ではなく自然法則に従った動物的な行為にすぎず、そこに人間らしさを見ることはできない。

■定言命法に従う

この場合、ただちに飛び込む、ということ。

人間は、**良心の声**でもある道徳的な**義務**に従おうとする意志（＝**善意志**）に基づいて行動するとき、はじめて自然法則ではなく道徳法則に従うことになります（＝**義務論**）。カントは、こうした行動のあり方を**自律**と呼び、善意志以外の意志に従う**他律**と区別しました。そして、この**意志の自律**こそが、人間にとっての自由であるとしたのです（＝**意志の自由**）。

カントの名言に「汝の意志の**格率**が常に同時に**普遍的な法則**として妥当し得るように行為せよ」という**究極の定言命法**があります。

格率とは、「毎朝5時に起きて13時から昼食をとりその後に散歩する」「○○のような人とは付き合わないようにしよう」等、各個人がもつルール、ポリシーですが、これに従い行動しつつも、それが同時に道徳的・普遍的にも正しい生き方をすべき、と説いたのです。彼はきわめて**理想主義**的な考えの持ち主だったのです。

●理想主義者カント

■**カントの格率**

カントは健康を気遣い、口から息を吸うと肺が冷えるので必ず鼻から吸い、部屋の温度は14度を保つなど、さまざまな格率＝自分ルールを持っていた。

■**究極の定言命法**

「自分自身の行動規準が誰にとっても常に成り立つかどうか吟味し、成り立つ場合にのみ、その規準に従って行動せよ」ということ。

カントは、国際平和の分野でも**理想主義者**として有名です。彼の他の名言に「汝の**人格**や他のあらゆる人の**人格**の内にある人間性を、いつも同時に**目的**として扱い、決して単に**手段**としてのみ扱わないように行為せよ」があります。これは「（人間の人格はかけがえのないものだから）人と関わるときは、その人を利益を得るための手段として見るのではなく、その人の自律性と人格を尊重すること自体を目的としなければならない」という意味です。そして、そのような人同士がつくる理想的な共同体を「**目的の国**」と呼びました。

目的の王国を目指し、個人間でも国家間でも争いをやめるべきだ、と説いたカントは、著書『**永遠**〔**永久**〕**平和のために**』において、常備軍の廃止や紛争を解決する国際法の制定、国際的な平和維持機関の結成を想定しました。そして最終的な理想として世界共和国の樹立を目指したのです。

この考えが、彼の死から100年以上経った後、第一次世界大戦後の**国際連盟**設立（1920年）の理論的な基盤となり、それは第二次世界大戦後の**国際連合**設立（1945年）にも影響を与えています。

■道徳上の悪

カントは、戦争は人格の品位を破壊し、人間の自由を損なうので、個人間の争いや国家間の紛争・戦争は道徳上、悪だと考えた。

■時間厳守のカント

ケーニヒスベルクの人々は、散歩をするカントを見て時計を合わせたという。彼が散歩の時間に遅れたのは、ルソーの『エミール』に熱中してしまった一度だけという。

②ヘーゲルによる観念論の大成（19世紀前半）

●カント批判

カントの50年ほど後、**ドイツ**で生まれた**ヘーゲル**（1770〜1831年）は、人間の行為は歴史や社会との関係において営まれるものであり、**自由は法律や社会の中で具体化される**と考えました。

彼は、「理性的なものは現実的であり、現実的なものは理性的である」とし、理性をもつ人間は、自分の考えを具現化して自己実現できると唱え、**自由の根拠を個人の内面に求めるカントを主観的で抽象的であると批判**しました。

最終的にベルリン大学総長まで務めた人気教授でもある彼の主著は、『**精神現象学**』『論理学』『法の哲学』『歴史哲学講義』などです。

またヘーゲルは、「東洋では一人が、ギリシアでは若干の者が自由だったが、ゲルマンではすべてのものが自由である（＝東洋では専制君主のみ、古代ギリシアでは少数の市民が自由だったが、近代ヨーロッパでは万人が自由である）」と述べ、この事実

■ヘーゲル学派

ヘーゲルの哲学は一世を風靡し、多くの学生が集まり「ヘーゲル学派」が形成されたほど。

から見て、自由の実現は世界史の必然的な方向だとした。

●絶対精神と世界精神

ヘーゲルは、世界のすべての存在を成り立たせるものは「**精神**」であり、その基本的な働きは「**自覚**〔自己意識〕」であるとしました。そして、真の自覚は、自分の内面にあるものを自分以外の他の何ものかに表現することを介してなされると考え、これを「**自己外化**」と呼びました。

そんな彼にとって、世界の最高原理は、自由を本質とする理性的な**精神**である「**絶対精神**」でした。そして、**世界史とは、「我々」の精神でもある絶対精神が人間の活動を通じて歴史上に現れた「世界精神」の、自由を実現していく過程である**、と考えました。

ここでいう「精神」は、客観的事物として外部に存在します。彼の考えに即せば、「世界精神」の意志によりフランス革命が起きて不合理な旧体制を破壊し、内部矛盾で恐怖政治を生み、やがて皇帝ナポレオンが登場して新たな社会を構築したわけです。

■ヘーゲルの名言

ヘーゲルは「**世界史は自由の意識の進歩である**」という言葉も残している。

■人気教授ヘーゲル

18歳下のショーペンハウアーはヘーゲルに対抗心を燃やし「酒場のおやじのような顔」等とこき下ろしたが、同時間に講義を設定したところガラガラで、全く敵わなかった。

歴史の重要場面にはこのような「**理性の狡知**《こうち》〔詭計《きけい》〕」がはたらいていると考えていたヘーゲルは、イエナ大学の私講師を務めていた36歳の時、イエナに侵攻するナポレオンの行進を見て「世界精神が馬に乗って通る」と友人に手紙を書いています。

●進歩主義

ヘーゲルは、歴史を理想的な社会形態に至るための過程として捉え、それに向かい歴史は進歩し、今後も進歩し続けると考えました。こうした「**進歩主義**」は、観念的・理想的であると批判されることも多いですが、彼の歴史観は、約50年後にドイツから出た社会主義者のマルクスに大きな影響を与えています。

●弁証法によるドイツ観念論の完成

以上のような歴史観の下で、ヘーゲルは、**人間の自由は国家において最高の形で実現される**と考えました。その際、科学的理論を**弁証法**に求め、理想と現実の統一を試みることで、カントが創始したドイツ観念論の完成度は高まっ

■英雄ナポレオン

18歳でフランス革命が勃発した時、大学生のヘーゲルは熱狂し、その後のナポレオン戦争を含め、大きな思想的影響を受けた。

たのです。

弁証法とは、「私の視点」の思想である**正**《せい》〔**テーゼ**〕は、必ず「他者の視点」という対立思想である**反**《はん》〔**アンチテーゼ**〕を含んでおり、それらを総合・統一すなわち**止揚**《しよう》〔**アウフヘーベン**〕するところに「我々の視点」である真理の認識・発展である**合**《ごう》〔**ジンテーゼ**〕がある、とする考えです。

そして彼は、人間の共同体のあり方も、弁証法的に発展していくと説きました。

このように、弁証法を用いて「歴史や国家を人類の精神のあらわれとする」**ドイツ観念論を完成**させ、**近代哲学を確立**したところにヘーゲルの最大の功績はあります。

彼は、人間の求める精神の自由は、カントのいうように個人の良心的行為のみで実現されるものではなく、個人に宿る内的・主観的な**道徳**と、社会制度としての外的・客観的な**法**との統一においてこそ実現するとし、この統一されたものを**人倫**と呼びました。そして人倫は、自分と他者が互いに存在を認めあう**相互承認**が実現する場なのです。

■弁証法を理論化

「物事は、内に潜む矛盾が表出したとき、両者の長所を取り入れ統一して高次の段階へと発展していく」という弁証法は、古代ギリシアから存在する。ヘーゲルはそれを理論化して大成した。

●ヘーゲルの国家論

ヘーゲルにとって、**真の自由が実現された理想的な共同体が国家**です。すなわち、人類の精神に含まれる理性的な**道徳**が、歴史を通じて国家の**法**や制度という具体的な姿をとり、現実的なものになることによって、精神の自由が実現するのです。

家族という正〔テーゼ〕（個人の自立意識が低い**素朴な人倫**）と**市民社会**という反〔アンチテーゼ〕（各自の利益追求を正当化する「**欲望の体系**」＝**人倫の喪失態**）が、弁証法的に止揚〔アウフヘーベン〕することにより、**国家**という合〔ジンテーゼ〕（**人倫の最高形態**）が誕生するのです。

すなわち人間集団は、家族レベルだと個人の自立が十分ではなく、市民社会レベルだと利害をめぐる衝突が避けられないので、両者を統合した**国家において**こそ、**個人の自由と公共性との対立が解消され、真の自由が実現される**ということです。

国家の意義をこのように捉えたヘーゲルは、市民革命を達成した先進国イギリ

■**人倫の完成**

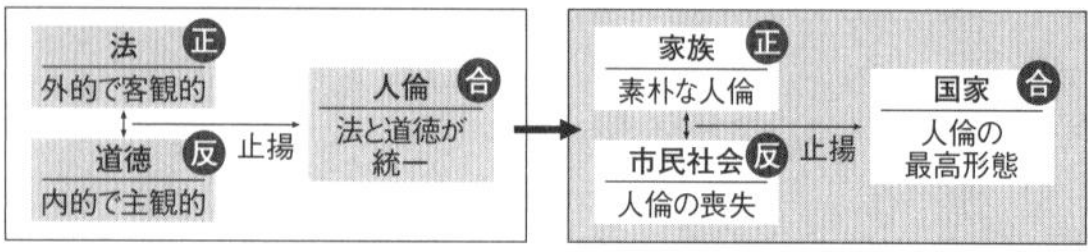

スやフランスで唱えられた社会契約説が、国家を権利のための道具としている点を、後進国プロイセン〔ドイツ〕の立場から批判しました。カントのみならず彼もまた、**理想主義**的な考えをもっていたのです。

③その他の観念論者（18世紀末〜19世紀半ば）

ヘーゲルと前後して活躍した観念論者としては、ナポレオン占領下のベルリンで国民を覚醒させた講演『ドイツ国民に告ぐ』で有名な**フィヒテ**（1762〜1814年）や、汎神論的自然観を示す**シェリング**（1775〜1854年）が有名です。

ヘーゲルより8歳上のフィヒテは、カントの批判哲学から出発し、認識と実践の両方を担う「自我〔主観〕」を絶対的な原理とする独自の哲学体系「知識学」を提唱しました。著書に『全知識学の基礎』などがあります。

ヘーゲルより5歳下で学生時代から交流があったシェリングは、「自我〔主観〕」と「客観」、「精神」と「自然」が同一であり、すべての事象が直観によって把握

■おとなりさま

コレラに感染し61歳で急逝したヘーゲルは、生前の希望通りフィヒテ夫妻の墓の隣に葬られている。

される絶対者のあらわれであるとしました。このような考え方は、大陸合理論のスピノザ（オランダ）の系譜を踏まえています。著書に『人間的自由の本質』などがあります。

②功利主義（18世紀後半～19世紀）

合理論の要素を強く引き継いで**理想主義的だった後進国ドイツの思想**に対し、経験論の要素を強く引き継いで**現実主義的だった先進国イギリスの思想**を見てみましょう。

①アダム＝スミスの自由放任主義（18世紀後半）

世界一早く市民革命・産業革命を達成したイギリスでは、市民社会の中で資本主義経済が発達し、利益を求める個人間の競争が激しくなっていました。

スコットランド出身の古典派経済学者**アダム＝スミス**（1723～90年）は、著書『**道徳感情論**』で、行為の正当性を測る手段として「第三者（＝公平・中立

■**先進国イギリス**
イギリスは、世界で最も早く、17世紀半ば～後半に市民革命、18世紀後半に産業革命を達成している。

な観察者もしくは自らの内的視点）の**共感**を得られるか」を重視しました。そして、公正・公平・正当なルールの下で、幸福を求める個人の自由な活動を最大限認めることが大切であり、**社会は愛情や親切心といった理想的なものに頼らなくても十分成り立つ**という、ドイツ観念論よりも**楽観的な立場**をとります。

アダム＝スミスは、人々が社会全体の利益を増大させようとする理想主義よりも、「フェアプレイ」の条件付きで自己利益を追求する現実主義のほうが、より効果的に利益を増大させることは大いにあると考えました。そのためにも（正義の法を犯さない限り）完全な自由競争が行われなければならない、と**自由放任主義**（**レッセ＝フェール**）を唱えたのです。

これは、**成立したばかりの資本主義を擁護する立場**で、著書『**諸国民の富**（**国富論**）』では、需要と供給、価格を自動的に調整する「（神の）**見えざる手**」という有名な言葉が使われています。

このように、先進国イギリスにとっては、**発展していく市民社会を定義す**

■「小さな政府」

国家はむやみと経済に介入するような役割を担うべきではなく、個人が獲得した財産を保護する役割を担う「小さな政府〔安価な政府〕」であれば十分とした。

■アダム＝スミスの豆知識

彼は若い頃から「放心癖」があり、日曜の朝、部屋着のまま自宅から歩き続け、約24キロも離れた町で教会の鐘を聞いて我に返ったこともある。

る現実主義的な理論が必要だったのです。

②ベンサムの量的功利主義(18世紀後半〜19世紀前半)

●功利主義の創始

アダム＝スミスより少し遅れて出た**ベンサム**(1748〜1832年)は、自由放任主義がイギリスの市民社会に調和をもたらすとまでは楽観しませんでした。「個人の幸福である私益の追求と社会全体の幸福である公益の促進をいかに調和させるか」という課題に対し、彼が提案したのが**功利主義**〔ユーティリタリアニズム〕です。これは、行動の善悪の基準として「**その行為が快楽と幸福をもたらすかどうか**」という「**有用性・効用**」に重きを置く**現実主義**的な思想です。

イギリス功利主義では、ヘーゲルのドイツ観念論とは違い、個人や家族は便宜上、市民社会や国家の形をとっているにすぎないと考えます。これらは本質的には単なる個人の総和であり、個人の幸福こそが社会全体の幸福につながるとし、**個人を市民社会や国家より優先**させて位置づけたのです。

■**ベンサムの著書**

ベンサムは、個人の利益追求と市民社会全体の増進は両立可能だが、両者を調和させる道徳と法の原理を確立すべきと考え、『道徳および立法の諸原理序説』を著している。

●快楽原則と快楽計算

人間はどうしても快楽を求め苦痛を避ける性質が強いことから「**快楽と苦痛こそが人間を支配する**」という**快楽原則**を唱えたベンサムは、個人の感じる快楽の量を合算して、社会全体の幸福の総量を測定する**快楽計算**ができる、と説きました。

そして、強度・持続性・確実性・遠近性・多産性・純粋性・範囲の7つを基準に快楽を数量化しようとします。例えば、「とても美味しいがすぐ飽きてしまうお菓子」より、「そこそこ美味しくて長く楽しめるお菓子」のほうが結果的に大きな快楽を与えてくれる、などです。

彼は、「(快楽計算のためには)各人は等しく一人として数えられ、誰もそれ以上に数えられてはならない」と主張し、友人のジェームズ＝ミルらとともに普通選挙・平等選挙を求める選挙法改正運動を支持しました。

●量的功利主義

ベンサムは、個人の幸福の総和としての社会全体の幸福を最大にする「**最大**

■**功利主義の立場**

ベンサムは、功利主義の立場から、最低限の監視者で囚人を再教育し社会に復帰させる新監獄「パノプティコン」を設計したり、当時差別されていた高利貸や同性愛者を擁護するなど、さまざまな社会制度の改革に尽力した。

多数の最大幸福」という言葉で表現した**功利性の原理**に基づき、さまざまな制度や政策が、いかに人々に正しい行為を促し、どれほど社会を幸福に導くために有用か、を判定しようとしました。これは後に**量的功利主義**といわれます。
そして、自由放任主義の中で行われる特権階級による利益独占の問題性を指摘しつつ、民主主義的な諸制度の改革を訴えました。

●動機主義の批判と制裁〔サンクション〕

また彼は、社会的責務を果たす目的は幸福増大にあるので、**道徳的に重視すべきは行為の動機よりも結果である**という**帰結主義**を唱え、道徳的で内的な善意志を重視して動機主義〔動機説〕を唱えるカントを批判しました。これは非常に**現実主義的**な考え方です。

そして、公益を損なう行為をした者に対しては、その行為によって得た利益を上回る不利益を与える外的な**制裁**〔**サンクション**〕を加えねばならないと考えました。それは、**自然的**〔**物理的**〕**制裁**（例：火事で家・財産を失う）、**法律的**〔**政治的**〕**制裁**（例：失火罪に問われ刑罰を受ける）、**道徳的制裁**（例：周囲から白い目で見られる）、

宗教的制裁（例：神罰が下ると怖れる）の**4つ**ですが、ベンサムは、法律的制裁の効果を最重視しました。

ベンサムは84歳まで生き、本人の遺言により解剖後にミイラ化された遺体は現在もロンドン大学に保管されています。

③ミルの質的功利主義（19世紀半ば～後半）

●質的功利主義

父である功利主義者ジェームズ＝ミル（1773～1836年）の25歳上の盟友だった隣家のベンサムに強い影響を受けたのが、**ジョン＝スチュアート＝ミル**（1806～73年）です。

彼は、快楽には精神的なものもあり単純に量で多少を判定できないとして、**ベンサムの快楽計算・量的功利主義を修正**し、批判的に継承する立場をとります。

ミルの考えを**質的功利主義**といい、著書『**功利主義**』で「**満足した豚であ**

■父による英才教育

ミルは学校には通わず、父から徹底した英才教育を施され、17歳で父も勤めていた東インド会社に就職している。

■不安定なミル

20歳の時、父やベンサムの功利主義に対し疑問を抱き、半年間の精神的危機を経験するなど若い頃は不安定だった。

るより不満足な人間であるほうがよく、満足した愚か者であるより不満足なソクラテスであるほうがよい」と述べ、精神的快楽のほうが肉体的・感覚的な快楽よりも高次の快楽であり、それを追求することが人間の幸福には不可欠な要素である、と説きました。

ミルは感情や人間性を軽視する父やベンサムの思想に限界を感じ、後に公然と批判するようになります。例えばベンサムは、路上生活者を救貧院に閉じ込めたほうが社会全体の幸福は増大するとも主張しています。幸福の多寡を数学的に計算するこのような考えは、少数者・弱者の切り捨てにつながる面もあったのです。

晩年には下院議員となり、1867年に世界史上始めて女性参政権案を提出するなど、民主的改革に努力しています。しかし女性参政権案を否決され、翌年の総選挙で落選しました。のちに発表された著書が『女性の隷従』です。

●危害原則〔他者危害の原則〕

ミルと父やベンサムとの違いは、自己中心的な感情を乗り越え、他者の幸福を

■**ベンサムの考え**
ベンサムはどんな快楽も一律に同じ量とみなしていた。

願う**良心の働きを重視**した点で、これはドイツ観念論のカントの理想主義的な立場と類似しています。

ミルは、人間は生来、他者と一体になって生きようとする利他的な「社会的感情」をもつとしました。良心から義務を感じ、それを放棄すれば罪悪感を覚えるといった心理的苦痛（＝**内的な制裁**）を避けようとすれば、おのずと「最大多数の最大幸福」のためになる行動をとるはず、と考えたのです。

そして、個人の行為に対し社会から外的な制約がなされるのは、他者に直接危害が及ぶ場合に限られるべきであるとしました。他人からは愚かな行為に見えても、危険な冒険を決行したり、趣味にのめり込んで散財するのは「愚行権」という権利です。しかし、「違法ではない飲酒は自由だが、職場での勤務中には認められない」「下半身を露出するのは部屋の中なら自由だが、公衆の面前ではやめておきなさい」という発想もあります。

この**危害原則**（**他者危害の原則**）は、著書『**自由論**』で思想・言論の自由を中心に説かれています。明治時代初期の日本でも中村正直がこれを翻訳し『自由之理』として刊行され、若者たちに大きな影響を与えました。

■「本当の事を言うと人は怒る」

田中芳樹の人気SF小説『銀河英雄伝説』（徳間書店）におけるヤン＝ウェンリーの名言「思うのは自由だが、言うのは必ずしも自由じゃないのさ」は、他者危害の原則を端的に表している。

ミルは、**行為の正・不正の基準を、その行為が自分を含めた関係者に最大の幸福をもたらすかどうかという点に求めました**。人数も総量も大事という、この部分に関しては、ドイツ観念論とは違い、現実主義的な考えです。

しかし、彼の思想の根本には、キリスト教の神の愛〔アガペー〕がありました。

だからこそ、「**汝の欲するところをを人に施し、自分を愛するように汝の隣人を愛しなさい」というイエスの黄金律の中に道徳の理想を見出しています**。彼の説く真の快楽・幸福とは、献身の行為なのです。

つまりミルは、ベンサムが創始した**功利主義を、自利的なものから利他的なものへと拡大・修正した**といえるのです。

3 実証主義（19世紀半ば）

ドイツ観念論のヘーゲルに少し遅れ、イギリス功利主義のミルと同時代を生きた**フランス**の**コント**〔1798～1857年〕が唱えたのが**実証主義**です。

●実証主義の提唱

社会主義の先駆者サン＝シモンの秘書となり影響を受け、のちに決別したコントは、人類の歴史は**神学的段階→形而上学的**〔**哲学的**〕**段階→実証的段階**という「**知識の発展の三段階**」に並行して、**軍事型社会→法律型社会→産業型社会**という順で進歩すると考えました。

これを「三段階の法則」といいますが、**人間社会は、それを支える知識のあり方と並んで進歩する**ということです。

そして、事実に還元できない命題は一切認めず、経験・観察・実験された現象の内に法則を見つけ、予見を可能にするような学問のあり方、すなわち社会科学や自然科学＝**実証的段階の産業型社会こそ、人類の進歩の最高段階である**としました。これは、とても現実主義的な考えです。

●社会学の創始

実証主義は、近代科学を肯定し、それを道徳や社会にまで拡大しようとした思想です。コントは実証的な社会科学である**社会学の創始者**ともなり

■否定主義

コントが実証主義と対置したのが否定主義。これは、何らの実証的な裏付けもなしに自らの意見を絶対だと主張し、他の意見を否定する考え方である。

ました。

彼の考えでは、**本当の知識は、経験・観察・実験された事実に基づくものに限られる**ので、事実の背後に神や実体などの架空の実在〔本質的存在〕を求める伝統的な宗教や哲学〔形而上学〕のような、超経験的なものに関する人文科学の知識は退けられます。

また彼は、社会は単なる個人の集合ではなく有機体であるとして社会の連帯の強化を主張し、晩年にはその手段として人類教という新宗教を掲げました。

コントの実証主義と社会学の精神は、同時代の現実主義的な先進国イギリスの思想家たち〔功利主義のミル、生物進化論のダーウィン、社会進化論のスペンサーら〕に多大な影響を与えました。理想主義的な後進国ドイツに比べれば、フランスも先進国扱いだったわけです。

■初期の社会学者たち

初期の社会学者として、フランスのデュルケーム（1858～1917年）とドイツのマックス＝ウェーバー（1864～1920年）は有名。デュルケームは、個人を支配する集団の力に注目し、ウェーバーは、個人を理解すれば社会はわかるとした。

第6章 破

教科書じゃ足りない
近代市民社会の倫理

◆

佐藤 優

この章は、一般読者にとって理解するのが難しいといえよう。それも無理はない。教科書の構成上、この時代の哲学者の思想の「結論的」なところだけを抽出しているためにわかりづらくなってしまうのだ。それでもこの時代は重要な思想家が名を連ねる。彼らの思想は私たちの生活にも結びついている。まず、これらの思想を生み出した背景となる近代市民社会の本質について考えてみたい。教科書では決して教えてくれないことだ。

近代市民社会の構造は代議制の文脈で考えるとその姿がはっきりする。代議制とは選挙で自分たちの利益を代表してくれる人物を選ぶ制度だ。一般的な民主主義国において国家は、選挙で選ばれた人民の代表である代議士＝政治家が、資格試験で選ばれた官僚を統制して運営されている。

すると大きな疑問が出てくる。政治家と官僚以外の国民は選挙で投票した後、政治に関して何をすればよいのか。

「政治に関心を持ち続ける」というのが正しいように思えるが、これは間違いだ。正解は、投票が終わったら、政治は政治家と官僚に任せ、市民社会は自分たちの欲望を追求する――これが正しい市民社会の論理といえる。

欲望の内容は主に経済活動や文化活動だ。代議制はその本質において国民を「非政治的」にして、政治に関心を持たせないようにする。この方向性は経済発展するうえではプラスに働く。なぜならば、人間の持っている時間は有限だから、多くの国民が政治に関心を持って街頭デモなどに参加して時間を費やすと経済活動に割く時間が減る。民主主義国でも国民の政治意識が高いイタリア、スペイン、ギリシアなどは経済的に強くない。

■独身の思想家
カントだけではなく、デカルトもライプニッツも独身だった。独身者の思想はユニークだが、往々にして現実から乖離している場合が多い。

これが、ヘーゲルやマルクスが言った「**欲望の国**」だ。ただ、この市民社会の本質は、学校教育においては「不都合な真実」である。

◆カントとイギリスの関係

こうした市民社会の本質を念頭に置いて、**カント**について考えていこう。教科書を読むと、カントの位置づけが微妙だ。今の教科書は、カントによって批判哲学が始まったことは述べていても、ドイツ観念論の始まりがカントなのかどうかわかりにくい。

その理由は、カントとイギリスの関係が深いことにある。カントが過ごしたケーニヒスベルクは、バルト海に面した東プロイセンの中心都市であり港湾都市だった。海路を通じてオランダやイギリスとの交易が盛んだった。カントはイギリスの科学者ニュートンや哲学者ヒュームの影響を受けながら自分の思想を鍛えていった。

カントのもう一つの特徴は、「**独身の思想家**」で、サロン（社交的な集まり）をめぐってそこに集う女性、すなわちパトロンからお金をもらって生計を立てていたことだ。ケーニヒスベルク大学教授のほうが副業といえる。サロンでは難しい話をするのではなく、例えば、世界地理事情などといった話をする。内容は、ほとんどでたらめだったようだが面白い。話が面白くないとサロンに呼んでもらえないのだ。日本でいう噺家、講談師、漫才師のような存在だった。独身だというのも、複数の女性がパトロンだから、結婚してしまうとサロンにお呼びがかからなくなる恐れがあったからだ。サロンで食べていくには独身のほうが都合よかった。

◆独我論（ソリプシズム）か不可知論（アグノスティシズム）か

カントの主たる思想である「批判」の基盤となる「認識」とはどのようなものか。近代の認識は、「認識主体」「認識対象」「認識作用」の三項図式で成立している。カントは「物そのもの」を人が認識することはできないと言う。それは物自体（Ding an sich）と呼ばれているが、神と言い換えてもいい。

なぜ人は物自体を認識することができないのか。カントの認識論の特徴は色眼鏡モデルだ。人間は皆、それぞれ違った色のついたサングラスをかけて世の中を見ている。それは「主観」と言い換えることができる。だから、皆同じものを見ているようでいて、実は違った色で見ていることになる。

例えば白い餅があったとして、紫色のレンズの眼鏡の人には紫色の餅に見えるし、ピンク色のレンズの眼鏡をかけた人にはピンク色の餅に見える。したがって、認識対象としてあるのは白い餅（物自体に該当）であっても、かけている人の眼鏡のレンズによって違って見える（＝物そのものを人は認識できない）。これが「認識が対象に従うのではなく、対象が認識に従う」ということだ。

ここからさらに一歩進めると、カントの思想は不可知論的な方向に向かっていく。

哲学の流れは、究極的には2通りしかない。**独我論**（ソリプシズム）か**不可知論**（アグノスティシズム）か。カントは独我論的思考を当初していたが、ヒュームの懐疑論に触れて根本的に思想の見直しを図った。カントは独我論的思考を、本来身につけていたと考えていた。また、カントは物自体を人は認識できないと言っているのだから、不可知論とも親和的だ。

一方、後述するヘーゲルは独我論の構えをとる。対して、英米系の経験論は、あらゆる物事について「絶対に正しい」とは言えないというスタンスをとっていて、独我論を嫌う傾向がある。大陸合理論は独我論的な傾向が強い。カントは独我論と不可知論の間でちょうどよいポジションをとっていると言える。これは、ドイツ観念論のスタートがカントだとは言い難いという話の裏付けにもなる。

◆カントの思想の基調

カントの思想の基調なるのが、**統整的理念**だ。何かを理解するには、対になる**構成的理念**について知ったほうが早道だ。構成的理念とはあるものを形成するために、その材料は素材の一つひとつに明確な姿と役割が与えられていることを指す。細部にわたって説明可能な考え方と言える。

カントは世界の永遠平和を唱えた。これは今すぐ実現できるものではない、世界平和は実現すべきものとして遥か彼方に置いておくものとして、それに近づこうとする——このような態度が統整的理念だ。

普通高校のアナロジーでみてみよう。統整的理念で運営する高校と構成的理念で運営する高校がある。伝統校や歴史の長い私立難関校は統整的理念を重視している。3年生になっても家庭科の授業や芸術系の授業を行い、教育内容を受験産業の言うようには変えない。つまり、人生を通じて必要になることは教えるべきだという理念が先行している。言い換えれば、建前重視だ。

一方、構成的理念の高校は、理系と文系を早くから分け、国立と私立に進路を分け、それぞれ入試問題を分析し、少しでも得点アップを狙う。一見、進学には構成的理念をとっている高校が有利に見えるが、統整的理念をとっている高校のほうが後々の伸びしろで大きな差をつけることができる。最終的な「出口」で差がつくのだ。

カントはこの逆説に気づいて、永遠平和を提唱した。統整的理念を掲げておいたほうが、結局は国力も強くなる。ここがカントのすごさだ。

企業も同じで統整的理念が必要だ。企業活動を通じて社会の強化に貢献することを掲げる企業（統整的理念型）と、ポートフォリオを組んで利益の極大化を図るだけの企業（構成的理念型）とでは、長期的には後者が負ける。

結局それは、すべてを明確に説明できる合理性＝構成的要素が、その人間の中でどの程度を占めているのかという違いになる。統整的理念を掲げる学校や企業

■「不可能性の可能性」の追求

神は人智を超えた存在だ。それでもなお人は神を語ろうとする。語らずにはいられない。こうした神学における態度を指す。

のほうが「勝つ」というのは、人間の合理性が人間の中のごく一部にすぎないことを物語っている。

コントローリング・アイデアあるいはコントローリング・フィロソフィー（＝統整的理念）というのは高校段階では出てこない概念だ。しかし、実現しないから掲げておかねばならないものである。神学的に言うと**「不可能性の可能性」**の追求となる。

◆歴史を動かした英雄の代償

ヘーゲルについては、用語でつまずく人が多いと思う。教科書にも太文字で出てくる「理性の狡知」「歴史の狡知」とは、ヘーゲル研究者・長谷川宏氏の訳による『歴史哲学講義』（岩波文庫）で理解できる。

ヘーゲルによれば、歴史は英雄（世界史的個人）によって動かされるという。

〈世界史的個人は世界精神の事業遂行者たる使命を帯びていますが、かれらの運命に目をむけると、それはけっしてしあわせなものとはいえない〉（『歴史哲学講義』上）

アレクサンドロス大王は若くして死に、カエサルは暗殺され、ナポレオンは島流しになった。彼らは道徳的に褒められるようなことばかりしたわけではないが、彼らの情熱によって歴史は次の時代へ歩みを進め、新しい「理念」が立ち現れたことは間違いない。彼らの事績と人生が釣り合わないように思えるのはなぜか。〈理念は、存在税や変化税を支払うのに自分の財布から払うのではなく、個人の情熱をもって支払いにあてるのです〉（同前）

一人ひとりの英雄はそれぞれロマンを掲げ、ときには乱暴な手段でそれを実現しようとした。しかし、そんな英雄たちはだいたいひどい目に遭い、報われぬまま終わってしまう。理念は英雄に代償を支払わせるのだ。しかし、それによって歴史は動いてきた。この逆説が歴史の狡知だ。

例えば、田中角栄がいなければ、地域間格差が大きく、日本海側の状況が改善されることはなかった。新幹線や高速道路網を整備することで日本列島の改造が行われた。しかし、同時にそれは空前の金権政治を生んだ。外交面では、日中国交正常化を果たした。結局はロッキード事件で金権政治家として断罪された。にもかかわらず、今に至るまで田中角栄待望論は繰り返し出てくる。これこそ、ヘーゲルが言う歴史の狡知だ。

その意味において、ヘーゲルはリアルな政治を見る力があった。カントとの違いを挙げれば、カントは「面白いこと」「知的遊戯」が好きだった。それに対し、ヘーゲル、アリストテレス、マルクスも政治家になり損ねて哲学者になった。この3人は政治に非常に敏感だ。政治家になり損ね、かつ政治感覚に優れた哲学者だという認識が、ヘーゲルを読むときに非常に重要だ。

◆「人倫」の訳語

弁証法についてはあまり難しく考える必要はなく、対話術として捉えればいい。お互い虚心坦懐に議論をして、なるほど、ここは間違っていて、そこは正しいのかという対話を積み重ね、知的に一段高いところに昇る。お互いに誠実な対話を重ねようというくらいの理解でいいと思う。

一方、非常に理解が難しいのが「**人倫**」だ。Sittlichkeit（独語、ジットリヒカイト）の訳語として用いられているが、実はぴったり重なる訳語がない。「家族」も「市民社会」も「国家」も、全部「人倫」だ。筆者は「人間と人間の〝間〟の関係」

■**核家族**

1949年にアメリカの人類学者ジョージ＝マードックが「夫婦のみ」「夫婦と未婚の子ども」「父親か母親どちらかと子ども」で構成される家族を、核家族（nuclear family）と名付けた。

と解釈している。先に引いた長谷川宏氏は、翻訳にあたり文脈によって、「学校」「教会」「家族」「国家」と使い分けている。

ヘーゲルが言う人倫において、人はどう振る舞うべきなのか。これは「一人はみんなのために、みんなは一人のために」の精神で考えるとわかりやすい。例えば家族でいえば、それぞれ学校で学んだり、仕事をしたり、家事を行ったり、趣味を楽しんだり、個別に活動すると同時に、家族一人ひとりがお互いのことを思いやって行動する。こうした「家族共同体」という発想は、共同体の規模が大きくなっても変わらない。

これは英米型（アングロサクソン型）の人間観の特徴である「アトム的な個体」が他者、組織、国家などに対し契約によって関係を築くという発想とは異なっている。

したがって、英米型の**核家族**的な発想から生じる人間観は、人倫的な発想の共同体にとっては受け入れがたい。例えば、**LGBTQ+**に対しては批判的な態度をとる。実際に人倫が根強いドイツやロシア、実は日本社会も根本のところでは、LGBTQ+という価値観とは相性がよくない。

ＬＧＢＴＱ＋は、個体の自己決定によって性自認を決める。その自己決定によってさまざまな形態の家族を作るというのは、アングロサクソン型のアトム的人間観と結びついているからだ。現在、経済においてアングロサクソン的な強者総取りの新自由主義（アトム的人間観）に基づく活動のほうが優位を占めている。それに伴い価値観もアングロサクソン的な特殊な家族観やジェンダー観が普遍的なものだと思われている。

こうしたアングロサクソン的な価値観の行き着いた先が、グローバルサウスの逆襲だ。グローバルサウスの国でＬＧＢＴＱ＋に好意的な国はほとんどない。私たちも共同体のあり方に関して見極めの時期に来ている。日本の共同体のあり方についてはこの章の後半で改めて述べてみたい。

◆現在の難問を先取りした思想家

シェリングは20世紀、21世紀的な課題を先取りした思想家として重要だ。教科書的な流れでこの時期の哲学者を並べると、カント、フィヒテ、シェリング、ヘーゲルになる。しかし、シェリングの思想は前期と後期とでは大きく異なっているから、カント、フィヒテ、前期シェリング、ヘーゲル、後期シェリングと整理するのがいいと思う。
現代的な課題の文脈で重要なのが後期シェリングだ。

シェリングは、神は自分の実存の根拠を自分の内に持つとした。わかりやすく言えば、神は、神の外部にいる誰かの力によって誕生したのではなく、自分の存在は自分自身に起因するということだ。ただし、神を実存として起因させたものは、神の内にあるにもかかわらず、神自身ではないという。これが「**無底**」という概念だ。

一方、人間を含む万物は、外からの働きかけによって生じる。この点において、神と人間とは決定的に区別される。そうした絶対的存在の下での人間の自由とは何かを探究した。こうした思想を展開したことから、教科書的にはシェリングは実存主義の先駆けと言われている。

現代的な文脈で言えば、生成AI、医療における生命操作、例えばデザイナーベビーなど、技術やシステムに倫理的限界を設けるべきか否か、人間の自由はどこまで許されるのか、人間的自由の根拠は何に由来するのか……シェリングの思

■「ドイツ国民に告ぐ」
ドイツがナポレオン率いるフランス軍に敗れた翌年の1807～08年にかけ、フィヒテがベルリン学士院で行った14回の連続講演。現在、書籍として読めるのは『ドイツ国民への講話』(京都大学学術出版会)。

想は、示唆に富んでいる。

フィヒテをドイツ観念論の文脈に入れることは可能だが、むしろロマン主義の思想家の一人と見たほうがしっくりくる。彼の講演『**ドイツ国民に告ぐ**』がその理由だ。ナポレオンが率いるフランス軍に敗れ、意気消沈していたドイツ人への呼びかけで、その内容は、私自身(フィヒテ)は自分たちの同胞が間違えた道を歩んでいるときも、自分一人が正しい道を歩みたいとは思いません。同胞とともに間違った道を私は歩みたい――これこそロマン主義であり、ナショナリズムの典型だ。

知識人たる者、自分の国が間違っているからと他国に亡命したり、自分の同胞を非難するなど、あるまじき行為だ。同胞と一緒に間違いを引き受けてその内側から立て直していくのだ――人間の合理性ではなく感情に訴えかけるこの発想は、人々の心に響く。しかし、使い方を誤ると危険な発想でもある。

◆「見えざる手」の真意

教科書では、**アダム＝スミス**についてイギリスの経済学者・哲学者と紹介さ

■**長老制**

ここでの長老制はスコットランド国教会の段階的合議制（小会、中会、大会）を指す。小会を構成するために、各教会の信徒から選出された代表と牧師職の会議体を長老会と呼ぶ。長老の呼称自体は旧約聖書に見られる。

れているが、彼をイングランド人として捉えると見誤ってしまう。

イギリスには二つの意味がある。一つはイングランドだ。もう一つはイングランド、ウェールズ、スコットランドと北部アイルランドを併せた連合王国という意味でのイギリスだ。イングランドとしてのイギリスと、連合王国としてのイギリスを区別する必要がある。アダム＝スミスの思想、とりわけ「見えざる手」の真意を掴むには同人がスコットランド人だということに着目すべきだ。

ではイングランドとスコットランドの違いは何か。真っ先に押さえるべきは国教会の違いだ。イングランドの国教会は、16世紀、ヘンリー8世の離婚問題を契機にローマ＝カトリック教会から分かれたもので、教義上の分類ではない。

教義的には、「ハイチャーチ」と呼ばれるカトリック的な人々、「ローチャーチ」と呼ばれるカルヴァン派的な人々、その中間にプロテスタント寄りの「ブロードチャーチ」があるという、独特の構成になっている。折衷的で穏健的なのが特徴だ。

それに対し、スコットランド国教会はカルヴァン派だ。教会の運営の仕方から長老派と呼ばれる。折衷的なイングランド国教会のあり方に批判的で教会運営を

長老制に改め、プロテスタントに純化することを求めるピューリタン（清教徒）ともいえる。

ちなみに長老派は議会制民主主義の原型とも言われている。各教会を小会といい、その小会ごとに行われる選挙で選ばれた代議員が中会を構成する。さらに中会で選挙が行われ、選出者が大会を構成する。その大会の中でさらに選挙が行われて議長を選ぶ。実権は中会にあるが、大会で決めたことはみんなで守らなければならない。

スミスは経済学者であると同時に道徳哲学者でもある。その背後にはカルヴァン的な考え方が根付いている。カルヴァンの思想の根本は「二重予定説」だ。生まれる前からその人が救われるか滅びるかが決まっている。各人が一生懸命、神から与えられた使命を果たすことで、すべて予定調和するという考え方だ。つまり、自分が何か行うことで救われようとする行為（人為）を嫌う。

それは国家政策についても当てはまる。スミスは、自国の富を増やすために、輸入品には重い関税をかけ、国内産品でも貴重なものは輸出させないようにする重商主義を否定した。人為的な政策だからだ。**自由放任**（**レッセ＝フェール**）のほ

■**後発資本主義国であるドイツ**
ドイツでは19世紀末から鉄鋼業を中心とした重工業が発達した。重工業は巨額な資金を必要とするため、株式会社制度も発展し、それに伴い金融資本も急成長した。

うが神の御心にかなっている。実際に、貿易の自由化によって英国の富は増えた。「見えざる手」による均衡というのは、カルヴァン派の二重予定説に基づく調和が背後にあるという意味で重要だ。

しかし、資本主義の進展は、自由放任一本やりの政策を時代遅れのものにした。確かに自由放任主義によって純粋化傾向にあったイギリスの資本主義は、ある段階までは富を増大化させることができた。しかし、鉄道など大規模なインフラ建設が始まると、巨大な金融資本が必要になってくる。それは国家の介入（人為）なしには成立しない。資本主義が自由主義段階から帝国主義段階に代わると、レッセ＝フェール政策では立ち行かなくなる。そんな時代になってもイギリスはレッセ＝フェール政策をとり続けたために、国家の後押しで動き出した**後発資本主義国であるドイツ**に後れを取ることになった。

◆功利主義への問い

ベンサムの快楽計算とは、個人の感じる快楽の量を合算して、社会全体の幸福の総量を測定するという考え方だ。典型的な**アトム的人間観**だと筆者は考える。一人ひとりを合理的に計測できるというのは、物事を分解して把握しようとするラチオの発想だ。人倫の発想からは出てこない。なぜならば、共同体内部で誰がどのくらいの割合で貢献しているかなど測りようがないからだ。

すると「功利主義」の怖さが見えてくる。現代の受験産業やその周辺メディアにおける「稼げる大人になる」「儲ける大人になる」という言説との連関だ。受験は、隣の人を蹴落として自分は合格するというきわめて純化したアトム的行為だ。その行為の目的を「稼ぐ」「儲ける」という価値に結びつけて函数体とすることにより、儲けられない人が排除されてしまう。先天的にあるいは後天的に儲けられない障害のある人、赤ん坊、高齢者などがそうだ。実社会の動向を見ていると、稼げない人たちを切り捨てる方向に動いているように思える。

大学教育を受けた人で重要なのは、こうした儲けられない人をどう社会的に包摂していくかを考えることだ。儲けたお金のうち、自分が生きていく以上のお金をどう再分配するか。それに対して、なぜ自分が稼いだお金を他人に分け与えねばならないのかという反論が出てくるだろう。それに対しては、余剰は再分配するようになっているものだから再分配する、という一種のトートロジーとして応じるほかはない。
人間を人倫的な共同体の一員として捉えるのか、アトム的な社会契約で捉えるのか。それによって世界の見え方が変わってくる。

◆思想には「表」と「裏」がある

日本の場合、アトム的価値観に染まりきっているのだろうか。「大東亜戦争」に敗れるまでの日本人の基本的価値観は人倫だったと思う。ここで重要なのは思想には「表」と「裏」があるということだ。仏教の場合、テキスト化されている表の理論が顕教だ。対して口伝で内々に伝えられるのが密教だ。戦後の日本思想もこのアナロジーでとらえることができる。

戦後はアトム型の個人主義が基調だが、それは表面上の教え（顕教）であって、企業文化や家庭においては人倫的だった。それが東西冷戦終結で新自由主義的な価値観がどんどん入り込むことによって、密教の部分もアトム的になってきた。

ところが近年、筆者が各界のリーダーとの対談などを通じて感じていることは、人倫的な共同体の価値観の大切さを唱えた人のほうが、最終的なリーダーシップをとるし、企業としても成功しているということだ。

このような逆転現象に対する戸惑いは、功利主義に関して教科書の記述が明確でないところにも表れているように思える。学習指導要領という顕教の方針はアトム化の方向を示しているが、はたしてそれでうまくいくのかという執筆陣の迷いが、人倫的思想を詳しく紹介するという形で表れていると筆者は認識している。

◆制裁の濃淡に見る国柄

ベンサムは行き過ぎたアトム的行為には制裁（サンクション）が科され、それが歯止めになると考えた。これも国によって制裁の濃淡が異なっていて興味深い。

日本の場合は道徳的制裁が強い。ネット上で激しい非難にさらされた個人や企業が謝罪に追い込まれるのがそうだ。「文春砲」もその影響力を考えると道徳的制裁と言えるだろう。

一方、アメリカは法律的制裁が強い。トランプ氏が不倫相手に巨額の口止め料を払っても、支持者の議会乱入を扇動したと非難されても堂々としているのは、裁判で有罪にならない限りは何の問題もないと本気で思っているし、アメリカ人もそう思っているからだ。

自然的制裁については、アメリカ人は当然のことだと考えている。肥満も糖尿病も自己管理ができなかった「あなた自身が悪い」という論理だ。

宗教的制裁を恐れているのがイスラエルだ。2023年10月7日、ハマスの攻撃を受けたのは、そもそもハマスの存在を許したことで神の怒りに触れたからだ。したがって、全世界を敵に回してもハマスを殲滅しなければ、さらなる神罰を受けるかもしれない。このように思い込むのは、国際社会による制裁よりも、ヤハウェとの関係において自分たちユダヤ民族が正しくあるのかという自らへの問いかけが優先されるからだ。

このように国による制裁の濃淡を見ると、いくつかの人倫があり、その中で世の中は動いていると考えるヘーゲルモデルのほうが、現実をうまく説明できる。

◆教科書が教えない「他者危害排除原則」

ジョン＝ステュアート＝ミルが唱えた他者危害排除原則は、人間の自由との関連できわめて重要な理念だが、前提が必要だ。ところがその前提が教科書では重視されていない。

その前提とは「**愚行権**《ぐこう》」だ。文字通り、愚かなことをする権利のことを言う。それには但し書きがついていて、社会に危害を与え、他者に危害を与え、自分自身に危害を与える行為（他者危害排除原則）以外は、どんな愚かな行いも認めるというものだ。

そのような愚行権の行使はイノベーションの原理でもある。

例えば中世において職人がコップを作るときに、職人Aはマスター（巨匠、親方）として取っ手付きのコップを年間３００個作っていい。職人Aが作ったコップをマスターピースとして他の職人も同じものを作る。作る個数も値段もデザインも変えてはならない。そこから外れたものを作るのは愚かな行為とされた。そこに新たな創造も生まれなければ革新もないが、それは変わらないことがよしとされた時代のことだった。

中世が終わり、愚かとされてきたことも認めようではないかという変化の時代が近代だ。とはいえ、どんな愚かなことも認めて、人を殺してもいいとなったら人倫が成り立たない。では愚行権をどのように保証するのか。そこで生まれたのが、他者危害排除原則を唯一の例外にするという考え方だ。愚行権をどこまで認めるかは、その社会、あるいは同じ社会であっても各時代のコンセンサスによる。終戦直後、「ヒロポン」と呼ばれていた覚醒剤を作家の坂口安吾や織田作之助などが常用していた。自分の体がボロボロになるのは俺の勝手だ――かつてはそれが許されたが、法律で禁じられた。覚醒剤の常用によって幻覚による被害妄想が起きて、他者に危害を加えることがあるからだ。受動喫煙問題も同じだ。あるいは、スーパーの精肉コーナーで豚肉が並べられているのを見て、私の宗教感情が傷ついた――これを他者危害と認めるか。インドネシアならば認められるだろうが、日本では認められない。

個人レベルで見てみよう。筆者は人工海水を作って水棲ヤドカリを飼っている。何が面白いのだと思う人もいるだろうが、他人に危害は加えていない。これは愚行権の行使だ。ところが私がキングコブラを飼ったらどうだろう。私はキングコブラにかまれて死んでもいいと思っているが、隣の家の人はそうだとは思っていない。キングコブラが逃げだしたら他者に危害を加える可能性がある。これは愚行権として認められない。このように他者危害は状況によって判断が分かれるのだ。

教科書にあるように、前提を書かずに他者危害排除原則だけを記述すると、公園の禁止事項の羅列のような受け止めになって、その前提になる各人の愚行権が見えにくくなってしまう。ただ、愚行権という言葉は法律になじみにくい言葉だ。そのため、幸福追求権と言い換えられる場合が多い。日本国憲法にも愚行権は謳われている。

「すべて国民は、個人として尊重される。生命、自由及び幸福追求に対する国民の権利については、公共の福祉に反しない限り」(第十三条)

幸福追求権はあくまでも個人の幸福なのである。他人から見て愚かなことであっても本人にとって幸福ならばその権利は保障される。個人の幸福追求権とは愚行権と同じ意味なのだ。

愚行権をベースに考えないと、近代社会は成り立たない。とくにイノベーションが成り立たなくなるのだ。

◆実証主義

実証主義については、英語のpositivism、フランス語のpositivismeと、日本でのポジティブの受け止めの違いについて触れておく。日本ではポジティブという言葉は正確にイメージしにくい。ポジティブとは、「目の前に形を持って現れる」というのが原意だ。19世紀のドイツの神学者シュライエルマッハーは、神学のことを「一つのポジティブな科学」だと述べている。翻訳では「実証的な科学」と表現されている。これをどう解釈するか。

当時ドイツは国教会だった。今存在している国家システムとしての教会があるから、神学はそのための学問だ、ということになる。筆者がこれを意訳するなら「神学は御用学だ」とする。

したがって、ビジネスパーソンに向けられた「ポジティブシンキング」の励行は、今の会社のあり方を是認して「会社のために努力しよう」ということになる。ポジティブな政治分析というのは、今の政治を是認して、分析の対象としてそれを受け入れるということになる。

ポジティブというと、あるべき姿とイメージされやすいが、目の前にあるものを見据えるということだ。ポジティブシンキングとは現実と妥協しろ、上司の言うことを聞けということだ。ポジティブという言葉は本質において保守的だ。逆に「ネガティブシンキング」というのは、現状を変えようということになる。正反対のことだ。**哲学的な思考習慣**を身につけると世の中の見え方が変わってくる。

第７章

社会主義とプラグマティズム

第７章 守

教科書が教える
社会主義とプラグマティズム
◆
伊藤賀一

自由を追求すれば平等は保てない、という点で、資本主義に支えられた近代市民社会は矛盾点をもちます。ドイツ観念論のヘーゲルは、国家が「欲望の体系」である市民社会を制御することで、イギリス功利主義のベンサムやミルは、「最大多数の最大幸福」を市民社会の原理とすることで、その矛盾を克服しようとしました。それに対し、資本主義を否定して社会の変革により「結果の平等」を目指す社会主義と、資本主義を肯定して「機会の平等」に留意しつつ自由を追求するプラグマティズム、という２つの思想が登場します。

1 社会主義（18世紀末～19世紀）

①空想的社会主義と無政府主義（18世紀末～19世紀前半）

●社会主義思想の源流

まだルネサンス期だった16世紀前半、**イギリス**の**トマス＝モア**は、著書『**ユートピア**』で、第一次囲い込み運動〔エンクロージャー〕（＝領主・地主による土地の集積）により深刻化した貧富の差をなくして人間の物欲を抑えるため、私的所有を廃止し平等社会を実現すべきと説きました。これが**社会主義思想の源流**といえる考えです。

そのイギリスを皮切りに18世紀後半から**産業革命**が起こり、19世紀にはヨーロッパの人口は急増し、各国の富は増大しました。

しかし、生産のために必要な工場・機械・原料といった生産手段をもつ**有産階**

■産業革命

蒸気機関の発明により機械化が進み、生産が「工場制手工業〔マニュファクチュア〕」から「工場制機械工業」段階へと発展したことをいう。

■ユートピア

「どこにもない理想郷（きょう）」という意味。

級〔**ブルジョワジー**〕は**資本家**として豊かになり、生産手段をもたない**無産階級**〔**プロレタリアート**〕は**労働者**として安く使われ、このように成立した**資本主義**の下で、両者の経済格差は広がる一方でした。

●ロバート＝オーウェン

イギリスの資本家**ロバート＝オーウェン**（1771～1858年）は、どんな状況にあっても人は助け合うべきと唱え、人間が平等に扱われる共同体を資本家が作り出すことで幸福な社会が実現すると考えました。

彼は、ニューラナーク紡績工場の総支配人として、労働者の労働条件や生活環境の改善に努め、世界初の幼稚園や、成人教育の夜間学校も創設しました。

その後、アメリカに渡り、自給自足・財産共有で利害対立が存在しない「**ニューハーモニー村**」という理想的な共同体の建設を試みます。しかし、これは約4年で失敗し、彼は全財産を失います。それでも、資本主義の矛盾を解決する一定の方向性を示すことはできた、といえるでしょう。

■資本主義

私有財産制を基礎とし、自由競争・自由経済の原則によって自由な経済活動を保証する制度。キャピタリズム。

●サン＝シモンとフーリエ

フランスの名門貴族出身の**サン＝シモン**（1760〜1825年）は、直接生産に従事しない有閑者（＝貴族・地主・軍人）よりも、従事する**産業者**（＝資本家・農民・技術者）が社会を管理すべきと考え、搾取のない純粋な「**産業社会**」を理想としてその実現を説きました。彼は、実証主義・社会学の創始者であるコントの師でもあります。

同じく**フランス**の商人出身の**フーリエ**（1772〜1837年）は、発達しすぎた商業や資本主義を批判し、農村的な協同組合を基礎単位とする「**ファランジュ**〔ファランステール〕」という理想的な共同社会を構想しました。しかし、パリ郊外で運営を試みるも、資金が足りず失敗しました。

●空想的社会主義

以上の3名のように、**資本家の道徳や良心に頼る形で産業革命後の労働者の環境・条件の改善を試みた人道主義的な立場からの初期の社会主義思想**を、続いて登場するマルクスとエンゲルスは、「社会の仕組みを科学的に捉えられなかった」とし、**空想的社会主義**であると批判しました。

●無政府主義

同じく19世紀前半、すべての強制的な権威を拒絶する思想である**無政府主義**〔**アナーキズム**〕も登場しました。フランスの**プルードン**（1809～65年）は、「所有とは盗みである」と語り、資本家の不当な利益を批判して**国家の廃絶を主張**し、「アナーキズムの父」とされています。

②科学的社会主義（19世紀半ば～後半）

●科学的社会主義

ドイツで富裕なユダヤ人弁護士の家庭に生まれ、新聞ジャーナリストとなるも母国を追われ、パリやロンドンで亡命生活を送ったのが**マルクス**（1818～83年）です。

彼は、そもそも自由競争を認める資本主義では、大きな格差が生じることは避けられないと考えました。そして、能力に応じて働き、必要に応じて富を受け取

■赤と黒

共産主義の象徴は赤旗だが、無政府主義の象徴は黒旗である。

る平等社会を目指すべきと説きます。これを**社会主義思想**といいます。

マルクスの2歳下の友人**エンゲルス**（1820〜95年）は、社会主義が高じたものを**共産主義**と呼び、『**共産党宣言**』を共同執筆しました。共産主義は、**生産手段の公有化と計画経済**が大きな特徴です。

マルクスは、人間を**類的存在**、すなわち「他者との労働を通じた関わりの中で生きる普遍的な存在」と捉えていました。そして、人間から社会的な連帯の意識を失わせて利己的にさせ、**人間疎外**を引き起こしたとして、資本主義社会の矛盾を鋭く指摘します。

例えば彼は、本来の**労働**は喜びをもたらすものなのに、資本主義の下では、**労働力**は**資本家**により取引の対象として**商品化**されている（＝**労働力の商品化**）と訴えました。そして、資本家は**労働者**に支払った賃金を上回る「**剰余価値**」を得ようとするので、必然的に労働者は**搾取**され労働は苦役と化していると考えたのです。マルクスは、このような状態を「**労働の疎外**〔**疎外された労働**〕」と呼びました。

■マルクスの著書

経済学者でもあり哲学者でもあるマルクスには『経済学批判』『ドイツ＝イデオロギー』、エンゲルスには『空想から科学へ』『家族、私有財産および国家の起源』という単著もある。

マルクスとエンゲルスは、初期の社会主義が理想的な社会の構想をもちながらも、科学的・合理的分析に欠け空想にすぎなかったことを批判しました。そして、科学的な理論を基に「労働の疎外」に対処する社会組織の改編をはかるような社会主義を提唱し、これを**科学的社会主義**と呼んだのです。

●唯物史観〔史的唯物論〕

マルクスとエンゲルスは、ドイツ観念論のヘーゲルの「矛盾を抱えた世界は変化し発展していく」とする弁証法的な進歩主義的歴史観を受け継ぎつつ、変化の源は「絶対精神」「世界精神」などではなく物質にあるとする**唯物論**の立場をとり、独自の歴史観を打ち出します。これに関しては、ドイツのフォイエルバッハの影響を強く受けました。

彼らのいう歴史を変化させる物質とは**生産力**です。それは労働力と生産手段によって決まり、不断に発展し増大する傾向をもちます。生産手段を誰が所有するかによって、例えば「資本家〔ブルジョワジー〕」と労働者〔プロレタリアート〕というような**生産関係**が結ばれますが、生産力と生産関係が形成する経済を**生産**

■**マルクスとエンゲルス**

「労働と報酬を比例させよう」、「公正な社会を実現させよう」という発想が社会主義の根本。マルクスとエンゲルスは、1864年に労働者の国際組織「第一インターナショナル」結成に参加している。

様式と呼び、これは歴史的に発展していくとしました。

マルクスとエンゲルスは、各時代の政治制度や思想・宗教などの文化という（非物質的な）**上部構造**は、生産関係という（物質的な）**下部構造**が**土台**となるので、**社会の変革には生産関係そのものの変革が伴わなければならない**、と考えます。つまり、資本主義・自由主義のままであれば、生産手段をもつ「有産階級」の資本家や地主はその権利を手放そうとせず、生産手段をもたない「無産階級」の労働者や小作人との格差は拡大し続けるので、この社会的矛盾は、新たな生産関係を創り出すために必然的に無産階級による**社会革命**（**＝社会主義革命・プロレタリア革命**）を引き起こす、としました。

以上のような歴史観を**唯物史観**（**史的唯物論**）といい、マルクスやエンゲルスは、共著『共産党宣言』で「あらゆる歴史は、生産関係の矛盾によって起こる**階級闘争**の歴史である」と定義しました。そして、無産階級が社会革命の担い手となる必然を説き、「プロレタリアには、革命において鉄鎖のほか失うものは何もない。彼らには獲得すべき全世界がある。**全世界のプロレタリア、団結せよ！**」

■**社会主義が起きるはず？**

マルクスとエンゲルスは、19世紀後半以降の帝国主義（＝植民地拡大主義）や、20世紀前半の国家独占資本主義は予想していなかった。

という名文句を残したのです。

このように言葉に勢いがある割に、浪費癖があったマルクスの晩年は極貧で、エンゲルスの経済的援助を受けたことは有名です。現在も世界中で読まれている『**資本論**』全3巻も生前刊行は1巻のみで、2・3巻はエンゲルスが遺稿を整理して刊行したほどでした。『経済学・哲学草稿』もまたマルクスの遺稿です。

●社会主義の実践

マルクス・エンゲルスの思想は、**マルクス主義**〔**共産主義**〕と呼ばれ、以後の世界に大きな影響を与えました。

特にマルクス主義を現実へと応用し、「**マルクス・レーニン主義**」とまで呼ばれた**レーニン**（1870〜1924年）は、ロシア革命（1917〜22年）を成功に導き、初の社会主義国である**ソビエト社会主義共和国連邦**〔**ソ連**〕が成立し、プロレタリア独裁が行われました。レーニンの著書には『**帝国主義論**』『国家と革命』などがあります。

また、**毛沢東**（1893〜1976年）は、後進国における社会主義革命の道を

■ラスプーチン

ロシア頃正教会の怪僧ラスプーチン（1871頃〜1916年）は、第一次世界大戦前から皇帝ニコライ２世の助言者として政治に介入した人物で、ロシア革命の前年に暗殺された。「外務省のラスプーチン」は、国策捜査時にマスコミを通じて流布した佐藤優先生の異名。

模索し、第二次世界大戦（1939～45年）後の1949年に**中華人民共和国**を建国しています。彼は、民主主義を経た上で社会主義へ移行とするという二段階革命論の「**新民主主義**」を唱えました。

③社会民主主義

マルクスの革命路線を否定し、合法的な議会制民主主義を通じて生産手段の公有化や富の公平な分配、社会保障の拡充などを推進し、徐々に資本主義の弊害を取り除いていこうとする**漸進的な社会主義思想**を、「本来の社会主義」ともいえるマルクス主義（共産主義）に対し、**社会民主主義**と呼びます。

●修正マルクス主義

ドイツ出身でのちイギリスに亡命した**ベルンシュタイン**（1850～1932年）は、ロシアを除く「欧米列強」と呼ばれる先進国の資本主義社会では、無産階級である労働者がそれなりの暮らしを手に入れており、マルクスの言うような社会革命は起きないと考えました。そこで、議会制民主主義の枠内で諸権利を徐々に拡充していくべきと唱えました。この社会民主主義を**修正マルクス主義**といいます。

●フェビアン社会主義

イギリスの**ウェッブ夫妻**（夫1859～1947年／妻1858～1943年）や作家・批評家の**バーナード＝ショー**（1856～1950年）は、ベルンシュタインに比べ共産主義〔マルクス主義〕の影響がより小さい、漸進的な社会主義を目指しました。

彼らは、世界一の先進国である大英帝国にとっては、そもそも社会革命による根本的な体制改革は必要でなく、議院内閣制の議会制度を通して社会保障の充実や主要産業における公有化などの政策が行われるべきである、と唱えました。

彼らによって設立されたフェビアン協会という団体名から、この社会民主主義を**フェビアン社会主義**といいます。

マルクスとエンゲルスが予言した社会革命は、まず後進国**ロシア**・モンゴル、第二次世界大戦後には**中国**・北朝鮮・**東欧**・中南米・東南アジアなどで起こり、

■フェビアン協会

のちに保守党（もとトーリー党）・自由党（もとホイッグ党）といった保守勢力に対抗する労働党の結成につながった。「フェビアン」は、持久戦を得意とした古代ローマの「ファビウス」将軍に由来する。

20世紀半ば頃までに世界各地に社会主義国〔共産主義国〕が誕生しました。

しかし、それらは理想と異なる独裁制国家となり、1989年に東欧革命が起きてベルリンの壁が崩壊し、マルタ会談で東西冷戦が終了。さらに1991年にソ連が崩壊してしまいます。

中華人民共和国・ベトナム・キューバまで〔社会主義思想は残しても〕資本主義の市場経済を導入している現在では、北朝鮮を例外として、マルクス主義〔共産主義〕の理想はほぼ失われています。

2 プラグマティズム〔19世紀後半～20世紀前半〕

ヨーロッパ大陸では、14世紀に始まったルネサンス以降、長い時間をかけて近代市民社会をつくり上げてきました。

一方、イギリスから独立する形で1776年に建国した新大陸の**アメリカ**は、当初からすでに民主社会の基盤の上に立っていました。

■戦前の社会主義国

ロシア革命を成功させたレーニン、後継者スターリンによるソビエト社会主義共和国連邦〔ソ連〕と、チョイバルサンによるモンゴル人民共和国の２国。

■停滞する社会主義

人々が社会主義に期待した「貧しさからの解放」「自由」「平等」「平和」といった理念そのものが意味をなくしたわけではない。

プラグマティズム〔実用主義・有用主義〕とは、イギリスの経験論（ベーコン・ロックら）、功利主義（ベンサム・ミルら）、進化論（ダーウィン・スペンサーら）の伝統を継承し、アメリカで**フロンティアスピリット**〔開拓者精神〕**を注入**して生まれた哲学です。

プラグマティズムは、「**人生に充実感や豊かさを与えるために有用である知識・観念こそが正しい**」とし、それらによって現実のさまざまな問題を解決していくという**実用的な考え**です。自由主義・資本主義に非常に親和性が高いことから、現在、世界で最も影響力のある**現実主義的な思想**の一つとなっています。

①プラグマティズムの創始―パース―

19世紀半ば、アメリカでは遅ればせながら急速に産業革命が進み、また南北戦争（1861〜65年）も終わると、独自の新たな価値観が創造される土壌が整いつつありました。

■開拓者たち

厳しい環境に生きるヨーロッパからの入植者は、議論よりも実践と結びついた知識を重んじた。

■ピケティ

フランスの経済学者トマ＝ピケティ(1971年〜)は、2013年の著書『21世紀の資本』で先進国の所得格差の拡大を指摘して注目された。大資産家への課税による再分配を通じ格差縮小を提案。

この頃、東海岸・ボストン近郊の**ハーバード大学**に「**形而上学クラブ**」という若い研究者たちのサークルが結成されました。彼らは、大陸合理論のデカルト以来の伝統的な形而上学（=形のないものを対象とする合理論・ドイツ観念論などの理想主義的な哲学）を抽象的であると否定し、イギリス経験論・功利主義・進化論の現実主義的な立場から、あえて挑戦的で皮肉的な名称を掲げました。

形而上学クラブの研究者たちは、「普遍的で絶対的な真理などない」と考え、形而下の現実世界で「知識が個人の実生活に具体的にどう役立つのか」を重視すべきと唱えたのです。

結成の中心者である**パース**（1839〜1914年）は、「抽象的な思考を避けるため、観念（=言葉の意味内容）を明晰にする方法として**プラグマ**〔行為〕に注目すべき」と説き、**ある観念や信念は、行為やその結果を通じて初めて意味をもつ**としました。例えば、「硬い」という概念は、「叩いたり落としたりしても割れない」という行為の結果によって意味をもちます。

このようにパースは、知識と行為は切り離すことができないとし、知識に**科**

■プラグマ〔行為〕

ギリシア語で行為・行動。ドイツ観念論のカントの「プラクティシュ〔動機説〕」に対する「プラグマティシュ〔結果説〕」という位置づけで、行動の動機よりも結果を重視する。

学性をもたせて**プラグマティズムを創始**しました。彼の論文には「観念を明晰にする方法」があります。

②プラグマティズムの確立・普及――ジェームズ――

形而上学クラブの主要メンバーだった**ジェームズ**（1842〜1910年）は、**真理とは自分自身にとって有用なものである**、と考えました。

彼は、3歳上のパースの継承者として、その思想を宗教論・人生論にまで拡大解釈し、**プラグマティズムを「実用主義」として確立・普及**させました。

例えば、一般的には証明しにくい神の存在は、それが特定個人に安心感・充実感をもたらすのであれば真理であり**有用**、もたらさないなら（その人にとっては）真理でなく無用、と明快に判断します。

ジェームズは、**人の行為についてもその結果が実生活において有用であれば真理**とし、これを「**真理の有用性**」といいます。

このように彼は、「真理であるから有用」「有用であるから真理」と考え、知識

■パース vs. ジェームズ

しかしパースはジェームズの浅い解釈が気に入らず、自らの探求方法を「プラグマティシズム」と呼ぶようになった。

は実生活に役立つように使用されることでその価値が定まるとし、現実の行為にとって有用でない思想を批判しました。この立場からすれば、客観的な科学的思考も主観的な宗教的信条も、時・場合・人により真理であったり、なかったりしますね。

プラグマティズムにおいては、真理は普遍的・絶対的なものではなく、個別的・相対的なもので、かつ「～であれば真理」という**条件付き**のものです。

このように、**「真理は固定されたものではなく、実際の行為・結果を通じて絶えず検証され、修正されるべきものである」**とジェームズは考えました。

パースが科学性をもたせて創始したプラグマティズムを、彼が宗教性にまで広げたことによって、人々は**「客観的・具体的な近代科学**（＝実生活に有用）」と**「主観的・抽象的な宗教**（＝精神の安定に有用）」という、相反するように見える2つの考えを**「ともに有用、すなわち真理」**として**調和**させることが可能になったのです。

ジェームズの著書は『プラグマティズム』『根本的経験論』『心理学原理』など

■**結果重視**

個人の行為の結果を重視する視点は、日本の西田幾多郎の哲学にも大きな影響を与えている。

です。

③プラグマティズムの大成——デューイ——

第一次世界大戦（1914〜18年）で戦場とならず、イギリスに代わる「世界の工場」として国力を増強したアメリカは、戦後の国際平和秩序である「ヴェルサイユ体制・ワシントン体制」において巨大な存在となり、1929年の世界恐慌までは共和党政権下で〝永遠の繁栄〟を謳歌するようになりました。

それに伴い、プラグマティズムは世界的な思想になっていきます。

パースとジェームズに学んだ**デューイ**（1859〜1952年）が指導的役割を担い、**プラグマティズムに社会性をもたせて大成**したのです。

もともと中学・高校教師だったデューイは、ダーウィンの生物進化論から強い影響を受けていました。彼は「道具を用いて環境を改善していく人間にとって、自らの知性もまた問題を解決し社会を進歩させる道具である」と考え、専門的な研究者の道に方向転換します。

このような考えを「**道具主義**」といい、デューイはこのように道具として働

■非学問エリート

ハーバード大学教授と有名著述家を父にもち都会の学問的環境に育ったパースとジェームズに比べ、デューイは自然豊かな田舎町の食料品店の息子だった。

かせる知性を「**創造的知性**」と呼びました。人が創造的知性を活用する際、問題に対し**仮説**を立てて推論し、結果を**検証**する**試行錯誤**〔**トライアル&エラー**〕を繰り返すことから、これを「**実験的知性**」とも呼びます。問題が解決すれば過去の習慣が改良され新たな習慣になりますが、彼は、この過程でこそ人間は成長していくのだ、と考えました。

デューイは、創造的〔実験的〕知性により社会が改善され、個人と社会が調和し、多用な価値が認められる民主主義社会が実現することを理想としました。そのためには、プラグマティズムを基盤とした教育が必要であるとして、**教育改革**を唱えます。

デューイは、ただ知識を暗記したり試験対策したりするような受動的学習ではなく、「**なすことによって学ぶ**〔Learn by doing〕」という**問題解決型の能動的学習**〔**=問題解決学習**〕**に基づく経験主義教育運動を実践**します。

これらの進歩主義的な教育思想は、戦後の日本をはじめ各国の近代教育に強い影響を与えました。

■デューイと日本の教育

日本で実際に動くことが必要になる「家庭科」や「自由研究」が導入されたことは、デューイの問題解決学習の影響の強さを物語る。

彼の著書は、哲学者としては『哲学の改造』『論理学』、教育学者としては『**民主主義と教育**』『学校と社会』などがあります。

④プラグマティズムの復権―ローティ―

1929年にアメリカが引き起こした世界恐慌後から第二次世界大戦（1939～45年）期にかけて、プラグマティズムは停滞します。

しかし、**ローティ**（1931～2007年）は、20世紀後半の東西冷戦下から冷戦後にかけてプラグマティズムを復権させ、自己実現を目指す人々が連帯する新たな民主主義を唱えました。著書に『偶然性・アイロニー・連帯』があります。

第7章 破

教科書じゃ足りない 社会主義とプラグマティズム

◆

佐藤 優

19世紀に入り、社会主義とプラグマティズムという2つの重要な思想が生まれた。誕生の理由を、フランス革命の理念である「自由・平等・友愛」から読み解いていく。「自由」と「平等」は志向性が異なり、両者を調整する原理がない限りは併存できない。その調整原理が「友愛」だ。友愛をどのようなアプローチで現実社会に照らせばよいのか。産業社会が進展し、貧富の差が拡大の一途をたどった時代の思想家たちの考えを追ってみたい。

フランス革命の三つの概念「**自由・平等・友愛**」のうち、自由と平等は逆方向を向く、いわば相反する概念だ。自由とは、端的に言えば、「私がやりたいようにやる。私に触るな」ということに行き着く。唯一の制約条件は、他者に危害を与えないということだ。これを経済で言えば、自由競争原理になる。「勝者総取り」で強い者はますます強くなっていくことへの歯止めはない。極端な例だが、大富豪の隣に飢えた人がいたとして、その前で大富豪が1億円で買った絵に火をつけて燃やし、飢えた人に施しを与えなかったとしても、それは自由だ。

一方、平等の原則は、全員が同じ結果となることを目指す。努力した人も努力しない人も関係ない。フリーライダー（対価を払わずただ乗りする人）が最も得をする世界になる。

自由も平等も行き過ぎると社会が成り立たない。どちらの概念にも調整原理が備わっていないからだ。そこで、外側から両者を調整する原理として「友愛」が挿入された。友愛とは、「友達だから、同胞だから、このあたりで折り合いをつけていこう」という思想だ。

自由に対して友愛は次のように作用する。「あなたは年収10億円ありますが、

■リーベルマン方式

ソ連の経済学者エフセイ＝リーベルマン（1897~1981年）が提唱。結果の平等では企業の利潤も労働者のモチベーションも上がらない。社会主義においても利潤追求や効率化は必要だとして、利潤を上げた企業や個人に対しボーナス制度を導入するというもの。

全部は必要なくて1億円あれば十分でしょう。残りは税金として払ってください。そのお金で、働けない人、高齢の人、社会的弱者をサポートします」。このような発想として現れる。

平等に対しては、努力も人によって差があるし、才能の差もある。その違いを一切認めずにいるとイノベーションが起きない。ではどこまで差を認めるのか、その折り合いをつけていこう。これが社会の中の友愛ということになる。

◆二つの調整原理

自由と平等をいかに調整して社会を運営していくか。平等の方向に重きを置いたのが社会主義であり、自由の方向に重きを置いたのがプラグマティズムだ。

社会主義は平等を志向する。しかし、徹底した平等を実現した社会主義はなかった。結果平等で生産性が向上しなかったソ連では、企業にはやはり利潤が必要だという考えから、1960年代半ば、「**リーベルマン方式**」と呼ばれる経済改革が行われたが、それは成果主義にまでは至らなかった。

ソ連時代、「赤い貴族」と呼ばれたノーメンクラトゥーラはどの程度の特権を享受していたのか。ノーメンクラトゥーラとは官僚を登用するときのリストのことで、そのリストに載った人がエリートであることから、特権階級の代名詞になった。彼ら彼女らの特権とは、せいぜい「腐っていない卵をいつでも買う権利がある」という程度で、一般市民との経済格差でいえばおよそ三倍程度だった。したがって、赤い貴族とは、いわば誇張された概念だった。ソ連社会は、その程度の中での平等性が担保されていたのだ。

一方、プラグマティズムは「有用なものは真理だ」というのが基本姿勢となる。その思想には「絶対的な真理はこれだ」といった決めつけはない。なぜならば、人間の理性を含め、人間は制約された存在であり、絶対者ではないからだ。絶対者ではない人間が絶対的な真理を捉えられるはずがない。つまり、プラグマティズムの背後には、絶対的な真理を体現した神がいることになる。すると実社会で一生懸命働いて成功することは、神の意向にかなうことであり、キリスト教との相性がいい。プラグマティズムの思想には世俗化されたキリスト教の要素が色濃く表れるのも特徴だ。

一生懸命働いても、我利我利亡者のように金儲けに血道を上げ、他者を顧みないような人物は、周囲から反発され、どこかで失脚するというのはよくある話だ。プラグマティズムは、神の意向に背いてでも金を稼ごうとする人間は決して成功しないと考えるから、自由主義、新自由主義の行き過ぎを抑制する方向で調整弁が働く。

このように二つの思想を見ると、フランス革命の理念の中でも大切なのが友愛だということがわかる。とりわけ現在の新自由主義的な強者総取り的な風潮の中で、友愛の理念をいかに教育を通じて伝えていくかが重要になってくる。

◆社会主義

空想的社会主義

ロバート＝オーウェンはなぜ空想的社会主義者として成功したのかといえば、イノベーターとしての能力が優れていたからだ。オーウェンは紡績工場の支配人だったが、同時にエンジニアでもあり、効率のいい紡績機の発明者でもあった。その生産様式が業界に普及するまでの間、競合他社よりも多くの利益を得られる。オーウェンはその利益を会社のものとせず、従業員に分配していた。

■新しい村

1825年、オーウェンはアメリカに渡り、インディアナ州に土地を購入した。共産制社会の構築を目指したが、28年には共同体建設は挫折。オーウェン本人も失敗を認めた。

アメリカに作った「**新しい村**」（**ニューハーモニー村**）が4年で破綻したのは、新技術が陳腐化し、会社の業績が落ちたからだった。オーウェンの実践は心優しき資本家による資本主義的社会主義だと言える。したがって、修正資本主義に近い要素があり、必ずしも空想的だとは言えない。

科学的社会主義

科学的社会主義というと、日本では自然科学的なイメージを抱かれ、一定の法則に従って必然的に社会主義に移行すると捉えられている。これはエンゲルス、スターリン的な考え方だ。

「科学」をドイツ語で考えてみよう。ドイツ語ではWissenschaft（ヴィッセンシャフト）だ。「Wissen」は「知」を意味する。サイエンスはラテン語のscientia（スキエンティア）に由来する。語源は「scie」で「知」を意味する。「Wissen」＝「scio」＝「知」で、「schaft」は性質や状態を指し抽象性がある。したがってWissenschaftは、「体系知」という意味になる。すると、科学的社会主義は、全体的な知を有する体系としての社会主義と捉えられる。

それを方向性で示すと、**マルクス**も**エンゲルス**も「人から社会へ」となる。つまり「私自身はどんな状況下で生きているのか」「この社会はどういうものか」という疑問を持ち、より良い方向へ世の中を変革しようとする。そのときに何を変えればよいのか。科学的社会主義においては、「個々人の心を入れ替えれば変わる」「政治を変えれば変わる」とは考えない。社会全体の構造、とりわけ経済の構造を変える必要があると発想するのが科学的社会主義だ。

◆資本家としてのマルクスとエンゲルス

マルクスとエンゲルスの思想を考える場合に、彼らの社会的階級についてみるところから始める必要がある。

エンゲルスは1820年、ドイツの紡績工場主の子どもとして生まれた。いわば資本家の跡継ぎだ。エンゲルスは人学進学を希望したが、当時、実業家にとって大学は軽蔑の対象であったため、その希望はかなわず、親の事業を継いだ。それでもエンゲルスは哲学や社会問題への関心を抱き続け、『イギリスにおける労働者階級の状態』を著した。

■**ヘーゲル哲学**（ヘーゲル左派）

1818年以降、ベルリン大学教授、総長を務めたヘーゲルを中心に形成された学派（ヘーゲル学派）はドイツの哲学界だけでなく、隣接分野の学問にも強い影響を与えた。ヘーゲルの死後、3派に分裂。ヘーゲル哲学を守ろうとしたのがヘーゲル右派。批判的に継承し革新しようとしたのがヘーゲル左派。その中間に位置したのが中央派。

紡績工場の労働者が置かれている悲惨な労働環境、その労働者が市場に行って買えるのは、腐った肉やレンガの粉入りココアなどといった過酷な暮らしが描かれている。これはエンゲルスが自分の目で見たことだった。なぜならば、自分が経営する工場の労働者たちの姿がそうしたものだったからだ。なぜ自分の工場はこんなに儲かるのか。それは労働者を搾取しているからだということに気づいた。

しかし、他社との競争があるから、経営の方法を変えると工場が倒産してしまう。悩んだエンゲルスは、社会構造そのものを変革する共産主義体制の実現を目指すべきだという結論に至った。しかしエンゲルスには経営者としての仕事がある。そこで共産主義者たちを金銭面も含め支援する側に回った。生涯支援し続けたのがマルクスだった。

マルクスは1818年、ドイツで生まれた。父親は、職業上の必要からキリスト教に改宗したユダヤ人弁護士だった。ボン大学時代のマルクスは荒んだ生活を送り、拳銃所持で警察に勾留されたこともある。金遣いも荒かった。詩人を目指していたが、父親に反対されて断念。ベルリン大学に転校後、それまで学んでいた法学よりも**ヘーゲル哲学**（**ヘーゲル左派**）に強い影響を受け本格的に哲学を研

■浪費癖のあったマルクス

イギリスの歴史家ポール＝ジョンソンによる『インテレクチュアルズ』に詳しい。この本には、マルクスだけでなく、ルソーやサルトルなど知の巨人の実像が描かれている。思想の立派さと人間性は比例しないことがわかる。現在、講談社学術文庫で読める。共同通信社版（絶版）は内容が削除されておらず、より詳しく描かれている。

究する。博士論文は、ヘーゲル左派に対する風当たりが厳しくなったベルリン大学ではなく、イエーナ大学に提出して博士号を取得した。その後、ライン新聞に職を得て、モーゼス＝ヘス（後述）と出会った。

1843年、婚約者だったイェニー（貴族の家柄）と結婚。間もなく、ドイツよりも検閲が緩いパリに移住した。パリでエンゲルスと出会い、著しい**浪費癖のあったマルクス**は亡くなるまでエンゲルスから経済的支援を受け続けた。その暮らしは、夏はコート・ダジュールで過ごし、ボルドーワインを飲み、娘にはピアノの家庭教師をつけるといったものだった。マルクスがエンゲルスに宛てた金を無心する手紙が多数残されている。

その中には「私にプロレタリアートのような生活をさせるのか」といった文章まである。妻が晩年天然痘を患うと、妻付きのメイドを妊娠させ、その子を認知せずに里子に出した。そういう人物である。

社会的階級で言えば、エンゲルスは文字通りの資本家階級だ。エンゲルスに経済的に寄生していたマルクスも実質的な資本家階級だったのだ。マルクスが比較的初期に書いた「プロイセン王と社会改革」という文献がある。そのなかで彼は、

■**経済学・哲学草稿**

マルクス、エンゲルスの著作は古書でしか手に入らないが、新潮社版の『マルクス・エンゲルス選集』（全16巻）の翻訳は特定の政治色が薄い。

社会の最底辺から革命思想は出てこない、なぜならば、日々生きていくことで精いっぱいだからだ。革命思想は余裕のあるところから生まれると言った主旨の文章を綴っている。

この文章にあるとおり、マルクスとエンゲルスは悔い改めた資本家だと言えるだろう。その意味において道徳性が高い人物たちだ。

マルクスとエンゲルスは当初、社会主義を実現するためにこうした道徳性、いわば哲学によるアプローチを構想した。その転換が見て取れるのが『**経済学・哲学草稿**』（1844年）と『ドイツ＝イデオロギー』（1845〜46年）だ。前者は、資本主義下の労働において人間が疎外されていく過程を明確に描いている。「自然の中の人間」という観点に立つ環境問題についても示唆に富む記述がある。後者は史的唯物論に基づく共産主義社会へ至る道のりが述べられている。

◆現代に影響を与え続ける思想

マルクス主義を確立させるうえで、とくに初期の思想形成において欠かせない「第三の男」がいる。ドイツ生まれのユダヤ人社会主義者**モーゼス＝ヘス**だ。

マルクスを社会主義の道に引き入れた人物でもある。ヘスの名前は教科書にない。ヘスは、マルクスを高く評価していたが、マルクスが『共産党宣言』を書いた頃には両者には距離ができていた。

ヘスはその後、自分がユダヤ人であることを重視して、シオニズムの提唱者の一人になった。シオニズムとは、古代、パレスチナの地を追われて世界中に離散したユダヤ人が再びシオンの丘に帰る=イスラエルへの帰還運動だ。それが第二次世界大戦後のイスラエル建国の理念へとつながっていく。

このように考えると、1840年台半ばのパリに集まった三人の男たちが21世紀の今日にまで大きな影響を与えていることになる。マルクスとエンゲルスが構想した共産主義は、ロシア革命で実現し、その後、東欧、中国、北朝鮮、ベトナム、ラオス、キューバに社会主義システムを構築した。しかしこのシステムは1989年のベルリンの壁崩壊、91年のソ連崩壊により解体した。現在、共産主義を名乗る国であっても、内実はほぼ資本主義化している。

一方、ヘスが考えたシオニズムが1948年にイスラエルという国家を創出した。小国であるにもかかわらず、アメリカに圧倒的な影響を与え、全世界で無視できない有力なプレイヤーになっている。2023年10月7日からのガザ紛争では、全世界を敵に回してでもハマスを殲滅しようとしている。

このような射程でマルクスとヘスの思想を合わせ、初期マルクスとして捉えておくことは、現代史と現在進行形の世界を見るとき役に立つ。

◆マルクスに学んだ執筆手法

筆者がマルクスの執筆手法に学んだことを述べたい。マルクスはエンゲルスに何度誘われても、実際の労働者の様子を見に行かなかった。理由は目が曇るからだという。確かにマルクスの『資本論』を読むと、統計は議会や政府による公文書ばかりだ。マルクスは公的な資料に基づいて、資本主義システムの問題点を鋭く描くことができた。逆に、社会主義者の文献に頼ると、データそのものが恣意的であったり、誇張があったり、場合によっては捏造もある。マルクスはそのことを知っていたから、体制側が出してきた文書しか使わなかった。

体制側の文書を使ったほうが真実に迫ることができるということを、筆者はマルクスから学んだ。これは非常に大きい学びだった。体制側が発表する文書や統計数字には、公開者の意図が込められている。それを読み解くことで内在的論理を明らかにすることができる。

筆者は『池田大作研究』や『日本共産党の100年』を書いたときも、本人や関係者に会って話を聞いていない。本人や組織による文書を分析することで執筆した。このような文脈においても、筆者の中でマルクスは生きている。

◆人間の労働が商品になるとは

教科書に書かれているマルクスの思想で重要とされる概念について補足していこう。

「人間疎外」という考え方は、裏返されたキリスト教だ。人は生まれながらに罪を持っている（原罪）から、世の中に差別があり、犯罪があり、病気があって人を苦しめる。しかし、これは人間本来のあり方ではない。だから悔い改めて、最後の審判を経て天国に上げられることによって、本来性を回復する。

人間疎外の場合は、資本主義によって人は自己の本来性を失う。共産主義の世の中が実現することによって、人間は解放され、真の自由を得る――このように構造的に両者は共通している。

「労働力商品化」は、資本主義システムの基本的構造であり、この問題を明らかにしたマルクスの功績は非常に大きい。

マルクスが経験した資本主義システムとは、１８４０年代から60年代までの、イギリスの資本主義が国家の介入なしに自由競争を繰り広げ、純化していった時代だ。同時に、労働力商品化は、金融資本主義が純化傾向にある現代の課題としても読める。

人間が働くことによって生まれる力はどの時代にもある。ただし、その労働力が商品として売買される時代は、資本主義の時代だけであり、特殊な現象だ。労働力が商品化されることによって、人間のかかわるすべての領域が商品によって覆われてしまう。もちろん、古代にも中世にも商品はあったが、それは社会全体のごく一部で、それ以外の領域では自給自足をしていた。あるいは奴隷が作ったものを取り上げていた。

では、労働力商品となった人間には何が起きるのか。マルクスは「二重の自由」を得られるという。まず、移動の自由と職業を変えることの自由を得る。中世は、

■アンダークラス
低賃金かつ雇用面で不安定な働き方をしている貧困層の呼称。日本における平均年収は186万円。2025年にアンダークラスの人口は1000万人に達すると予想されている。

農民の子は農民。職人の子は職人。代々、職業は固定されていた。だから中世には「就活」がなかった。

もう一つの自由は何か。中世の農民は土地を持ち農具を持って自給自足できたが、それを取り上げられた。それによって解放されたという意味での自由を持つのが、プロレタリアートだ。古代ローマ時代にプロレタリアートはすでに存在し、その当時は、あなたの所有物は何か、と問われ「子どもだけ」と答える人を指していた。古代ローマでは家族がいない、子どもがいないというモデルは想定されていなかったのだ。そう考えると、現代の配偶者も子どももいない「**アンダークラス**」と呼ばれる人々はプロレタリアート以下ということになる。

◆平等な労使関係なのに搾取される理由

労働力商品の「商品」とは何だろう。マルクス経済学では、商品（サービスも含む）には二重性があると考える。それが「価値」と「使用価値」だ。使用価値とは、服ならば着ることができ、ペンならば書くことができる。食材ならば食べることができる。こうした性質を指すのに対して価値とは、交換できるということだ。

お金を媒介とすることで、あらゆるものが交換の対象になる。ボールペンとパンも、お金を媒介として交換可能になる。

その視点で改めて労働力商品における二重性について考えてみよう。労働力の価値というのは「賃金」だ。使用価値というのは「労働そのもの」を指す。

では、労働力商品の価値と使用価値は常に釣り合っているのかというと、両者には乖離がある。時給1000円でコンビニエンスストアの経営者がアルバイトを募集していたとする。時給1000円なら、そのコンビニは、アルバイト一人を雇うことで、1時間当たり1000円より多い儲けがあるということだ。時給に納得がいかなくてもそのコンビニで働くことは、強制されたものではなく、自由な契約に基づく労使関係だ。

この契約によって、コンビニが労働者に時給1000円を支払うことで1500円儲かっているとすれば、500円の利益だ。これを「剰余価値」という。労働者から見ると500円をコンビニ経営者に搾取されることになる。

このように合法的に搾取できるシステムが資本主義だ。利潤追求による資本の自己増殖がその本性だから、自由で平等な契約の下に資本家と労働者という階級関係が生じる。労働力商品の価値と使用価値の乖離は、資本主義という形態において必然的に生じるものなのだ。

◆賃金はこう決まる

そもそも労働力商品の価値である賃金はどのように決まるのか。それには三つの要素がある。一カ月の賃金で考えてみよう。

①労働者が継続して働くためのお金。労働者は、家に住んで休息し、食事をして体力の回復を図る。衣服を整え、ちょっとしたレジャーなど娯楽を楽しみ、労働への意欲を高める。労働力商品は消費によって作られるという例外的な商品といえる。

②労働力商品を再生産するためのお金。次世代の労働者階級を継続的に生み出すためには、結婚し、子どもをつくって育て、教育する場としての家庭が必要だ。女性の社会進出や家事分担などの変数はあってもこの基本構造は変わらない。

③資本主義は必ずイノベーションを起こす。その技術革新に対応するための自己教育をするための資金。この三要素によって資本主義下での賃金は決まる。

では、資本家は何のために労働者に賃金を払って事業を行っているのか。それはできるだけ多くの利潤を得るためだ。したがって、労働者をできるだけ効率的に使って搾取率を高め、金儲けをすることが、資本家の職業的良心といえる。

一方、労働者は何のために働くのか。それは生きていくためだ。命と金を交換する形で生きること、それが「疎外」である。命と金という本来交換不能なものを可能にしているのも資本主義システムの特性だ。

搾取しない資本家は一種類しか存在しない。倒産した資本家だ。搾取しなければ、剰余価値は生まれない。それがなければ賃金は払えない。むしろ労働者にとって倒産した資本家は、最悪の資本家といえる。

資本主義社会とは、このような枠組みの中に人々が投げ込まれることで動いている。マルクスはこの構造を明らかにし、資本主義は好不況の景気循環を繰り返しながらあたかも永続するがごとく続いていく、と考えた。裏返して言うと、共産主義革命を起こせば、社会の構造は変わる。

◆唯物史観とは

そのような資本主義システムが続いてよいものなのだろうか。人間を疎外するシステムである以上、革命が必要だ。マルクスの「革命家」としての側面から唯物史観についても補足しておこう。

資本家と労働者の関係から成立する資本主義システムは、生産力と生産関係として語ることができる。その矛盾を解消するための手段が革命だ。では、その革命を導くための物語とは何か。それが唯物史観（史的唯物論）だ。歴史の変化を、乳児が成長に伴って着る服を例にとって考えてみよう。

赤ん坊のときは小さい服を着ていて、成長に応じて継ぎを当てて服を大きくする。しかし、それも限界を迎え、次の服を着る。それも着られなくなったらまた次の服を着る。大人になって成長が止まったら服を変えなくていい。この矛盾が解消した終着点が、共産主義社会だと考えればいい。唯物史観とは、現実に起きる矛盾を克服する物語（仮説）に基づいて、歴史の生成発展を捉えようとする態度だ。

だが、現実世界でのマルクスは、革命に成功したことはなく、社会主義革命の

■**カール＝カウツキー**(1854~1938年)

チェコ系オーストリア人。ドイツを中心に活動したマルクス主義理論家。1890年代にはドイツ社会民主党の指導者としての地位を確立したが、第一次世界大戦で戦争支持から反戦に転じ、さらにロシア革命を批判するなどして、影響力は低下。亡命先のオランダで死去。

成功はレーニンの登場を待つことになった。

◆マイルドな社会主義

教科書で、修正マルクス主義者として登場する**ベルンシュタイン**は、エンゲルスからマルクス関連の文書を託された人物だ。教科書には載っていないが、マルクスとエンゲルスの考えを正確に継承していたのは**カール＝カウツキー**（オーストリア生まれのマルクス主義政治学者、革命家）だったが、素行に問題があったために、カウツキーよりも人柄が良かったベルンシュタインがマルクスの知的遺産（原稿やノート）を継承することになった。

ベルンシュタインは、「理想の共産主義社会の実現」というゴールの設定そのものがさまざまな問題をもたらすと考えた。彼の主張は、運動がすべてであり、最終目標は「無」である。つまり、今そこにある問題を現場主義で改善する運動をみんなで考えて積み重ねていこうと考えた。多くのマルクス主義者が第一次世界大戦において戦争を肯定する方向に傾く中で、ベルンシュタインは反戦を貫いた人物でもある。

「フェビアン社会主義」は経験論の国イギリスで生まれたもので、そのポイントは究極目標を置くことに対する警戒だ。これはベルンシュタインの思想とも共通している。

西洋社会では伝統的に、究極目標とは「終わり」であり「完成」だと考える。それをマルクス主義においては共産主義社会の実現に設定している。それは「歴史の終わり」に向かうということであり、ヘーゲル哲学と同じ考え方だ。そうなると、目的(究極目標の設定)は実現のための手段を浄化するという理屈が出てくる。

例えば、ある時代における時の政権の支持率が低いとしよう。そのときに共産主義者は何を考えるかというと、もっと社会状況が悪くなればいい。悪ければ悪いほどいい。それによって政権が倒れる可能性が出てくる。これが戦争ならば、表向きは戦争に反対しつつ、本音では戦争が起きるのを止めさせるべきではない。戦争当事国になれば国民は困窮する。追い詰められて内乱が起きる。その内乱を革命に転化するべきだ——これを「歴史の弁証法」として正当化する。レーニンの考え方にはその傾向があった。

フェビアン主義を提唱した**ウェッブ夫妻**も、ベルンシュタインも、このよう

■**チトー**（1892~1980年）

政治家、軍人。労働者階級出身でユーゴスラヴィア共産党の指導者になった。第二次世界大戦中はパルチザンを率いてドイツと戦い、ユーゴスラヴィアを解放した。戦後は多民族国家であるユーゴスラヴィアを連邦としてまとめ、1974年、終身大統領に選出された。80年にチトーが亡くなると民族主義に火がつき、91年、ユーゴ紛争が勃発した。

な考え方を嫌ったのだ。

◆ユーゴスラヴィアの逆説

教科書では、戦後社会主義の指導者として、ユーゴスラヴィアの**チトー**の名前がある。チトーは東側にも西側にも属さない第三世界論や社会民主論に近い人物だったというのが近年の評価だ。チトーがそのようになったのには大いなる逆説がある。

第二次世界大戦末期の東欧では、共産主義ゲリラと、とりわけイギリスが裏で糸を引いていた民主主義側のゲリラが各地で内戦を起こしていた。ポーランド、チェコスロバキア、ユーゴスラヴィア、ブルガリア、ギリシアなどがそうだった。内戦を収拾するため、イギリスのチャーチルとソ連のスターリンが、東西陣営の線引きを決めた。

ギリシアは西側に引き込み、アルバニア、ブルガリア、ユーゴスラヴィアは社会主義圏に入れる。スターリンはギリシアの共産主義運動を支援している勢力に手を引くよう指示した。同時にギリシア共産党に対しても抵抗運動を止め、地下

■コミンフォルム

1919年に結成された国際共産主義運動の指導組織であるコミンテルンは事実上、ソ連が指導していた。第二次世界大戦で独ソ戦が激化した43年にコミンテルンは解散した。大戦後の47年、アメリカのマーシャルプランに対抗して誕生したのが共産主義運動の国際組織コミンフォルム（正式名称は共産党・労働者党情報局）。本部はルーマニアのブカレスト。56年解散。

に潜るよう指示を出した。

しかし、ユーゴスラヴィアはスターリンの命令を拒否し、ギリシアの共産主義者とともに革命運動を続けた。なぜならば、ユーゴスラヴィアはソ連の力に頼らず、自力でナチス＝ドイツから自国を解放したから、スターリンの言うことを聞く必要はなかったのだ。それがスターリンの逆鱗に触れ、ユーゴスラヴィアを**コミンフォルム**（**共産党・労働者党情報局**）から除名した。ユーゴスラヴィアとの国交も断絶した。

ユーゴスラヴィアのチトーはソ連よりもさらに左翼に立った（極左）ために、孤立してしまった。そのために資本主義国に接近する以外の選択肢がなかったのだ。それが第三世界的な非同盟諸国の一員とみなされることになった。そのために、ユーゴスラヴィアは独自の統治形態をとった。共産党一元支配ではなく、工場や学校、各地域でお互いの顔が見える範囲で、自分たちの手で自らを組織化した。こうした組織を基盤として国家が運営された。「自主管理社会主義」という発想である。

社会主義、共産主義の影響力がすっかり弱くなった現在、これらの思想を一緒くたにして語られる場面が多くなったが、社会主義の考え方にも濃淡があることを再認識するのには一定の意味がある。

◆プラグマティズム

プラグマティズムは、先述したように、神が背後に控えていることによって、自由主義の行き過ぎを抑制する友愛的な調整原理を内包している。この点を押さえることが第一のポイントだ。

次に非常に重要なのが、**道具主義**（**インストルメンタリズム**）だ。例えば、犬小屋を造ろうとするときに、中華鍋と中華包丁があっても造れない。逆に、釘と金槌があっても中華料理は作れない。このように何かを達成するためにはそれに適した道具が必要だ。

これは人間の知性についても当てはまる。低いレベルの知識しかなければ、それによってできることは限られる。文科系の知識は豊富にあっても、理科系の知識が著しく欠けていれば、物事を考えるアプローチの選択肢が限定される。その逆も同じことだ。知識という道具の質と量で人間ができること・認識できることに大きな差が生じる。だから「いい道具」を持つための教育は重要だ。

デューイは、道具として働かせる知性のことを「創造的知性」と呼び、試行錯誤にその特徴があるとしている。ここからもう一歩踏み込むならば、創造的知性は、カール＝ポパーの「反証可能性」と結びつく。ポパーは、ある主張や発見が観察や実験によって否定されたり反論されたりする可能性を持つことが、科学の基礎条件だと考えた。

これはどの分野の学問においても重要で、ある人が何か言った時には最後まで聞く。そのうえで反論する。この見方は間違っているのではないか、データが違っているのではないか——これも試行錯誤だ。このような過程を経て真に近づいてこうという考え方だ。

ただし、デューイが言う人間一般についての試行錯誤と、反証可能性でいう試行錯誤は違う。後者の場合、知が細分化しており、一般の人には理解できない。したがって専門家の集合体で創造的知性を働かせることになる。

第8章

近代的理性の批判

第8章 守

教科書が教える
近代的理性の批判

◆

伊藤賀一

近代哲学は、抽象的で客観的な「真理」を人間に共通して備わっている理性で認識しようとしてきました。それに対し、具体的で主観的な「私だけの真理」を探究するのが**実存主義**です。これは、資本主義下において、(社会主義とは違い)社会の変革なしに「個々の人間性の回復」を目指す思想でした。そして、人間全体にせよ個人にせよ「理性」そのものを重視せず、その奥底にある「無意識」が思考・感情・行動を支配していると考える**精神分析学**は、より斬新な新発想といえます。

1 実存主義（19世紀半ば～20世紀）

①実存主義とは？

実存〔existance〕とは、「**現実存在**」すなわち人間全体ではなく「今ここにいる**私**」という意味です。

産業革命を経て資本主義が発達した19世紀以降、西洋は果たしてよい状態にあるといえるだろうか？　という疑問から、**個々の意識を変革することによって人間性を取り戻そうとする思想**が登場したのです。これを**実存主義**といいます。

実存主義には、**人間の理性そのものを疑う**考えが背景にあります。実存主義者たちは、「西洋人が目指してきた近代市民社会は、必ずしも理想とはいえないのではないか？」と考えていました。

■実存主義の特徴

ただし、資本主義下における「人間喪失」状態を社会の変革なしに克服しようとした点が、社会主義とは異なる。

②実存主義の先駆（19世紀半ば〜後半）

●キルケゴール→有神論的実存主義の先駆

デンマークに生まれた**キルケゴール**（1813〜55年）は、個々の人間は「絶対精神」「世界精神」などに操られて生きているわけではないと、抽象的な考えを展開するドイツ観念論のヘーゲルを批判しました。また、正〔テーゼ〕と反〔アンチテーゼ〕を合〔ジンテーゼ〕に止揚〔アウフヘーベン〕する弁証法についても、「あれも、これも」求めすぎだと批判しました。

そして、同時代の西洋人たちが個を見失った「**大衆の水平化**」の時代を生きていると考えたキルケゴールは、そもそも主体は、他者とは異なる**例外者**である自分自身なので、真理や道徳は人類全体にではなく個別に考える必要があると説きました。

すなわち、誰にとっても成り立つような普遍的・客観的な真理ではなく、あくまでも**自分自身にとっての個別的・主観的な真理**である「**主体的真理**」を追究したのです。

■キルケゴールの名言

「私にとって真理であるような真理を発見し、私がそれのために生き、そして死にたいと思うようなイデー〔理想〕を発見する」という言葉を残している。

そして、主体的真理を求める実存のあり方を三段階で説明しています（＝**実存の三段階**）。

一つめの**美的実存**は、「あれも、これも」と感覚的な快楽を追い求める生き方です。

二つめの**倫理的実存**は、快楽追求の生き方でいいのだろうかと**不安**や苦悩を感じ、生きることに**絶望**したとき、「あれか、これか」と正しい判断をしようとする生き方です。

三つめの**宗教的実存**は、結果的に欲望に負けて**絶望**し、理性を超えた「あれ」である信仰に飛躍する生き方です。

このように彼は、自己を見失い「死に至る病」である「絶望」に直面した人間は、信仰への決断によって本来の自己を回復できるとしました。人間は、主体的真理を求めて絶望を繰り返し、自らの罪深さを自覚しながら、神の前に立つ**単独者**として生きるしかない、と考えたのです。

キルケゴールは、『**あれか、これか**』『**死に至る病**』『おそれとおののき』『不安の概念』という悩みの塊のような題名の書物群を著した後、42歳の時に**路上**

■婚約破棄

キルケゴールは10歳下のレギーネ＝オルセンとの婚約を、20代後半で一方的に破棄している。孤独の中で、彼女への愛を心に秘めながら著述に没頭した。

で**昏倒**して亡くなっています。

●ニーチェ→無神論的実存主義の先駆

ドイツの牧師の子に生まれた**ニーチェ**（1844〜1900年）は、人間を含む森羅万象には、本来「より豊かに、より強く、より高く、より多く」等と成長を望み、力強く生きようとする能動性である「**力への意志**〔権力への意志〕」が宿っているとしました。しかし、弱者を甘やかすキリスト教の道徳がそれを抑圧してしまった、と考えたのです。

キリスト教の道徳観の根底には、弱者が**ルサンチマン**〔**怨恨**〕に基づき強者を貶めて間違いだと位置づけ、自らの地位を正当化して高める狙いがあるとし、これを**奴隷道徳**と呼んで鋭く批判しました。

19世紀後半のヨーロッパは、近代自然科学の発達に伴いキリスト教信仰が影響力を弱めていた時期で、ニーチェは、著書『**ツァラトゥストラはこう語った**』の中で「**神は死んだ**」と**反キリスト者**として衝撃の宣言をしました。そして、近年は奴隷道徳に意味や権威などないことが暴かれた結果、信じる価値や生きる

■**ニーチェの思想**

一言で表すなら「強く生きろ」である。しかし、彼が恋した女性著述家のルー＝ザロメは、ニーチェを「仮面で隠した内面の孤独」と回想している。

目的・意義などもないとする受動的**ニヒリズム**〔**虚無主義**〕が広がってしまったのだ、と考えました。

しかし、人間は、絶えず自己を超えようとする「力への意志」の実現をはかることで、奴隷道徳が示す善悪の区別の外側である「**善悪の彼岸**」に立ち、生きるための新たな価値を創造できるはずだ、と唱えたのです（＝**価値の転換**）。

ニーチェは、現実の世界は、無意味なことが目的もなく永遠に繰り返される「**永劫回帰**〔**永遠回帰**〕」だとし、そこにニヒリズムの極限を見ました。しかし、そこでも「力への意志」に従って生きれば、ニヒリズムを克服して自身の人生は絶対的に肯定でき、このとき自己への**運命愛**が生じるとしました（＝能動的ニヒリズム）。そして、運命愛を実践できる人間を**超人**と呼び、キリスト教信仰を捨てて、孤独の中にこの超人を目指すべきだと説いたのです。

ニーチェは、個々の人間が覚悟をもち、新たな価値の創造に挑むことで本来の力を獲得できるとしました。そして、意味もなく永遠に反復される現実世界を積極的に肯定することによって、真に生きることができる、と説いたのです。

■**超人**

権威や伝統に従うラクダのような忍耐心→それらに立ち向かう獅子のような強さ→幼児のような純真さ、という「**精神の三段の変化**」を遂げた存在である。また、無意味と思える運命でも「これが人生か、さればもう一度」とすべてを肯定し、力強く運命を愛することができ、キリスト教を否定し、新たな価値を創造して俗世間に生きる存在である。

彼は、24歳でスイスのバーゼル大学の古典文献学教授に就任し、『**悲劇の誕生**』を著して話題になりました。しかし、過度に哲学的な議論は学界に受け入れられず、遺伝的な頭痛にも悩まされ、34歳で退職を余儀なくされてしまいます。その後も苦しみながら思索して著書を書き、44歳の時、イタリアの**路上で昏倒**してしまいます。以後は正気を失ったまま精神科病院で入院生活を続け、妹に看取られながら55歳で亡くなりました。遺稿集に『**力への意志**』があります。

③実存主義の展開（20世紀前半～後半）

生前はほとんど評価されなかった、19世紀のキルケゴールやニーチェの実存主義は、「人間の理性が創り出した近代市民社会が大きな過ちを犯した」とされる**第一次世界大戦**（1914～18年）が起きると、がぜん注目を集めるようになりました。また、資本主義のさらなる発達や大衆社会化の進展により従来の価値観が崩され、「自分らしく生きる」ことが問われた時代が20世紀前半だったことも

■ショーペンハウアーの影響

ニーチェの思想の背景には、ドイツのショーペンハウアー（1788～1860年）の思想があった。彼は、ドイツ観念論のカントやインド思想の影響を受け、「現実世界は最悪だ」とする厭世主義〔ペシミズム〕を説いたことで有名。

あり、自らの生き方を見直す実存主義は、注目を集めたのです。

●ヤスパース→有神論的実存主義

人間は、**死・苦悩・闘い・罪**という4つの、自力では避けることのできない**限界状況**に直面し、絶望や挫折を経験することがあります。ヨーロッパの人々にとって、第一次世界大戦は、まさにそれだったのです。

努力してもどうにもならない限界状況の時、人間は**自己の有限性**を自覚しますが、**ドイツ**の**ヤスパース**（1883～1969年）は、これを直視することによって、自己や世界を超えて包む「**神**」のような**超越者**〔**包括者**〕に出逢い実存に目覚めると説き、戦中や戦後に注目されました。

ヤスパースは、キルケゴールの有神論的実存主義を受け継ぎつつ、ニーチェの提起したニヒリズム〔虚無主義〕の克服を課題として、独自の実存主義哲学を展開しました。

彼は、**真の実存に目覚めるには**（キルケゴールやニーチェが説くような）**一人で**

■**ヤスパースの「神」**

ここでいう「神」は、ユダヤ教とキリスト教の神ヤハウェに限らず、「自らの力を超えたもの」という意味。

は不可能で、同じように実存に目覚め、真の自己を目指す他者が必要と考えます。そして、互いが素直に自分をさらけ出し、誠実に自己を探究し合うような**実存的交わり**によって、初めて目覚めが得られるとしたのです。

ヤスパースは、実存的交わりを進めるのに大切なのは**理性**だと説きます。そして、このような交わりは、**愛**と理性をもって真摯に他者と向き合うことであるので、これを「**愛しながらの戦い**」と表現しました。

第一次・第二次世界大戦という大きな限界状況に直面した20世紀前半の人々にとって、真の実存に目覚めるためのヤスパースの哲学は、生きる希望となる思想でした。

彼は、ナチス政権にユダヤ人の妻ゲルトルートとの離婚・絶縁を勧告されるも拒否し、ハイデルベルク大学教授を免職されても研究を続けました。戦後はスイスに移住してバーゼル大学教授となり、国際政治・国際平和などを研究し、講演も活発に行っています。著書に『哲学』『理性と実存』などがあります。

●ハイデガー↓無神論的実存主義ののち「存在の牧人《ぼくじん》」

ヤスパースと同じく第二次世界大戦中・戦後に活躍したのが、**ドイツのハイデガー**（1889〜1976年）です。

彼は、初め神学を学びますが、デンマークの実存主義者キルケゴールの著書に衝撃を受けました。さらに同じ**ドイツのフッサール**から**現象学**を直接学んで助手まで務め、哲学者として活動するようになります。

ハイデガーは、「**存在**とは何か」という、古くからある哲学問題を改めて問い直そうとしました。そのためには、まず「人間とはどのような存在か」を問題としなければならない、とします。

ハイデガーは、そもそも「存在とは何か」という**存在の問い**を発することをできるのは人間のみだと考え、このように特別な存在である人間を「**現存在**〔**ダーザイン**〕」と呼びました。そして、「現存在」としての人間は、他者とのさまざまな関わりの中で生きる存在でもあるので、「**世界 - 内 - 存在**」すなわち「世界の内にあって存在している」と表現したのです。

彼は、「現存在」に対し、世の中の出来事に心を奪われて何となく生きる日常

■**フッサールの現象学**

現象学は、世界が存在すると素朴に信じる「自然的態度」を変更し、世界の実在性についての判断中止〔エポケー〕をして内面の純粋意識に立ち返り、そこに現れる現象をありのままに記述する、という考え方。ヤスパースやメルロ＝ポンティにも大きな影響を与えている。

生活に埋没した、本来的ではない人間のあり方を「**ひと**（世人、ダス・マン）」と呼びました。そして、こうした交換可能で大衆の中に埋もれた**中性的・匿名的なあり方**から、本来の自己へと至るには、死を直視することが必要だと考え、必ず死ぬからこそ人間は「**死への存在**（死へと関わる存在）」でもある、と定義づけます。

以上のような考えを一文にまとめると、「**人間は、自己の可能性である死へと先駆することで、日常世界に没入した状態から、最も固有な自己に目覚める**」ということです。ただし、ヤスパースとは違い、「神」という超越者（包括者）を想定しません。

また、ハイデガーは、近代科学技術のあり方も考察し、人間も含めたあらゆるものが、技術に利用する材料とみなされていることを批判しました。このような状況では、人間は「存在」というものを忘れ、「存在とは何か」と問うこともなくなります。彼は、これを**存在の忘却**と呼び、これにより人間が拠り所を失うことを**故郷の喪失**と呼びました。

ハイデガーは、晩年は哲学的思索や詩作にふけり、「存在」を探究し続ける「**存**

■被投性

「ひと」は、この本質を自覚せず無責任に匿名的に生きている状態だとし、本来の自己のあり方を取り戻すには、死への自覚をもち、積極的に世界に身を投げること（＝投企）が重要だとした。ハイデガーは、常に人間が存在の中に投げ入れられているという根源的な事実を「被投性」と呼んだ。

在の牧人」と化します。

彼の著書は『存在と時間』『形而上学とは何か』『ヒューマニズムについて』などが有名ですが、17歳下の教え子**ハンナ＝アーレント**との関係はさらに有名です。ハイデガーはナチ党に入党し、44歳でフライブルク大学総長になるも、党に失望して翌年辞任しました。それでも第二次世界大戦後は戦争協力責任を追及されますが、すでに別れていた元恋人でアメリカに亡命していた政治哲学者アーレントの尽力もあり、復職しています。

●サルトル→無神論的実存主義

フランスの**サルトル**（1905～80年）は、高等中学の教師を務めた後、20代後半でドイツに留学し、現象学のフッサールやハイデガーの講義を聴いています。第二次世界大戦中は、フランスで反ファシズムのレジスタンス運動〔抵抗運動〕に参加しました。

戦後は、実存主義哲学者の**メルロ＝ポンティ**らと雑誌を創刊、小説『異邦人』『シーシュポスの神話』『ペスト』を著し「人生に意味がないからこそ生きるに値

■メルロ＝ポンティ

フッサールの現象学やハイデガーの実存主義哲学を受け継ぎ、身体に着目する独自の思想を展開し、デカルト以来の物心二元論を退けた。構造主義の成立にも影響を与えている。

する」という**不条理**の哲学で有名な実存主義作家の**カミュ**とも交流しました。しかし、彼らとはそれぞれ論争になり、後に決裂しています。

サルトルは、哲学者としてだけでなく小説『嘔吐』や舞台・映画関係の著述家、平和運動家・民族解放運動家として長く活動し、晩年、ノーベル文学賞を辞退したことは大きな話題になりました。

サルトルは、自由という観点から、人間の本質的なあり方を考えます。事物には、本質が現実の存在である実存に対し先に与えられている（＝**即自存在**）。例えばナイフは、切る・刺すという本質が先にあり、現実にナイフという存在になります。すなわち、定義よりも、利用者の意思決定が先立つわけです。

しかし、人間の場合は、まず先に存在し、（サルトルの考えでは神は存在しないので）自らの意志で自由になりたいものになれる（＝**対自存在**）。それを彼は、「**実存は本質に先立つ**」という言葉で表しました。

サルトルは、このように人間は自己の可能性を信じ、自由に行動を企てる**投企的存在**であると考え、どんな行動についても、その決断や結果に**責任**を負わ

■**カミュ**
ノーベル文学賞を受けている。

なければならない、と主張しました。つまり、人間を根源的に自由な存在として捉え、絶えず未来に向けて自己を投げ出し、新たな自己を創造していくあり方を唱えたのです。

そして、この状態を「**人間は自由の刑に処せられている**」という言葉で表しました。また、人間は一人ではなく他者との関わりの中に存在しているものと考え、責任は自己だけではなく人類全体に対しても負う、としました。

以上のように考えたサルトルは、積極的に社会に関わることが必要であると説き、これを**アンガジュマン**〔**社会参加**〕と呼びました。彼の著書には『**存在と無**』『**実存主義とは何か**〔**実存主義とはヒューマニズムである**〕』などがありますが、高等師範学校時代に知り合った3歳下の実存主義哲学者**ボーヴォワール**との**契約結婚**でも有名です。入籍も同居もせず、互いの自由恋愛を認め合う関係を生涯続けました。

2 精神分析学〔19世紀末～20世紀〕

近代市民社会における個人の自由と公共性の対立を、大陸合理論の影響が強い**ドイツ観念論**のヘーゲルは、国家による市民社会の統制により克服しようとしました。

また、イギリス経験論の影響が強い**功利主義**のベンサムやミルは、「最大多数の最大幸福」を市民社会の原理とすることで調和をはかりました。そしてそれは、進化論やフロンティアスピリッツ〔開拓者精神〕を絡めて、アメリカの**プラグマティズム**にも引き継がれています。

さらに、**社会主義**のマルクスやエンゲルスは、革命によって資本主義経済を変革することで、新たな社会のあり方を実現しようとしました。

以上、各思想の背景には、（近代的）**理性**への信頼がありました。人間は、理性で意識できる範囲で自らを律すれば、行動を完全にコントロールできるという考えです。しかし、「理性の奥底には**無意識**があり、それが思考・感情・行動を支配しているのではないか？」と考え、無意識のメカニズムを解明しようとする学問が、近代が終わる19世紀末～20世紀初めに登場します。それが、神経症の治療法としてフロイトが創始した**精神分析学**です。

■近代思想の批判

精神分析学は、自覚できず理性で捉えられない領域＝無意識があるという新しい人間観をもたらし、近代思想を批判し現代思想の源泉の一つとなった。

①フロイト→精神分析学の開祖

『精神分析入門』『夢判断』などの著書で有名な、**オーストリアのフロイト**（1856〜1939年）は、神経症の治療や夢の研究の中で、近代社会の発展を支えてきた人間の理性の奥底に、意識的に統御できない**無意識**の存在を発見し、その働きに注目しました。以下の3つの用語は重要です。

●エス〔イド〕

「無意識」に**欲動**〔**リビドー**〕が蓄えられた部分で、快楽原則に支配される本能です。人間に備わっている、生へ向かうエロスが**性衝動**（＝生の欲動）で、死へ向かうタナトスが自己破壊衝動（＝死の欲動）です。

●超自我〔スーパーエゴ〕

人間の根源にある欲望を統御する**良心**の意識で、教育を通じて社会規範が内面化された**理性**。この働きが「無意識」の欲動・本能であるエス〔イド〕を抑圧し、「意識」である自我〔エゴ〕を統制します。

●自我〔エゴ〕

■フロイトの「自我」

経験によって形成され、一般的に使われる場合とは異なり、フロイトにおいては「意識の主体」や「私」を意味しない。

快感を求めるエス〔イド〕の要求を現実に適応させ、同時に良心である超自我〔スーパーエゴ〕の命令にも応じようとする意識です。

フロイトは、精神科医として患者を相手に具体的な事例を積み上げ、**精神分析学の開祖**となりました。

②ユング→分析心理学の開祖

フロイトの19歳下の共同研究者だった**スイス**の**ユング**〔1875〜1961年〕は、人間の心には無意識の領域があるという点においてはフロイトに同調しますが、それを**個人的無意識**と**集合的無意識**に区別しました。

そして、フロイトの取り上げる個人的無意識よりも集合的無意識のほうがより深い層にあり、そこには全人類に共通する普遍的イメージや観念の世界が広がっているとし、それを**元型**〔**アーキタイプス**〕と名付けました。

ユングは、あらゆるものを性衝動のようなリビドー〔欲動〕に結びつける傾向

■元型

元型の中身は世界中に広がる神話・伝説などに共通して見出せると考えたユングは、西洋文明と東洋文明の共通点を見出したともいえる。例えば「グレートマザー」「シャドウ〔影〕」「老賢人」などは、どんな地域・民族にでも観念としては存在する。

が強いフロイトに対して、以前から考え方の違いを感じていましたが、7年の交流の果てに決別します。そして、精神的危機の中で独自に**分析心理学**を打ち立てました。著書に『心理学的類型』などがあります。

また、ユングだけでなくオーストリアの心理学者アドラー（1870〜1937年）も、師のフロイトと袂を分かちました。しかし、このことにより、無意識の探究も多様化したのです。

アドラーは、「人間は必ず劣等感を持つが、それは自らの成長の欲求であり、克服していく過程で各自の性格がつくられていく」と前向きに説いたことが有名で、倫理・公共の教科書の「青年期」単元に必ず登場します。

■フロイトvs.ユング

例えばフロイトは、子どもの無意識の抑圧心理（＝親に対する排除心理）を、男児の父に対するものを「エディプスコンプレックス」とし、ユングはそこから女児の母に対するものを「エレクトラコンプレックス」と分けたが、フロイトはそれを認めていない。

第8章 破

教科書じゃ足りない 近代的理性の批判

◆

佐藤 優

ニヒリズムや実存主義、精神分析学など現代においても重要な思想が登場するこの章は、現在の倫理の教科書で、執筆者のためらいが感じられる。定説への懐疑が生じているともいえよう。その意味で、大学の専門課程における標準的な教科書の内容とそれほど差がない。ここでは主に、18世紀の啓蒙思想からニヒリズムへの流れに焦点を当てることで、教科書の記述に揺れが生じる理由を考えてみたい。

■アルブレヒト＝リッチュル(1822~89年)
ドイツのプロテスタント神学者。ボン大学、ゲッティンゲン大学で教授を務めた。カント、シュライエルマッハーの影響を受け、キリスト教の自立性を唱えた。

啓蒙思想について簡単に言えば、人間の理性に依拠して世界や人間を理解・認識すれば物事は解決する、という考え方だ。

その一方で、人間の理性と対になっている情念からの反発が生じた。理性を偏重するあまり、情念を切り捨ててよいのだろうか。人間には「熱い」ものが必要だ。これが**ロマン主義**だ。しかし、熱い情念だけでは、とりわけ社会制度を変更することはできない。ロマンだけでは、現実世界で物事が達成されることはないのだ。

ロマンは実現しない。この事実に直面したら、人はニヒリズムに陥る。図式的に整理すると、このような流れになる。注目したいのは、ニヒリズムの先に起きることだ。言い換えれば、ニヒリズムを超克しようとする動きが何を招いたのか、という点だ。

◆神なき世界を人はどう生きるのか

ニーチェの思想から考えてみよう。ニーチェは哲学者であると同時に神学者でもあった。ニーチェは、ルター派の神学者、**アルブレヒト＝リッチュル**の

■『ツァラトゥストラかく語りき』
（ニーチェ、佐々木中訳、河出文庫）

■『悲劇の誕生』
（ニーチェ、秋山英夫訳、岩波文庫）

影響を受けている。リッチュルは自由主義神学者で、人間の理性と科学の進歩によって、この世に神の国を創ることができると考えていた。しかし、当時の神学の最高峰を学んでいたニーチェは、「神の国」が実現するとは考えていなかった。それが後の著書『**悲劇の誕生**』につながる。

無神論者にしてニヒリストとしてのニーチェの思想は、「神は死んだ」という言葉に集約されている。では、神なき世界を人はどう生きるのか。それを提示したのが『**ツァラトゥストラはこう語った**』だ。

神が死んだことを悟ったツァラトゥストラは人々に「超人」となるよう説く。そのたとえとして出てくるのが、教科書にもある精神の三段の変化だ。①権威や伝統に従うラクダのような忍耐心。②それに立ち向かう獅子のような強さ。③幼児のような純真さ。このような精神の変化を遂げた存在が、ニーチェの言う超人だ。

しかし、このような変化は普通の人間にできるものではない。しかし、「あの人ならできるのではないか」という期待が醸成されていく。それが**アドルフ＝ヒトラー**の登場につながっていく。ワイマール憲法下でドイツ国民がそのような人物を自分たちの指導者として選んだプロセスを、当時の新しい思想からもしっかりたどっていくことが必要だ。

この流れを江戸時代以降の日本に当てはめれば、石田梅岩《ばいがん》や二宮尊徳の通俗道徳が啓蒙主義に当たる。「努力すれば報われる」という教えだ。しかし、それは実現しない。日本の場合、その反動はロマン主義に向かわず、神がかり型の新宗教として現れた。1930年代に入り、新宗教のエネルギーは、国家総動員体制に組み込まれていく。

現代においても、啓蒙的理性から**ニヒリズム**への流れを認めることができる。合理性に貫かれた新自由主義は、啓蒙的理性の系譜にある。しかしそこにおいても、「起業するには熱い情熱が必要だ」といったロマン主義的言説が聞かれる。そのような言説は起業に成功した人が結果論として述べているに過ぎず、熱い情熱だけで起業できるはずがない。一方で、相手を論破したり、冷笑したりという態度がもてはやされることのマイナス面も大きい。弁証法のような議論を重ねて高みにあがろうという発想が知的作業には不可欠だ。ニヒリズムに染まる社会は危険と思う。

◆高すぎるハードル設定の先

ニーチェの思想に大きな影響を与えたとされるのが**ショーペンハウアー**だ。啓蒙思想は理性によって、隅々まで光が届く理想社会を作ることが可能だと考える。つまり、**上昇史観＝進歩史観**だ。しかし、進歩史観で世の中を捉えられたのは人類史の中でも特殊な時代だった。圧倒的に多いのは、「**下降史観**」といって時間が経てば経つほど世の中がどんどん悪くなっていくという、仏教でいえば、正法、像法、末法のような歴史観だ。

ハイデガーが言う「死の先駆」は、自分から死へ向かって走ることによって、自己の生を自覚せよ、というぐらいの意味だ。簡単に言えば、死を克服する人間になれ、ということだ。しかし、死の克服は誰にでもできるものではない。ニーチェの精神の三段の変化と同じで、自分にはできないが、「あの人ならできるのではないか」という高すぎるハードル設定は、やはりアドルフ＝ヒトラー登場への道へつながっていく。

実際、日本で戦前に刊行された少年少女向けの本では、ヒトラーは「世界に平和をもたらすために最後の戦争をする偉人」として描かれていた。本の結びは、ドーバー海峡に向かって「次はイギリスだ。イギリスさえ制圧すれば世界の平和は実現する」と、ヒトラーは決意するのでした、というものである。

◆独我論としての現象学

フッサール思想の中核をなすとも言える、「エポケー」とは、世界の実在性に対する判断停止のことであるが、その先を考えてみたい。哲学の立つ位置は二つだ。思考のスタート地点は独我論か不可知論しかない。どちらが正しいということではなく、どちらを選択するのかという問題だ。独我論は定説を前提に議論を進める。不可知論は「AもBもあり、何が本当なのかわからない」ということが前提とされる。一般的な学問は不可知論に立っている。

現象学は独我論の範疇に入る。自分をとりまく外界（世界）があるのかどうか。そこは考えないことにしようというのがエポケーだ。その判断を停止したとしても、私は何かを知覚している。「青い空」「白い車」「黒いスマホ」……、少なくとも私がそのように知覚したことは間違いない。では私の中の、どのような意識

■**ナラティブ**(narrative)

物語、語りを意味する英語表現。主に臨床心理分野で使われていた概念・手法で、患者自らが語ることによって、さまざまな気づきがもたらされ、快方に向かうことが期待される。現在では、教育、医療、マーケティングなど幅広い分野で使われている。

作用によって、目に映ったものを「青い」「空」と意味を与えることができるのか。このように自分の意識に上った事物という確信に基づいて考察を深めていく。しかし、それは間違えているかもしれない。つまり、真実はあるが、真実は複数ありうるということを念頭に置いて議論を展開するのが独我論だと言える。そこがフッサールの現象学の興味深いところだ。ハイデガーやヤスパースは読まれなくなっても、フッサールに立ち返る研究者は多い。

◆精神分析学

精神分析学は、これまでの哲学の流れとは別の学問だろう。**フロイト**と**ユング**は同じものを見ていたのに、両者の見え方は異なっていた。それは異なる物語を語っているからだ。精神分析学は、自分の経験や視点に基づいて事物について語る。同じ物事を経験しても、人によって物語が異なる。つまり、**ナラティブ**を争う学問だ。現在、マーケティングの分野においてもナラティブが重視されている。その意味で、精神分析学は21世紀を先取りしていたとも言える。

すると、前章までのドイツ観念論や功利主義と、この章で取り上げられている

■カール＝バルト(1886~1968年)

スイスのプロテスタント神学者。1930年代、ナチス＝ドイツに対する抵抗運動を主導した。戦後も西側の核武装に反対するなど反戦平和活動にも積極的に取り組んだ。バルトの神学はフランクフルト学派の批判理論、解放の神学、遺伝子工学など他分野にも多大な影響を及ぼした。主著『教会教義学』(邦訳で全36巻)。

諸思想とは大きな断絶があることがわかる。これまでに提示された哲学上の諸問題は一定の解決ができているということだ。ミネルヴァのフクロウが夕闇を待って飛び立ったわけで、思想の全体像を描くことができる。ところがこの章以降、現在に至るまで何度か夕闇が来たと思ったことはあったものの、それは「思い違い」だった。この章の冒頭でも述べたが、それが教科書の記述の揺れになっているのだと思う。

では、思い違いのもとはどこにあったのか。それは、**第一次世界大戦とは何だったのか**について、本当の意味では総括できていないことと関係があると筆者は考えている。

啓蒙的理性はロマン主義的な反動を抱えつつも人類を進歩させている。科学技術の発展によって理想的な社会が到来する。未開地域も植民地経営によって文明化していく。これが当時の先進国エリートのコンセンサスだった。

ところが、1914年、セルビアの民族主義者がオーストリア＝ハンガリー帝国の皇太子夫妻を暗殺したことで世界は変わった。単純に見れば殺したほうが悪い。殺されたほうは当時の超大国、殺したほうは弱小のセルビア王国。戦争にな

■**弁証法神学**

第一次世界大戦後、ドイツとスイスを中心に起きたプロテスタントの神学運動。近代科学の進展、啓蒙主義の浸透により、人間の都合に合わせて神は天上から人の心に引き下ろされた。神を再び天に上げ＝超越的存在である神をいかに人の言葉で語りうるかを追求した。

ればあっという間に決着がつくはずだった。しかし欧州各国が結んでいた同盟は戦争を抑止する方向に機能せず、同盟に基づいて欧州列国敵味方に分かれて参戦する大戦になってしまった。人類は初の大量殺戮と、銃後の国民も戦争に動員される総力戦を経験した。

未曾有の経験を人類はどう受け止めればいいのか。第一次世界大戦後、**カール＝バルトの弁証法神学**（危機の神学）、ヤスパースの実存主義が生まれ、芸術面でもキュビズム、表現主義、シュールレアリスムなど新たな表現が世に問われた。

物理学では量子力学が確立し、数学では、数学基礎論やコンピュータ科学の基本となるゲーデルの不完全性定理が発表された。

フロイトやユングが始めた精神分析学が主流になったのも、第一次世界大戦後のトラウマの研究と密接な関係がある。

それまでの学術、芸術とは連続性のない思想や表現がこの時期に提示されたこと自体、第一次世界大戦が人類史の断絶を思わせるほどの衝撃だったことを物語っている。

◆第一次世界大戦の衝撃がない二つの国

一方、第二次世界大戦では、アメリカという啓蒙的理性がプラグマティズムと結びついた国が勝利した。それは極度に高い工業生産力と結びついたもので、「正義は勝つ。力は真理」というシンプルなものだった。

対抗的にソ連を中心とした社会主義国の存在があったものの、ソ連崩壊によって社会主義は終わったことになった。結局は理性的で物量があれば勝てる、ということで「歴史の終わり」が唱えられた。それは言い換えれば、18世紀の思想の勝利だ。この時点でミネルヴァのフクロウが飛び立つ条件がそろったかのように思われたが、9・11を契機に世界は混乱と複雑さを増しながら現在に至っている。歴史は終わらなかったのだ。

そこで改めて歴史を振り返ると、直近で整理されていないのが、第一次世界大戦といえる。第一次世界大戦の原因についてはいまだに定説がない。歴史的な位置づけが定まらないのだから、第一次世界大戦後の思想の整理が進まないのも無理はない。

ここで興味深いのは、アメリカも日本も第一次世界大戦のインパクトを感じていないという点だ。第一次世界大戦の衝撃が薄いまま、第二次世界大戦後の覇権国家となったアメリカにとって、9・11の経験とその後の社会の分断は、第一次世界大戦で欧州が受けた衝撃とその後の混乱に類似する。

それから23年、中国の習近平国家主席、ロシアのプーチン大統領、トルコのエルドアン大統領など権威主義的な指導者が目立つようになった。民衆が危機を克服してくれる「超人」を待望しているのかもしれない。トランプ氏に対する、アメリカ国民の無視できない部分の心を摑んでいることもこの文脈で理解すべきと思う。

既に指摘したようにアメリカと共に、日本も第一次世界大戦の衝撃が薄い。戦前の平凡社『大百科事典』を見ると、第一次世界大戦は「欧州大戦」と表現されている。別の項目では「日独戦争」とある。

つまり、当時の日本は世界大戦に参加したという意識がなく、極東でドイツと戦ったという程度の認識だった。日本にとって第一次世界大戦級の衝撃に該当するのは、第二次世界大戦での敗北だ。

第二次世界大戦が日本にとっての歴史の分水嶺であり、戦後、思想的には「顕教」として自由主義を受け入れた。そのために「密教」化した戦前の思想との相剋がその時々の濃淡はあるものの続いている。

第9章

ヒューマニズム

〔人道主義〕

第9章 守

教科書が教える
ヒューマニズム〔人道主義〕
◆
伊藤賀一

これまで数々の思想家を見てきましたが、思ったり書いたり発言したりするだけでなく、「実際の行動に移す」ことはなかなか難しいものです。ヒューマニスト〔人道主義者〕と呼ばれる人たちは、人生をかけて実際に行動した人です。予備校や高校で授業していると、この単元になってようやく、倫理という科目にきちんと興味を持ってくれる生徒さんは多いです。それまでの範囲を一気に見直して得意になり「文学部行きます」と言い出す猛者もいるほどで、講師としては助かっています。現代の若者の胸を打つ偉人たちを、さあ、見ていきましょう。

1 現代のヒューマニズム〔人道主義〕

ルネサンス期のヒューマニズムは、ギリシア・ローマの古典を研究することで人間性を取り戻そうとする**人文主義**でした。これに対し、**現代のヒューマニズム**は**人道主義**と訳されます。

人道主義は、暴力・抑圧・束縛・社会の不正などの非人間的な状況にある人々に対し、擁護して人間の尊厳を守ろうとする考え方です。ヒューマニスト〔人道主義者〕たちを見ていきましょう。

2 欧米のヒューマニストたち

①シュヴァイツァー

シュヴァイツァー（1875〜1965年）は、ドイツと**フランス**の国境地帯

■ヒューマン○○

「ヒューマンドラマ」は「人文ドラマ」ではなく「人道ドラマ」という意味。手塚治虫の漫画『ブラック・ジャック』は、「少年チャンピオンコミックス」（単行本）のジャンルは当初「恐怖コミックス」でスタートしたが、途中巻から「ヒューマンコミックス」となっている。さもありなん。

であるアルザスに、**ドイツ人プロテスタント牧師の子**として生まれました。神学・哲学を修めて大学講師を務め、パイプオルガン奏者としての名声もありましたが、それらを捨て、30歳で医学の道を志します。彼は、学生時代の21歳の時、「20代は学問と芸術に生きよう。そして、30代からは**人類への直接の奉仕**に身を捧げよう」と決めていたのです。

その後、38歳で妻を伴い**赤道アフリカ**（現在のガボン）に渡り、約50年間、**医療**活動とキリスト教**伝道**に生涯を捧げました。「**密林の聖者**」と呼ばれ、1952年に**ノーベル平和賞**を受賞している、西洋で最も有名な代表的偉人の一人です。

シュヴァイツァーは、「あらゆる生命は**生き続けようとする意志**をもつものである」と考え、そこから「**生命への畏敬**」、つまり生きるものすべてに対し愛と尊敬の気持ちをもって行動するべきであるとしました。

ただし、この「生命の畏敬」には非常に難しい問題が付きまといます。人間は、生きるために畑を荒らす害虫を駆除したり、動物や魚を食べたりするからです。

■シュヴァイツァーの著書

『水と原生林のあいだに』『文化と倫理』がある。また、『バッハ』を出版するなど音楽家バッハの研究でも知られる。

シュヴァイツァーは、命を保持し、成長させるものは**善**と考えますが、逆にどんな理由であれ、生命を奪ったり傷つけたりすることは**悪**と考えたので、人間はこの葛藤の中で、他の生命に対する責任感をもって決断し、行動していくしかないと説きました。

②マザー＝テレサ

マザー＝テレサ（1910〜97年）は、旧ユーゴスラヴィア（現在の北マケドニア）に生まれました。18歳でカトリック修道女となって**インド**に派遣され、教育や宣教活動に従事しました。コルカタの貧民窟（スラム）に入り、子どものための青空教室などを始めた後、貧困や病気で死にそうな状態にあり、見捨てられた人々のための「死を待つ人の家」と名付けたホスピスや、孤児院「子どもの家」、ハンセン病患者のための「平和の村」などの施設を設立したのです。「聖女」と呼ばれ、1979年には**ノーベル平和賞**を受賞しています。

テレサは、「最も貧しい人々にこそ尽くすべきである」という思いから、最貧

■聖テレサ

2003年にはカトリック教会から福者に、16年には聖人に列せられている。

■サルトルの遠戚

シュヴァイツァーの伯父は、幼くして父を亡くしたサルトルを育てた祖父。シュヴァイツァーが30歳年長だが2人は親戚である。

困層への支援などに生涯を捧げました。彼女は、「**この世の最大の罪は無関心である**」という言葉を残しており、**無関心**がもたらす孤独感こそが最貧困層の苦しみの本質であると考えました。そして、この罪を無くすには、他者の人間としての尊厳を認めて愛するしかない、とキリスト教精神に基づく愛と憐み〔ピエタ〕を世界に呼びかけ、自ら実践しました。

③キング牧師

キング牧師（1929〜68年）は、アフリカ系プロテスタント牧師の子として**アメリカ**のジョージア州に生まれ、フルネームは**マーティン＝ルーサー＝キング＝ジュニア**といいます。

学生時代にガンディーの非暴力主義に触れて大きな影響を受け、後に黒人差別の根強いアラバマ州の教会に牧師として赴任し、**黒人解放運動の指導者**となりました。

アメリカでは、移民が開拓していく過程でアフリカ各地から黒人奴隷が送り込まれ、激しい差別が続いていました。南北戦争（1861〜65年）中の1863年

■インドの聖女

彼女はキリスト教を強制することはせず、個人個人が信じる宗教や望む方法で介護した。また、貧民窟の人々が親しみを感じられるように、常にインドの民族衣装サリーを修道服として着ていた。以上のようなこともあり、テレサはヒンドゥー教徒が多いインドでも尊敬を集めた。

にリンカン大統領が行った奴隷解放宣言も、形式的なものにすぎなかったのです。

1955年、モンゴメリー市の公営バスの黒人優先席に座っていた黒人女性ローザ＝パークスが、後から乗車してきた白人に（混んできたため運転手が白人優先席に変更した席を）譲らなかったため、市の条例違反で逮捕されました。

これをきっかけに、26歳のキング牧師らが公営バスの乗車を拒否する「**バス＝ボイコット運動**」を呼びかけます。当時、バスの主な利用者は黒人だったので、乗客が激減して運営元である市の財政状況は悪化します。そして、1年以上のボイコットを経て、ついに連邦最高裁判所で、モンゴメリー市の差別政策を違憲とする判決が出されました。暴力ではなく、**直接行動**によって運動は成功を収めたのです。

この成果を受け、キング牧師が主導者となって、選挙権獲得や差別撤廃を求める**公民権運動**が盛り上がっていきます。

1963年、34歳のキング牧師が主導し、全米から20万人以上の支持者が首都の記念塔広場に集結する「**ワシントン大行進**」を実施し、公民権運動の成功を祈りました。ここでキング牧師は「**私には夢がある**（I Have a Dream）」の一説で

■マルコムX（1925～65年）

ともに暗殺されたこともあり、キング牧師とよく対比されるのが、４歳年上のマルコムX。非暴力と黒人・白人の融和策を批判する急進的な黒人解放運動の指導者で、イスラーム教徒。

有名な演説を行い、参加者だけでなく世界中に深い感動を与えました。

このような活動の結果、1964年に公民権法が制定され、公的な機関・場所における人種差別が禁じられることになり、彼は同年に**ノーベル平和賞**を受賞しました。そしてその後もベトナム反戦運動などに身を投じますが、1968年の演説中、白人男性に暗殺されてしまいます。

④その他の重要人物

●**トルストイ**（1828～1910年）
ロシアの作家、思想家。『戦争と平和』『アンナ＝カレーニナ』などで知られる文豪です。同時に、キリスト教的隣人愛や非暴力主義を唱え、後のロマン＝ロランやガンディーらのヒューマニズム運動に大きな影響を与えました。

●**ロマン＝ロラン**（1866～1944年）
フランスの作家、平和運動家。小説『ジャン＝クリストフ』などが有名です。
実際の行動を伴う「戦闘的ヒューマニズム」の立場に立ち、第一次世界大戦中に

■**ドストエフスキーとトルストイ**
ロシアが誇る世界的な二大文豪だが、じつはドストエフスキーが7歳上。老人然とした代表的な肖像写真のせいか、トルストイの方がずいぶん年上に見える。

は中立国スイスに亡命して反戦活動を行いました。第二次世界大戦時にはフランスに帰り、ドイツに対する反ファシズム運動に身を投じます。

●**バートランド＝ラッセル**（1872〜1970年）

イギリスの平和運動家、哲学者、数学者。ドイツ生まれの理論物理学者アインシュタイン（1879〜1955年）らとともに、1955年、核戦争による人類破滅の危険性を警告する**ラッセル・アインシュタイン宣言**を発しました。

1957年には、核兵器と戦争の廃絶を目指す科学者たちによる**パグウォッシュ会議**をカナダで開催するなど、核兵器廃絶運動・平和運動に積極的に取り組みます。

●**アンネ＝フランク**（1929〜45年）

第二次世界大戦中、15歳でナチス＝ドイツによる**ホロコースト**〔**ユダヤ人虐殺**〕の犠牲になった少女です。強制収容所で病死し、家族では父だけが生還しています。

■**アンネ**

かつて生理用品を製造・販売していたアンネ株式会社（現在はライオン＆ユナイテッド製薬と合併）の社名は、『アンネの日記』から命名された。長らく“穢れ”とされていた月経をアンネが“甘美な秘密”と記したことが、会社の目指す月経観と合致していたため、女性の創業社長が提案した。

オランダのアムステルダムの隠れ家で2年間を過ごした彼女は、国家が侵略戦争で領土・資源を奪い合う中で、人は互いに助け合い、幸せを**分かち合う**ことで豊かになれるという信念を捨てませんでした。今も世界中で読まれる**『アンネの日記』**やエッセイ・童話を書き残しています。

3 他地域のヒューマニストたち

①ガンディー

「インド独立の父」ガンディー（1869〜1948年）は、**イギリスの植民地**だった**インド**の裕福な家に生まれ、ロンドンに留学して弁護士になりました。その後、商社の顧問弁護士として南アフリカに渡り、アパルトヘイト（人種隔離政策）による差別を自ら経験して衝撃を受けました。以後、約20年にわたり差別撤廃を求める**非暴力抵抗運動**を指導し、一定の成功を収めます。

そして1915年、**インドに戻り、イギリスからの独立運動を主導**しま

■ガンディーの非暴力主義

彼は、間違った手段で達成された目的は正しい結果を生まないと考えた。また、支配層に対しても人間性を深く信頼していた。

した。1930年の約380キロに及ぶ「塩の行進」などを経て、第二次世界大戦戦後の1947年、独立は達成されるも、ヒンドゥー教を主体とするインド、イスラーム教を国教とするパキスタンと東パキスタン（のちのバングラデシュ）に分裂してしまいます。彼は、ヒンドゥー教徒とムスリムの融和を図りますが、1948年、過激なヒンドゥー教徒の青年に暗殺されました。

人間性を深く信頼したガンディーは、**サティヤーグラハ**〔**真理の把握**〕を根本理念とし、**ブラフマチャリヤー**〔**自己浄化**〕と**アヒンサー**〔**不殺生**〕を説きました。

ガンディーは、「**スワラージ**〔**自治・独立**〕」「**スワデーシ**〔**国産品愛用**〕」をスローガンに、**非暴力・不服従**の態度でインド独立運動を指導して独立を達成し、その功績を称え「**マハトマ**〔**偉大なる魂**〕」という尊称でも呼ばれています。生前に5度も候補になりましたが、ノーベル平和賞は受賞していません。

②その他の重要人物

●孫文（1866〜1925年）

■自己浄化と不殺生

ブラフマチャリヤーは、欲望を精神力で制御すること。アヒンサーはあらゆる生命を傷つけたり殺したりしないこと。

中国の民族主義者、革命家。清王朝による封建的支配と列強諸国の進出に苦しむ中国において、民族主義（清王朝打倒と漢民族の独立）・民権主義（人民主権の共和国建国）・民生主義（生活向上のための社会問題の改善）の「**三民主義**」を唱えました。彼は、1911年、アメリカ滞在中に辛亥《しんがい》革命が起きると帰国して清を倒し、1912年にアジア初の共和国である**中華民国を建国**して「**中国革命の父**」と呼ばれています。

●宮沢賢治（1896〜1933年）

岩手県出身の童話作家・詩人・農業指導者。科学的な精神と仏教信仰の下に、人・動物・植物など、すべての命あるものは、銀河系の大きな命の輪の中でつながっていると考えました。彼は、すべての命あるものを同胞と捉え、「**世界ぜんたいの幸福**」を目指す道を歩もうと呼びかけました。彼の小説『風の又三郎』『銀河鉄道の夜』『グスコーブドリの伝記』、詩集『春と修羅』などには、人と自然の共存の倫理、人と人との共生の倫理が現れています。

■孫文を支援した日本人

のち第29代内閣総理大臣となる犬養毅（1855〜1932年）は、中国から亡命した孫文に屋敷を斡旋するなど献身的に支援した。この犬養の曾孫は、20世紀末の10年間にわたり国連難民高等弁務官を務めた緒方貞子（1927〜2019年）。

●**杉原千畝**《ちうね》（1900〜86年）

岐阜県出身の外交官。第二次世界大戦中の**駐リトアニア領事代理**。ナチス＝ドイツの迫害を逃れるため亡命しようとする**ユダヤ系ポーランド人の難民たちに、日本通過ビザ**〔**査証**〕**を発行**しました（＝「**命のビザ**」）。同盟国だったドイツとの関係を考え、日本の外務省はビザ発行に反対しましたが、彼は、約6000人のユダヤ人の命を救い、戦後、外務省から追放されています（のち名誉回復）。

●**マンデラ**（1918〜2013年）

南アフリカ共和国の**アパルトヘイト**〔**人種隔離政策**〕**反対運動**の指導者。国家反逆罪で1964年から1990年まで27年間投獄され、釈放された翌年、アパルトヘイトの根幹となる人種登録法・集団地域法などの撤廃に成功しました。1993年には白人のデクラーク大統領とともに**ノーベル平和賞**を受賞しています。

そして1994年、初の全人種が参加した総選挙で**大統領**に就任し、副大統

■「日本のシンドラー」

杉原は、約1200人のユダヤ人の命を救ったドイツ人実業家シンドラーとともに、イスラエル政府から表彰されている。

領となったデクラークとともに**アパルトヘイトを完全撤廃**しました。

●中村哲《てつ》〔1946〜2019年〕

福岡県出身の医師。**アフガニスタン**に渡り、NGO〔非政府組織〕**ペシャワール会**の代表として、診療所の開設や医療従事者の育成、灌漑用水路の建設などを行いますが、2019年、凶弾に倒れました。

●マララ＝ユスフザイ〔1997年〜〕

パキスタンの人権運動家。少女ながら**女子教育の権利**を訴え、2012年にイスラーム過激派武装勢力に銃撃されましたが一命をとりとめました。2014年、史上最年少の17歳でノーベル平和賞を受賞しています。

4 ボランティアの精神

日本でも1995年の阪神・淡路大震災後に活発となった**ボランティア**は、「自

■「カカ・ムラト」

中村はアフガニスタンから名誉市民権を授与され、「カカ・ムラト〔ナカムラのおじさん〕」と呼ばれる。

らの意志によって自発的になされる行動」というような意味です。ただし、ボランティアは、自らの意志に基づく**自主性**だけでなく、他者と連帯する**社会性**、見返りを求めない**無償性**の要素もあります。そもそも人間は**相互依存の関係**の中で生きているからです。

2011年の東日本大震災や2024年の能登半島地震の例を持ち出すまでもなく、今や、福祉・環境問題・災害の救援活動・国際支援など、国や地方公共団体の行政には、**NPO**〔**非営利組織**〕や**NGO**〔**非政府組織**〕の協力が欠かせないものとなっています。国内の自衛隊や消防署はもちろん、国際連合などの国際機関も、これらと連携をとっています。

代表的な国際NGOには、「良心の囚人」と呼ばれる政治犯・思想犯の釈放を主な目的とする**アムネスティ・インターナショナル**〔AI〕、緊急医療・看護を行う**国境なき医師団**〔MSF〕、対人地雷の製造と使用の廃止を目的とする**地雷禁止国際キャンペーン**〔ICBL〕の他、マイクロファイナンスのグラミン銀行、開発援助のセーブ・ザ・チルドレン〔Save the Children〕などがあります。

■**グラミン銀行**

バングラデシュのマイクロファイナンス機関（＝無担保で少額融資を行う）。創始者はムハマド＝ユヌス。2006年、創始者とともにノーベル平和賞を受賞している。

第9章 破

教科書じゃ足りない ヒューマニズム〔人道主義〕

◆

佐藤 優

ヒューマニズムに関しては、まず、個々のヒューマニストの思想的特徴を押さえていこう。具体的には、シュヴァイツァーやマザー＝テレサ、キング牧師、ガンディーなどの思想だ。その上で、ヒューマニズム全体を概観する。なぜならば、キリスト教思想と縁の薄い日本人が思い描くヒューマニズムとは異なるヒューマニズム像を可視化できるからだ。それは現在において人間を理解しようとするときにも役に立つ見方となる。

まず、**シュヴァイツァー**について見ていこう。フランスとドイツの間で争奪戦が続いてきたアルザス地方に、プロテスタントの牧師の子として生まれた。当時はドイツ領で、シュヴァイツァーはドイツ国籍を選択している。彼が神学を学んだストラスブール大学には神学部があった。フランスの大学はフランス革命以降、宗教と教育が分離されている建前で、国立大学に神学部はない。

フランス革命前までのフランス、ドイツは現在もそうだが、総合大学かそうでないかは、神学部の有無で決まる。神学部がない大学はすべて高等専門学校とみなされる。それは文学を含めすべての学問は実学と考えられていて、神学だけがその外側にあるからだ。いわば「虚」の部分を神学が担っていて、虚実の両方がないと総合知にならないと考えられているのだ。

フランスの国立大学で神学部が存在するのはストラスブール大学だけだ。その意味でストラスブール大学はフランスの中で古いヨーロッパの学知が残されていると言える。

したがって、この地域の人々は複雑なアイデンティティを持ち、ドイツ人でもフランス人でもない、「ヨーロッパ人だ」という意識が強い。

◆ヒューマニストを生む土壌

シュヴァイツァーは天才肌の人物で、オルガニストとして、またバッハ研究者としての業績も大きい。神学の面では18世紀末から19世紀の啓蒙主義と実証主義の影響を受け、史的イエスの研究に取り組んだ。歴史上の人物としてのイエス研究は約100年にわたり、聖書の分析や文献解読や考古学的アプローチを通じてなされており、その最終的な結論を出したのがシュヴァイツァーだった。

1世紀においてパレスチナにイエスという青年がいたことは実証できない。他方、不在も証明できない。蓋然性の問題だとし、学術的な意味での神学においては、イエスの存在を前提にキリスト教を論じることはできないという結論を出している。この結論は現代神学の前提になっている。

教科書では、シュヴァイツァーを、赤道アフリカ（現在のガボン）で医療活動とキリスト教伝道に生涯を捧げた「密林の聖者」として記述しているが、アフリカでは評判がよくない。シュヴァイツァーは白人優位主義で白人文化を上に置き、現地人を見下していたからだ。

マザー＝テレサは現在のマケドニア共和国スコピエの生まれ。母親はアルバニア人で、父親はルーマニア人と少数民族アルーマニア人の系統だ。マザー＝テレサが生まれた当時のマケドニアの宗教分布は、約7割がイスラム教徒で、2割がアルバニア正教徒、1割がカトリック教徒だった。

こうした中からヒューマニストが出てくるというのは興味深い。少数派ゆえに、偏見を持たれることもあれば、差別を受けることもある。アイデンティティを自問せざるを得ない経験から、「人間とは何か」を考え、負の連鎖を止めようと志す人が現れるといえよう。

◆非暴力の強靭さ

キング牧師については、名前から話そう。最初はマイケル＝ルーサー＝キングだった。それを、マーティン＝ルーサー＝キングに変えたのは、宗教改革者のマルチン＝ルターを念頭に置いてのことだ。自分は改革者になるという強い思いの表れだった。

キング牧師には女性問題や博士論文盗用疑惑などが付きまとうが、当時の黒人

■憲章77

1977年、チェコスロバキアの知識人たちが同国の言論、思想、信条の自由など基本的人権が損なわれていることを詳らかにした文書。文書の呼びかけ人は、カレル大学教授パトチカ、劇作家ハヴェル、元外相ハーイェク。署名者は242人。憲章77は当局の弾圧を受けたが、68年の民主化運動の理念を継承した反体制組織として存続。89年のビロード革命へ。

と白人の学力差から言えば、黒人が博士号を取るのは難しく相当な無理を重ねざるを得なかった側面がある。それでもキング牧師が高く評価されるのは、黒人解放運動において、もう一方の極に急進的な**マルコムX**の存在があったからだ。

体制側からすれば、暴力的な運動でアメリカ社会を混乱させるマルコムXよりも、キング牧師が主導する非暴力で合法的な公民権運動のほうが社会統合にはプラスになると考えられた。

さらに暴力的な解放闘争と非暴力的な解放闘争を比べると、中長期的には非暴力運動のほうが成功している。暴力闘争は運動側にも体制側にも行き過ぎが生じ、次第に共感を得られなくなる。そして暴力闘争は権力を持っているほうが強いから、第三国による支援でもない限り、抵抗する側は勝てない。

1956年のハンガリー動乱と1968年のプラハの春を比べてみよう。ハンガリー動乱の場合は武装闘争となり、ソ連軍に鎮圧された。プラハの春の場合、当時のドプチェク政権は徹底した非暴力抵抗運動を訴えた。その非暴力の姿勢が、チェコスロバキア国内での異論派（ディシデント）運動「**憲章77**」（1977年）を存続させた。そして「憲章77」を母体に結成された「市民フォーラム」が中心となり、流血の事態を回避したビロード革命を1989年に実現させた。

現在のウクライナ戦争においても、ロシアの侵攻に対し、ウクライナ側が非暴力不服従に徹していたら、局面は変わり、国際的な非難と制裁で、ロシアはかなり追い込まれたと思う。

インドの独立運動を指導した**ガンディー**の強さも徹底した非暴力にあった。弱者と強者の闘争において、弱者が勝つ闘争は非暴力闘争だ。

ガンディーに影響を与えたのが、ロシアの作家・思想家の**トルストイ**だ。非暴力主義を唱え、晩年の小説『復活』は、ロシアで弾圧を受けていたドゥホボール教徒の海外移住のための資金稼ぎのために書いた。ドゥホボール教徒は絶対平和主義者で受動的抵抗権も認めていない。つまり、誰かが殺しに来たら殺されてしまえという教義に従う人々だ。彼らはカナダに移住でき、現在も信仰を守っている人たちがいる。

◆解が出ない自己言及問題

ロマン＝ロランについて教科書に載っていない重要なエピソードは、第一次

■ツヴァイク(1881~1942年)

オーストリア生まれのユダヤ系作家、評論家。ロマン＝ロランの影響で第一次世界大戦に反対し、平和運動を行う。1934年、イギリスへ亡命。40年アメリカを経てブラジルに移住。伝記小説短編集『人類の星の時間』(みすず書房)、『バルザック』上下(中公文庫)など。

世界大戦中、中立国のスイスで当時の敵国オーストリアの作家**シュテファン＝ツヴァイク**と会い、ヨーロッパ人として今後の平和について話し合ったことだ。2人は利敵行為になるという理由で握手をしなかった。両者はフランス語圏とドイツ語圏の勇気ある非暴力主義者としてヨーロッパでは名前が知られている。

ラッセルは、多面的な顔を持った人物だ。平和運動家で哲学者で数学者であるとともに無神論者でもあった。ラッセルについて常識として知っておきたいのは、「ラッセルのパラドックス」だ。聖書にある「クレタ人はうそつきだとクレタ人は言った」という自己言及命題がそれにあたる。ラッセル自身が言ったのは「ある村の男を二つに分ける。自分で髭をそる人と、理容師に髭をそってもらう人。では理容師自身はどうなるのか」という問題だ。こうした自己言及問題は解が出てこない。今のAIにおいても、自己言及命題については判断ができない(自己判断ができない)という意味でラッセルのパラドックスは重要さを増している。

◆杉原千畝名誉回復の裏側

「命のビザ」で知られる杉原千畝《ちうね》は、戦後、外務省を追放されたが、2000年、名誉回復された。杉原の名誉回復を実現したのは、1991年当時、外務政務次官だった鈴木宗男氏だった。筆者もそのプロセスの当事者だった。

杉原はカウナス（リトアニアの当時の首都）の領事代理時代、人道的観点からユダヤ系亡命者に日本の通過査証を発行し、約6000人の命を救った。これは、ナチス＝ドイツとの同盟を重視する外務省本省の訓令に違反する行為だった。鈴木氏はこの史実に大きな感銘を受け、外務省の反対を押し切って、杉原夫人を外務省飯倉公館に招いて謝罪をした。

その後、バルト三国との外交関係を樹立するために政府代表として鈴木氏が派遣された。その代表団に在ロシア日本大使館から筆者も随行した。外務省本省からは、鈴木氏に杉原の件について踏み込むべきではないとの電報が来ていた。筆者も別の観点から、杉原の件を当時のランズベルギス・リトアニア大統領に提起すべきではないと考えていた。ランズベルギス氏の父親が第二次世界大戦中、親ナチス政権の閣僚でユダヤ人弾圧に手を貸した経緯があったからだ。しかも91年時点では、ランズベルギス氏を中心とするリトアニア民族主義者とユダヤ人団体との関係も複雑だった。そのような事情を鈴木氏に説明したが、鈴木氏は「ランズベルギス氏はソ連と徹底的に戦って、独立を導いた人だ。そういう人ならば、杉原さんの気持ちはわかるよ」と答えた。通訳は筆者が務め、ランズベルギス氏は杉原のエピソードに感銘を受け、カウナスの旧日本領事館の視察日程を組むことと、ビリニュス（現リトアニアの首都）の通りの一つを杉原通りと改名することをその場で約束してくれた。

この話には後日談がある。杉原のエピソードがイスラエル、イギリス、アメリカで高く評価されるようになったら、外務省は態度を豹変させ、杉原の名誉回復はわが省が率先して行ったという話になった。政治においては都合次第で物語が作られていく。

◆ボランティア国家・日本

教科書には載っていないが、日本は1940年から1945年まで、「ボランティア国家」だった。近衛文麿内閣の下で組織された大政翼賛会の「翼賛」とは、ボランティアのことだ。翼賛は自発的に力添えをして天子を助けるという意味で、強制性はない。

政党は、私利私欲による政党の対立を自発的に解消して翼賛会に加入し、各種労働団体も解散して産業国会として一本化した。隣組もその一種だ。自発的で見返りを求めない、無私の精神、滅私奉公で成り立つ共同体だ。この文脈でのボランティア精神は日本にはもともとあるということだ。

今回改訂された高校の教科書には、ボランティアの項目が設けられている。自発的に動くということの思想性に注目するべきだと筆者は考えている。

代表的な国際ＮＧＯとして、教科書ではアムネスティ・インターナショナルが取り上げられている。主要な活動の一つが、死刑廃止だ。戦後、死刑廃止の中心になったのはドイツだ。１９８７年、東ドイツで死刑が廃止された。

ただ、西ドイツにおける死刑廃止は、一般的な人権擁護の理念とは意味が異なる。ドイツではナチスが政権を獲ってから、ほとんどの人間がシステムとしてナチに組み込まれていた。そこに厳格に刑法を適用したらほとんどのエリート層が死刑になってしまう。それでは国家の再建ができない。だから死刑を廃止したという経緯がある。

死刑を廃止したヨーロッパ各国で何が起きているのかといえば、非合法の処刑だ。例えばイスラム過激派のテロリストが逮捕されたとする。すると裁判を政治闘争の場として宣伝に利用し、新たなテロリストをリクルートする。ヨーロッパの刑務所は強制労働がなく、服役者は暇を持て余している。そこで軽犯罪者を教育して出所後にテロリストとして活動させる。刑務所がテロリスト養成所になっているのだ。それを阻止するには、現場でテロリストを殺すしかない。ほとんどのテロ事件で、犯人が現場で殺されていることからもそれがわかる。筆者は原則、死刑反対だが、内乱罪や外患誘致（外国が攻めてくるように仕掛ける）に対しては死刑を存置しておくべきだと考えている。

国家には生き残り本能があるから、死刑を廃止しても、国家の存亡に関わるリスクは非合法でも排除しようとする。そうなってしまっては、裁判が行われず、事件の真相が明らかにならないからだ。

◆教科書が教えないヒューマニズム

人間の見方は三つある。性善説、性悪説、そして無記だ。これは仏教において、人間は善でも悪でもない、世界は因果の法に支配されており、人間の行い次第で善悪が変化するという考え方だ。

日本人が人間について考える場合、無記で考えるか、性善説で考えることが多い。キリスト教では人間は原罪を持っているから当然、性悪説だ。ユダヤ教の場合はキリスト教ほどではないが、性悪説をとっている。イスラム教は無記だ。

キリスト教のように性悪説をとった場合、ヒューマニズムはすべて悪になる。神だけが悪とは無縁なのだ。キリスト教世界ではこうした考えを起点に人間を見る。したがって、自分が良心的なヒューマニストだと思っている人間は最もたちが悪いと見なされる。自分の悪がわからない（原罪に気づいていない）ことになるからだ。キリスト教徒である筆者の立場からは、今の教科書で書かれているヒューマニズムは、キリスト教のヒューマニズムとは逆方向の考え方で書かれているように見える。広島・長崎に原爆を投下したのも、アウシュヴィッツでユダヤ人を殺したのも人間だ。人間は性悪な存在と考えた方が現実に合致する。

第10章

脱近代主義〔ポストモダニズム〕思想

第10章 守

教科書が教える 脱近代主義〔ポストモダニズム〕思想

伊藤賀一

第一次世界大戦(1914～18年)後、他と違う意見は許されない、近代哲学の想定する「自由主義」思想とは程遠い「全体主義」思想が西洋世界で勢いを持ちました。そして、第二次世界大戦(1939～45年)以降、自由主義・資本主義の反〔アンチテーゼ〕としてのナチズムという右翼的全体主義・国家独占資本主義の失敗をいかに乗り越えるかが、西洋知識人の思想的課題になりました。まずは、二度の世界大戦で戦場となり、意気消沈したヨーロッパの近代思想〔モダニズム〕に批判的である多様な脱近代思想〔ポストモダニズム〕を見ていきましょう。

1 フランクフルト学派（20世紀）

フランクフルト学派は、第二次世界大戦（1939～45年）の直前、1930年代に「第一世代」が登場した思想家集団で、**ドイツ**のフランクフルト大学に設置された社会研究所を中心に、実存主義とは別の視点から**近代的理性を厳しく批判**しました（**＝批判理論**）。

彼らは、**なぜ「理性」が発達したはずの近代市民社会に、ヒトラーのナチス政権のような「野蛮」が発生したのか**、という問題意識を共有していました。そして、近代的理性は、その啓蒙活動により「自由と解放」ではなく「支配と管理」を人類にもたらし、野蛮に転落させた悪因だった、と考えました。

フランクフルト学派の大半はユダヤ系であり、市民社会が人間を秘かに支配するシステムと化していることに批判的で、マルクス主義（共産主義）とも関わりが深かったので、**ヒトラーが台頭した時期は、多くのメンバーがユダヤ人迫害を逃れるためアメリカに亡命**し、活動を続けました。

①ホルクハイマーとアドルノ〔「第一世代」〕

アメリカに亡命した**ホルクハイマー**（1895〜1973年）と**アドルノ**（1903〜69年）は、共著『**啓蒙の弁証法**』で、「**理性**」は自然を支配することで文明を進歩させる一方、その進歩は管理社会をつくり上げて人間を抑圧する「**野蛮**」に陥らせる、という見解を示しました。

「啓蒙の弁証法」とは、啓蒙主義的な人間の姿である「理性」は「野蛮」なあり方と対立するが、両者は止揚〔アウフヘーベン〕して高みに登ることはなく、転落してしまうという、「**逆向きの弁証法**〔**否定的弁証法**〕」という意味です。つまり、近代社会を振り返れば、文明の進歩は人類を人間らしい理性状態でなく、むしろ野蛮状態へ導いたと言わざるを得ず、**進歩が退歩に逆転された**、と考えたのです。

ホルクハイマーとアドルノは、近代の科学技術の進歩や産業社会の進歩に伴って、「理性はある目的に対する効率的な手段を判断・計算するだけの画一的な**道**

■野蛮への転落

ナチス＝ドイツによるユダヤ人虐殺〔ホロコースト〕は究極的な「新たな野蛮」。

具になってしまった」と考え、それを**道具的理性**と呼びました。そして、近代的理性と、その働きの産物ともいえる科学技術に対して、否定的な立場をとります。

さらにアドルノは、ナチズムの解明をテーマとした『権威主義的パーソナリティ』を著し、権威に弱く硬直した性格の人は、人種・宗教などに基づく偏見をもちやすく、人間を上下関係に序列づけて考える差別主義者となる傾向をもつとしました。そして、このような現代人の社会的性格「**権威主義的パーソナリティ**」の研究を進めました。

②フロムとマルクーゼ（「第一世代」）

●フロム

ホルクハイマーやアドルノと同じく**アメリカに亡命**した**フロム**（1900～80年）は、フランクフルト学派から出発してそこに**精神分析学を導入**し、のち新フロイト派に連なった独自の社会心理学者です。

彼は、権威あるものには無条件に服従し、弱者に対しては威圧的になる**権威**

■**道具的理性**

すなわち「自然を支配する道具と化した理性が、人間本来の自由をかえって失わせた」とした。

主義的パーソナリティが、ナチズムの温床になったと分析しました。

著書『**自由からの逃走**』では、現代人は束縛から解放され安定した自由な個人となったが、それゆえに耐えがたい**孤独・不安**に陥り、強力な指導者に隷属したり、全体主義的な社会に浸ったりすることによって自由から逃れ、楽になろうとする傾向をもつとしています。

近代以降、人間は「理性」を駆使して自由を獲得してきたはずですが、その自由は時に耐えがたいほどの重荷（＝孤独・不安・無力感）になることもあり、人々がそこから逃れようとして、新しい依存従属先を探してしまうと考えたのです。

彼は、このような「〇〇**からの自由**」を**消極的自由**と呼びます。そして、消極的自由が実現すると、独立心・合理性を土台に「〇〇**への自由**」という**積極的自由**を求めるようになると説きました。

●マルクーゼ

同じく**アメリカに亡命**した**マルクーゼ**（1898〜1979年）は、管理され

■フロムも「逃走」？

フロムは権威主義的パーソナリティの発見者。アドルノと対立し、フランクフルト学派を離脱している。

た社会の中で批判的な「理性」を喪失し、現状を肯定するだけになり果てた人間を「**一次元的人間**」と名付けました。そして、本来の人間的自由を阻害する現代社会を厳しく批判したのです。

③ハーバーマス(「第二世代」)

ホルクハイマー、アドルノ、フロム、マルクーゼら、アメリカに亡命したフランクフルト学派「第一世代」は、ナチス政権のような全体主義に陥った「**悪因**」を考えました。

それに対し、アメリカに亡命する必要のなかった「**第二世代**」の**ハーバーマス**(1929年〜)は、著書『コミュニケーション的行為の理論』などで、全体主義の「**防止方法**」まで提示しています。

彼は、多様化が進む戦後社会では、**討議**を通じて強制を伴うことなく**合意**をつくり出すことができると論じ、人間同士の対等で自由なコミュニケーション行為において働く**対話的理性**(**コミュニケーション的理性**)に目を向けました。そして、

■ハーバーマスの考え

西洋近代の価値観については、ナチズムという野蛮に堕落したのではなく、本来の理念を実現できていないのだと擁護している。

ホルクハイマーとアドルノが指摘した、画一的な道具的理性を排除した、万人が同意できる新たな社会システム「**公共圏**〔**公共空間**〕」の実現を模索・検討したのです。

ハーバーマスによれば、「理性」とは単に孤立した自我が科学技術に基づく効率的な成果達成や支配のための秩序〔＝**システム合理性**〕を追求する道具ではなく、本来的には日常生活において人々が理にかなったコミュニケーションを行う働きです。彼は、道具的理性をシステム合理性として捉え直し、形式的な手続きだけで物事の正当性が判断される硬直的な官僚制と、貨幣を媒介にした取引で人間関係が規定される経済主義が、人々の日常生活を支配するに至ったと考え、これを「**生活世界の植民地化**」と呼びました。しかし、「討議デモクラシー〔熟議民主主義〕」の可能性を信じ、対話的理性により対話を続け、これを克服することを主張しました。

人間は、結局のところ一人で生きていくことはできず、大小さまざまな社会集団に属しています。そしてどの集団も、多様な価値観が共存する場なのです。こ

■システム合理性

官僚制については、ドイツの社会学者マックス＝ウェーバー（1864～1920年）の研究を参考にしている。

の傾向は、今後ますます強まり、市民的**公共性**のあり方を問い直すことが必要になってきています。

ハーバーマスは、メディア〔コーヒーハウス・カフェ・新聞・雑誌など〕を通じ市民が互いに意見を交えることで成立したはずの近代社会の公共性は、労働と消費という経済関係を基盤にした新たな公共性へと転換したと考え、『**公共性の構造転換**』を著しています。

2 構造主義〔20世紀〕

ドイツ発のフランクフルト学派や、次節で見るイギリス発の分析哲学とともに、「**理性**」**を絶対視してきた近代哲学を破壊するような思想**として、**フランス**発の**構造主義**があります。

この思想では、象徴的な部族社会であれ、科学的な文明社会であれ、人間全体や各個人がどう思考しようとも、社会制度や文化の背後には一貫した無意識の規則=**構造**〔**システム**〕がある、と捉えます。つまり、人間社会に「進歩〔progress〕」

など存在せず、同じ構造の下で「**変換**〔shift〕」を繰り返すだけとしました。だからこそ、構造主義の影響が強い思想家には、西洋思想が特別優れたものだと考える発想がないのです。

この構造主義のモデルとなった思想が、スイスのソシュールが提唱した構造言語学です。

①ソシュールの構造言語学

スイスの言語学者**ソシュール**（1857〜1913年）は、言葉と意味との間には本質的な関係がないこと（＝**言語の恣意性《しいせい》**）を指摘しました。

彼は、言語学とは、個人がある場面でその都度発する話言葉「**パロール**」を支える、英語・フランス語・日本語などの言語体系「**ラング**」の**構造**〔**システム**〕に関する研究であり、言語学の課題は、その構造を、個人の主観的意識を超えた構造として取り出すことであると考えたのです。

■パロールとラング

例えば日本語で「湯」と「水」は別の言葉だが、英語の「湯」は「hot water」で、それは熱いという形容詞を付けられた「水〔water〕」である。つまり日本語の「水」は「湯」との違いによって、「water」とは全く異なる意味の領域を示している。逆に、日本語では「ワニ」だが、英語ではワニの口の形に着目して「クロコダイル」と「アリゲーター」という言葉に分かれる。

ソシュールは、音や文字などの表現である「意味するもの（**シニフィアン**）」とその意味する概念「意味されるもの（**シニフィエ**）」が結びついたものを**記号**（**シーニュ**）と呼びました。

例えば我々が日本語シニフィエである個体を「イヌ」と表現する（シニフィアン）場合に初めて「キジ」「サル」などと表現する場合とは違う「犬」というシーニュが立ちあらわれると考えたのです。

彼は、私たちが用いている言語は、互いの関係性＝差異の中で初めて意味をもつ記号（シーニュ）の体系である「**差異の体系**」からなると考えました。そして、どのような言語で世界を区分けするかを決めるこの体系の相違こそが、世界の相違を生んできたとします。

つまり、あらかじめ区分けされた世界を個人の理性や意識が理解するのではなく、私たちが交わす発話行為が世界を区分けし、複雑に変化を続ける「差異の体系」としての言語を生むのです。

そしてその言語が、さらなる発話行為を支えながら、私たちの世界観を規定していると考えます。これが、ソシュールが創始した構造言語学なのです。

■ソシュールの考え

従来の言語観では、言語が生まれる前から存在する「犬」の概念を理性や意識によって理解し、それに「イヌ」という音や文字をラベルのように与えると考えられてきた。

続いて出てくる構造主義は、言語が「差異の体系」であるのと同じく、文化も「差異の体系」であると考える思想です。

②レヴィ＝ストロースの構造主義

『野生の思考』『悲しき熱帯』を著した、ベルギー生まれの**フランス**の文化人類学者**レヴィ＝ストロース**（1908〜2009年）は、非西洋の〝未開社会〟に暮らす人々の実地調査＝参与観察を行い、彼らのもつ数学的なモデルを当てはめられる厳格な論理「**野生の思考**」の内に自然と文化を調和させる可能性を見出しました。

また彼は、未開社会の婚姻制度や部族を象徴する動植物（＝**トーテム**）のもつ意味を、部族社会全体の構造から読み解こうとします。例えば近親相姦の禁忌〔タブー〕は、部族内での結婚を禁止することによって、結婚を通して外部との交流を促すもので、トーテムは部族を区別するためのものとされます。

レヴィ＝ストロースは、ブラジル奥地やオーストラリアのアボリジニなど、未

■文化人類学

自然人類学と並ぶ人類学の一種で、人類文化の発生と発展を科学的に解明する。民族学とほぼ同義語。ちなみに風俗・習慣・伝説・歌謡などを研究する民俗学は隣接分野となる。

開民族の儀礼を中心とした生活は、本能的・野性的な思考に基づいているとしました。それは、近代文明からは野蛮に見えても、そこには文明人の効率を重視する科学的な「**栽培の思考**」に少しも劣ることのない、複雑な規則に基づいた一定の**構造**〔**システム**〕があると考えたのです。

彼は同時に、「西洋文明こそが優れており、他は野蛮で劣っている」というように文化に優劣をつけることは間違いで、「**諸文化は対等の価値をもつ**」と主張しました。そして、西洋近代文明における「理性」と科学技術に基づく社会が頂点に位置するわけではないことを指摘し、**文明社会に暮らす人々に根底的な反省を迫る**態度をとりました。

このようにレヴィ＝ストロースは、「進歩する文明社会」と「停滞する未開社会」とに世界を二分し、前者が後者を支配・克服すべきという従来の考えは、西洋の**自文化中心主義**〔**エスノセントリズム**〕に基づく誤りである、と批判したのです。

③フーコーの「知の考古学」

『言葉と物』『**狂気の歴史**』『**監獄の誕生**』『性の歴史』を著した、フランスの

■ラカンやバルト

他のフランス人の構造主義者として、「フロイトに帰れ」と語りフロイトの精神分析学を構造主義的に発達させたジャック＝ラカン（1901～81年）や、ソシュールの言語学から出発し独自の「記号学」を発展させたロラン＝バルト（1915～80年）らがいる。ラカンについては向井雅明の『ラカン入門』（ちくま学芸文庫）が好著。

思想史家**フーコー**（1926〜84年）は、「構造主義者」や「ポストモダニスト（脱近代主義者）」と呼ばれることを拒否しましたが、構造主義者として扱われることも多い思想家です。

彼は、近代以降の西洋文明社会では、「理性」を基準にして無意識的に近代的秩序から逸脱するものを「**狂気**」とみなし、異常なものとして排除してきたと考えました。フーコーは、この**排除の論理**によって、本来は多様なあり方をもつはずの人間や文化が、西洋近代の価値観を基準に序列化されてしまい、（その位置づけに根拠などないのに）社会の監視・管理が強まったとして、**近代の成立過程を批判**したのです。おそらく、自身が同性愛者として異端視されてきたことも、思想の背景にあったでしょう。

また彼は、**近代以降、人間が「理性」を絶対視し、自らの内にある非理性的なものを支配・抑圧できる人こそが正常かつ健全であるとみなす傾向も問題視**しました。そんなものはその時代、その社会特有の「真理」のイメージに基づく考えの一つにすぎないのに、多くの人間はそこに気づかず、その結果、自らの内にある〝正常でないもの〟を進んで否定し、社会への服従を自覚なく選択することになります。これは、裏を返せば、**近代では「理性的なもの」と「非理性的なもの」を選別し、後者を排除する権力の行使が当然となることで、監視に怯え管理を許し、社会の規律に進んで従う人間が生み出されてきた**（**＝人間が規格化されてきた**）、ということなのです。

フーコーによれば、同じフランスの実存主義者サルトルが言うような「自由な意志に基づく主体的な生き方」も、近代社会の枠組みの中で刷り込まれた選択肢でしかありません。それは与えられた理想で、そこに向かって生きることは、結局は「自発的な服従」でしかない、と彼は辛辣に批判しました。

例えばフーコーは、功利主義者のベンサムが考案した**パノプティコン**〔一望監視装置〕は、近代社会において「無意識に規格化され続ける従順な奴隷状態」の象徴的な存在だとして注目しました。

ここでは、監視されていることを各囚人に意識させ、心の中に監視者の視線を内在化させることにより、彼らが自発的に規律に服従するような権力のあり方が生まれました。これは従来の「上からの権力」とは全く違うものです。

■フーコーの死

フーコーは、５巻構成を予定していた『性の歴史』の執筆途中、ＡＩＤＳ〔後天性免疫不全症候群〕による敗血症で亡くなった。

彼は、学校・病院・工場・軍隊など社会に規律を生み出す右記のような「**規律の権力**」に加え、国民の生命を経営・管理・増大・増殖させるための生命に対する「**生権力**」があることを指摘しています。これは、ドイツのナチス政権がユダヤ人の大量虐殺〔ホロコースト〕を行ったような危険性があるのです。

またフーコーは、人間の知を支配する言語活動の集合体を「**言説**〔**ディスクール**〕」と呼びました。言葉は各時代の権力と結びつき、権力が生み出す抑圧や差別を内に含んでいます。彼は、そのような言葉を通して、**知性**には人間の思考や行為を支配する規律の権力が結びついていると考えて、近代批判を行っています。

このようにフーコーは、西洋の歴史を客観的に分析し、「理性」や「真理」という考えは、絶対的なものではなく歴史的な産物にすぎないとし、それらを超えた「**知の考古学**」〔=歴史的過程を構造的に究明すること〕を提唱しました。

彼は、**ルネサンス期**までの**エピステーメー**〔認識体系・知的枠組み〕は「**類似**」であったとします。しかし、17世紀半ば〜18世紀末までの**古典主義時代**には、計量化と順序づけによる「**比較**」が新たなエピステーメーとなり、ここに知の断絶があると考えました。**近代**になるとさらなる知の断絶があり、「**人間**」がエピステーメーとなります。精神分析学や構造主義の研究により、世界を認識する主体という人間観も西洋近代の歴史的発明にすぎないことが示され、これもまた終わりが近い、と考えたのです。

レヴィ＝ストロースやフーコーが説いたように、「**どの文化もそれぞれ固有の価値を備えており、互いに優劣の差をつけることはできない**」とする**文化相対主義**は、西洋社会が他の文化の多様性を認め、寛容の精神に基づき**異文化理解**を深めるための礎となりました。

現代思想が多様化したことにも影響が強いので、**構造主義は、思想界で重要な位置を占めています**。

3 分析哲学〔言語哲学〕（20世紀）

ドイツやフランスで発達した実存主義、フランクフルト学派、構造主義は、大

■**文化相対主義**

このような柔軟な態度に抵抗する思想が「○○原理主義」や民族主義。

陸合理論の伝統に対する自己反省でもありましたが、これらとは別の「（私的）**言語批判**」という方法で近代の人間観・世界観を問い直す立場が、イギリスやアメリカで盛んになります。それが**分析哲学**〔言語哲学〕です。

●分析哲学の創始（20世紀前半）

オーストリアで生まれ**イギリス**で活躍した**ウィトゲンシュタイン**（1889〜1951年）は、当初『論理哲学思考』において**写像理論**を唱え、「**語り得ぬものについては沈黙せねばならない**」という立場をとりました。

写像理論とは、客観的な世界のあり方を写し取る像として働くことに、言語の本質を求めることです。例えば、自然科学においては「海水は塩を含む」等と命題の真偽を確定できます。しかし、人文科学である**宗教や哲学の言語**は「**神は存在する**」「**道徳的に正しい**」等と**現実の事象との対応関係がありません**。つまり、これまでの哲学的な問題の多くは「語り得ぬものを語ろうとした」ために生じてきた、として、彼は**近代哲学など無意味**だと断じたのです。

■ウィトゲンシュタインの豆知識

ウィーンで大富豪のユダヤ系実業家の家に生まれ、もとは航空工学・数学の研究に没頭した。『哲学論考』を執筆後、小学校教師となるが指導熱心のあまり体罰問題で辞職し、母校のケンブリッジ大学に戻り50歳で哲学教授となった。のち『哲学探究』をまとめたが、生前は出版されていない。

しかし、ウィトゲンシュタインは後に、日常生活における言語の使用や規則について分析し、**「言語ゲーム」**という概念を導入することで問題を捉え直し、若かった自身の決めつけに対して自己批判します。彼は、**言葉に固有の意味はなく、何らかの規則に従い使われる中で特定の意味や働きをもつだけで、使用者はその規則を自覚しているわけではない**、と考えました。

それは、ある人がトランプという**営み**〔**ゲーム**〕をしている人々の輪に入って、ポーカー・ババ抜き・七並べなど、そのゲーム特有のジョーカー札の使い方を覚えることに似ています。ジョーカー札＝言葉には、揺るぎない固有の意味があるわけではなく、各ゲームにおいて機能する役割をもつだけです。

例えば、パン店で「メロンパン」と言えば「ください」という意味になりますが、家のテーブルだと「あるね」、美術館でオブジェを見ている状況だと「みたいな」になりますね。つまり、言語は緩くつながりながら互いを位置づけているにすぎず、論理ではなく日常生活を基盤にして成り立つものだということです。

ウィトゲンシュタインは、〔**人文科学以外の**〕**自然科学・社会科学における言語の使用もまた、多用な「言語ゲーム」の一つにすぎない**と考えたのです。

このように、**言語使用のあり方そのものの仕組みを問う学問**を「**分析哲学**〔**言語哲学**〕」といい、20世紀半ばにはイギリスやアメリカで大きな思想的潮流となりました。

ウィトゲンシュタインの『哲学探究』は広く読まれ、**分析哲学は、現代においても西洋哲学の主流の一つ**であり続けています。

彼のこのような試みは、従来、形而上学的レベル（非日常）で議論されてきた哲学的テーマを形而下的レベル（日常）に引き下ろし、**真の命題を抽象的な〃世界〔セカイ〕〃ではなく、現実世界で具体的に考え直そうとしたもの**でした。

●分析哲学から科学哲学へ（20世紀半ば〜）

分析哲学の流れの中で、感覚経験と論理分析を重んじる**論理実証主義**により、科学的方法論を哲学的に検討する**科学哲学**も生まれました。

論理実証主義では、実験による検証が可能でなければ科学的命題とはいえないと考えます（＝検証可能性）。オーストリア生まれの**イギリス**の分析哲学者**ポパー**（1902〜94年）は、科学を**疑似科学**から区別する基準は、命題の誤りを立

■「言語ゲーム」
このような発想の転換は、言語論的転回と呼ばれる。

証（＝**反証**）できることにあると主張しました（＝反証可能性）。

そして、**アメリカ**の分析哲学者**クワイン**（1908～2000年）は、科学的知識は個別に検証可能なものではなく、共有される知の体系全体の整合性の問題として考えられなければならないという「**全体論**〔**ホーリズム**〕」を展開します。すなわち、**知の体系全体が確証や反証の対象とされる**ということです。

さらに、**アメリカ**の科学哲学者**トマス＝クーン**（1922～96年）は、「広く人々に受け入れられている業績で、一定の期間、科学者に、自然に対する問い方と答え方の手本を与える知的枠組み」を**パラダイム**と呼び、科学は連続的に進歩するのではなく、あるパラダイムでは解決不能な問題が蓄積されたときに別のパラダイムへと転換（＝**パラダイムシフト**）する「**科学革命**」により進展していくと考えました。

以上のような脱近代主義〔ポストモダニズム〕思想は、実存主義とは別の視点から近代的理性を批判しました。これらは社会主義思想とは違い、社会の変革（＝革命）は目指さないことが特徴です。

■反証可能性

「誤りを立証できないものは科学ではない」ということ。

第10章 破

教科書じゃ足りない
脱近代主義〔ポストモダニズム〕思想

◆

佐藤 優

第一次世界大戦の衝撃は現在にまで及んでいる。政治体制におけるパラダイム転換が生じたのだ。一つがコミュニズム(共産主義)で、もう一つがファシズム(全体主義)だ。そこに第一次世界大戦の衝撃を実質的に受けていないアメリカと日本が国際社会のプレイヤーとして加わり、第二次世界大戦を経て、現在に至っている。ポストモダニズム運動もコミュニズムも失速し、米国型民主主義の限界も見えてきた。

■北欧神話

ゲルマン神話の一種。北欧の人々の間で伝承された神話。この地域の人々はキリスト教への改宗が比較的遅かったため、神話が成立当時の形を残しているとされている。リヒャルト＝ワーグナーの楽劇『ニーベルングの指環』も北欧神話がモチーフになっている。ヒトラーはワーグナーの楽劇を愛好した。現在では、ゲームやファンタジーのモチーフとして使われることも多い。

ナチズムが、ファシズムの一種であることは間違いない。ただし、ナチズムには、ゲルマン民族のルーツとしての**北欧神話**がその基底にある。ドイツのきわめて特殊な文化的伝統――例えばルターの主観主義やドイツプロテスタンティズムの伝統が混淆《こんこう》した物語が織り込まれている。

ドイツもオーストリアも第一次世界大戦に力で負けたとは思っていなかった。国内では共産主義勢力が強いために内部崩壊を起こし、戦争継続が不能になったと認識されている。当初、連合国側と対等の立場で名誉と尊厳を保つ形で結ぶというのが講和の約束だったが、ベルサイユ条約は連合国側の復讐という考え方に貫かれていた。ドイツ国内では天文学的なインフレが起き、中産階級が没落。大混乱に陥った国内事情を背景にヒトラーが率いるナチス党が台頭した。１９３３年に政権を獲得し、ヒトラーとナチス党に権力を集中させることによってナチズムは成立した。

◆知的だったムッソリーニ

一方、イタリアは第一次世界大戦の戦勝国だ。しかし、参戦時に約束されてい

■パレート（1848~1923年）

経済学だけでなく、社会学の面でもユニークな説を唱えた。政治面での均衡（安定）は、インテリで人を操ることに長けたエリートと、知識は豊富でないが強い信念と力を持つエリートが交互に社会を支配することで担保されるとした。この永久運動をエリートの周流という。

た南チロルやトリエステの領有を認められなかった。しかも不況に見舞われ、国内ではベルサイユ体制に対する不満が高まっていた。こうしたことを背景にイタリアのファシズムは生まれた。

ファシスト党の党首・**ムッソリーニ**は、もともとマルクス主義者だった。イタリア社会党左派に属し、党の機関紙「アヴァンティ」の編集長を務めていた。知的に洗練された人物で、語学に堪能だった。ドイツ語、フランス語、ギリシア語、ラテン語を操ったという。通訳付きの会談なら必ず記録が残るが、ヒトラーとの会談記録はない。ドイツ語でやりとりしていたからだ。

経済政策ではイタリアの経済学者**パレート**の影響を受けている。戦前の辞書によると彼は「ファシズムの理論家」とされている。パレートの功績は所得分配の不平等の度合いを法則化したことにある。現代の北欧を中心とする福祉国家による手厚い所得の再分配は、ファシズムの伝統を引き継いでいると言える。

◆ファシズムの潜在力

イタリアのファシズムの特徴は、ナチズムのような「血」や「神話」にこだわらない点にある。ムッソリーニは、イタリア人であることを自明の理としなかった。「イタリア人である」＝beingではなく、「イタリア人になる」こと＝becomingを重視した。イタリアのために一生懸命働いている人がイタリア人だと考えたのだ。後にナチズムの政治的影響を受けたものの、反ユダヤ主義的な色彩は薄かった。常に「戦闘モード」でいることを国民に求め、日常を「非日常化」し、集団としての潜在能力を引き出していく——そのようなファシズムだった。

現在、アメリカ型民主主義が危機的な状況を迎えている。共産主義もその潜在的な可能性をほとんど使い果たした。すると、ナチズムを除くファシズムのみが潜在力をまだ使い切っていないといえる。今後、ファシズム的な要素を備えた政治思想が延びてくる可能性があると筆者は見ている。

◆フランクフルト学派

教科書では、**フランクフルト学派**は、西洋の近代的理性を「批判した」ことを「批判理論」として紹介している。この文脈での「批判」とは、まず対象を確定し、その対象に対して自分の意見、別の見解を加えることだ。したがってほとんどの場合は肯定になる。全面的に賛成する場合も「批判」に該当する。

フランクフルト学派は、理性を基盤とした近代市民社会になぜ、ナチスのような「野蛮」が生じたのかという問題意識を持っていたと教科書では解説されている。

これまでにも述べたように、市民社会とは欲望の体系だ。図式化すれば、各人が欲望を追求する中で、勤勉な者は資本家になり、怠け者が労働者になり、それは自己責任だとみなされる。『資本論』の中でマルクスが指摘したように、中世において共有財だったものを暴力によって私有化した者が資本家になった。後発資本主義国である日本では、薩長藩閥政府と結びついた者が官営工場の払い下げを受けるなどして資本家となった。近代市民社会はスタート時において格差があった。

光と闇の距離がある点に達したところで破局を迎え、野蛮という形での暴力的解決を図ろうとする勢力が力を得る。これがユダヤ教神秘主義に属するカバラ思想と言われるものだ。フランクフルト学派は、それを世俗語で表現したという側面が強い。

■『啓蒙の弁証法』
（アドルノ、ホルクハイマー、徳永恂訳、岩波文庫）

◆合理主義アメリカの危うさ

ホルクハイマーとアドルノの『**啓蒙の弁証法**』は、啓蒙化された人間社会で、なぜナチズムという野蛮が生まれたのかを考察している。しかし真の標的はアメリカだ。アメリカのような合理主義だけで運営される国家は大変な闇を抱えていることを指摘している。しかし、二人は亡命者だったために、アメリカ批判にならないよう、ナチスに仮託してその危うさを論じている。

『啓蒙の弁証法』の中で最も注目したいのが文化産業だ。当時、文化産業という言葉はなかった。文化は自立したものであり、金儲けとはつながらないと考えられていたが、ハリウッドの映画産業のように文化が資本と結びつくことで、経済の論理に制約されて人は思考するようになる（文化産業が生み出したものの一つに受験産業がある。受験勉強や資格試験の勉強は合格することが目的であり、真理を追求することではない。まさに道具的理性の行使といえる）。

フランクフルト大学時代のアドルノの教授資格試験を審査したのは、同大学哲学部の教授パウル＝ティリッヒだった。ティリッヒは弁証法神学の大家で、アド

■バーリン（1909~97年）
政治哲学者。ラトビア生まれのユダヤ人。1919年にイギリスに移住。オックスフォード大学教授。消極的自由、積極的自由については『自由論』（みすず書房）がある。

■権威主義的パーソナリティ
因習や権威へ服従しやすく、反民主主義的イデオロギーを受け入れやすい性格類型を指す。

ルノは彼の助手を務めた。その影響でアドルノの言説には神学的要素があり、性悪説的な要素が強い。

彼の著書**『権威主義的パーソナリティ』**がまさにそれで、権威に弱く硬直した現代人の社会的性格が持つ危うさを説いたが、キリスト教こそ、イエス・キリストという権威に従う体系で構成されている。したがって、アドルノにおいて権威主義的パーソナリティは両義的に用いられている。テキストに込められた両義性については、アドルノに限らず、フランクフルト学派の思想を学ぶときのポイントとなる。

◆第一世代

フロムの「〇〇からの自由」、「〇〇への自由」というのは、おそらく政治哲学者**バーリン**の二つの自由概念——消極的自由・積極的自由——と関係してくると思う。消極的自由とは個々人が外部からの抑圧や干渉から解放された状態であり、自分が望む自分でいられることを指す。積極的自由は個々人の意思に基づく政治参加により、平等の実現や機会の均等を図ろうとする。すると、後者の自

■『認識と関心』
（ユルゲン・ハーバーマス、奥山次良、八木橋貢、渡辺佑邦訳、未来社）

由が前者の自由を抑圧することになる。

消極的自由ばかりが優先されれば自由至上主義になり、格差は広がる。その格差を是正する力が働くと、積極的自由の方向に針が振れる。しかしそこに踏み込みすぎると抑圧体制、全体主義に接近することにもなる。

◆コーヒーハウスという公共性

ハーバーマスの対話的理性（コミュニケーション的理性）の思想は、人々は平等で、発言権も同じだとする「学級会モデル」だ。しかし現実には、勉強ができる子、スポーツができる子の発言権が強い。しかし、対話的理性を働かせることによって、「学級会」という擬制（フィクション）は成立すると考えた。

『公共性の構造転換』では階級には関係なく誰でも入ることのできるコーヒーハウスやパブの重要性を説いた。自由な議論が近代市民社会の公共性へとつながっていったことを再認識させてくれる。日本で言えば「茶の湯」が該当しよう。商人も武士も僧侶も身分に関係なく茶室に入れる。武士は刀を持ち込めない。茶室の中での議論が、日本の場合の公共圏のスタートだと言える。

■『コミュニケイション的行為の理論』
（上中下、ユルゲン・ハーバーマス、河上倫逸、平井俊彦他訳、未来社）

■人は見たいものしか見ない
受験で言えば、志望校を目指して受験勉強に一生懸命だったけれども、不合格になった瞬間、今まで関心のなかった予備校選びに一生懸命になる。これが、「認識を導く関心」だ。

このような市民的自由を象徴する、コーヒーハウス的公共圏は、資本との結びつきを強めた道具的理性によって駆逐され、さまざまな不具合が生じた。それを調整するために国家が介入してきた。これが代表的公共性だ。一方で、国家による公共圏の侵害は市民社会を窮屈なものにさせていく。

新自由主義の伸長により市民社会の利害を調整していた代表的公共性が崩れてくると、新たな問題が起きてくる。とりわけインターネット空間でのフェイクや犯罪行為、あるいはプラットフォーマーそのもののあり方など、現実の法が追いついていない。

◆人は自分の見たいものを見る

ハーバーマスの主要著作の一つ『**認識と関心**』では、何かを認識するということは、中立的な行為ではなく、利害関心が先行するということだ。一言でいえば、「**人は見たいものしか見ない**」。このことを指摘している。

円熟期の著作『**コミュニケイション的行為の理論**』は前半が興味深い。ハーバーマスは合理性と科学性が違うことを説明する。ときに合理性は非常に危険な働きをする。ユダヤ人は社会を破壊しているという前提があったとしよう。そうした社会で経済恐慌が起きると、「どのユダヤ人が恐慌を引き起こしたのか」という犯人探しになる。前提を疑っていないからだ。このような非科学的だが合理的な思考を止められるのが、合理性を超える超越的な思考だ。

◆構造主義

構造主義のモデルとなった思想が、**ソシュール**の構造言語学だ。思想の違いとは、言語の違いに過ぎない――ここで押さえるべきは、このことである。そこから価値相対主義が生まれ、思想の違いは言葉の結びつきの違いでしかないという発想が生まれる。それが、教科書で強調される「差異の体系」なのだ。これはヘーゲルの思想に由来する。

ヘーゲルは矛盾と対立と差異の三つに分けた。日本における矛盾は『韓非子』のいかなる矛も防ぐ盾と、いかなる盾も貫く矛は同時に存在しないという故事を語源にする。ヘーゲルの概念では、これを「矛盾」とは言わない。「対立」として処理できる問題だ。

ヘーゲルにおける矛盾は、システムを変えれば解決できる。例えばパートナーからひどいドメスティック・バイオレンスを受けているとする。極端な話だが、この場合、相手を殺せば解決する。これは対立の考え方だ。矛盾として解決するならば、システムを変えるという発想になる。この場合、裁判所から相手に接近禁止命令を発令してもらい、離婚することで解決を図る。

マルクスも「矛盾」に強い関心を持っていた。資本家は職業的良心に基づき、労働者を搾取している。この矛盾をどう解決すればよいか。マルクスは、共産主義体制をつくり、労働力商品化を止揚すれば、資本家は搾取しなくて済み、労働者も搾取されなくなる。システムを変えれば人と人との関係が変わり、抑圧―被抑圧から解放されると考えた。

では、差異とは何か。例えば身長差は埋められない。差異は認められなければならない。認める以外の選択肢がないからだ。差異を別の表現で言えば「趣味」になる。趣味は互いに認め合わなければならない。つまり、「差異の体系」とは「互いが認め合う」という複数主義、多元主義なのだ。

ソシュール以後の現代思想において差異が重要になるのは、次のような理由に

■リオタール(1924~98年)

フランスの哲学者。現象学、マルクスの批判・研究からスタート。ポスト・モダンの旗手とされる。『ポスト・モダンの条件：知・社会・言語ゲーム』(リオタール、小林康夫訳、水声社)。

よる。合理性による一元支配の社会は非常に窮屈だ。なぜならば、合理性とは普遍的な性質を言うのだから、合理性が貫徹された社会においては誰もが道理に適う振る舞いをする。したがって、そこに差異が生じる余地はない。同時に背後にある暴力性を捨象してしまうのだ。一方、差異を認めることは価値相対主義を採ることであり、寛容の論理に立ち、多様性が保証された社会になる。

◆資本と結託した「差異」

差異の概念はソシュールだけではなく、**ドゥルーズ**や**デリダ**など、ポストモダニズムの思想家によっても用いられた。ポストモダニズム全盛期の1980年代と東西冷戦終結後とでは、差異の扱われ方に変化がある。

1970年代、建築、芸術、文芸、思想などさまざまな分野から、それまでの近代主義に対する見直しや異議申し立て、あるいは超克を試みる運動が生じた。これがポストモダニズムだ。1979年のフランスの哲学者**リオタール**による『ポスト・モダンの条件』が代表的だ。

当時の世界は、資本主義と共産主義の拮抗という大きな物語の中にあった。当時の資本主義国の知識人の多くが社会主義システムに共感を持ち、自分たちの社会における差異に着目して問題提起を行った。自由の中にも抑圧がある、ジェンダーの問題があるなど、見過ごされてきた小さな差異を強調することには大きな意味があった。

ところが1989年、ベルリンの壁が崩壊し、91年にはソ連が崩壊した。大きな物語が消え、資本主義が生き残った世界で、差異に新たな役割が見出された。小さな差異から新たな価値をつくり出していくようになった。つまり、資本主義と結びついて、金を生み出す便利な概念になった。日本で言えば大手広告代理店のクリエイターたちに大きな影響を与えた。

◆文化人類学のスタンス

文化人類学という新しい学問を切り拓いた一人が**レヴィ゠ストロース**だ。彼は未開社会の婚姻制度や部族を象徴する動植物（゠トーテム）のもつ意味を、部族社会全体の構造から読み解こうとした人物として紹介される。しかしこの説明では、レヴィ゠ストロースが婚姻制度に何を見出したのかがわからない。

■**参与観察**

参与観察の問題点として、自文化中心主義を排除するという総論はよくても、各論としては課題が多い。夫が死んだとき妻に生きたまま荼毘に付すことを強制するインドのサティや、アフリカの女性器切除など文化相対主義の観点からこれらの習慣を認めるべきなのか議論がある。

彼は、結婚について女性を媒介とした交換だと考え、これが人間社会を成り立たせている原理だとした。女性の交換によって社会の安定性が保たれている、その構造を発見した。

文化人類学と枠組みを少し異にするのが民族学だ。民族学はドイツ、オーストリア、ロシアで生まれた。各民族の文化や社会の特徴を見ていこうという学問だ。その中でも特に文化面に注目するのが、日本で言う民俗学だ。人類学はドイツ、オーストリア、ロシアの伝統では形質人類学を指す。主に、骨格形態を研究する学問だ。

ところで、アメリカで文化人類学と呼ぶ学問分野が、イギリスでは社会人類学になる。両者には、社会という観点に重点を置くか、文化に重点を置くかの違いがある。どちらも比較的新しい学問で、植民地研究と密接に結びついていた。いかに合理的な植民地統治を行うかという観点からの研究だったのだ。

研究手法として重要なのが**参与観察**だ。現地人の暮らしの中に入っていき、儀式をともにすることによって内在的論理を把握しようとする学問的な態度だ。

◆「狂気」という概念

一望監視装置「パノプティコン」は、人間を無意識に「従順な奴隷状態」にする装置として知られる。**フーコー**はそこに着目した。現在は、街を歩いていても、コンビニに入っても、タクシーに乗っても、必ずどこかに監視カメラがあり、私たちは撮影され続けている。人には見られて困ることも、恥ずかしいこともある。人間の私的領域に国家や企業が「監視」の目を向けることが可能な時代だ。しかも人々が抵抗を感じることなくそれを受け入れている。

フーコーの言う「狂気」も興味深い概念だ。**ドストエフスキー**の『カラマーゾフの兄弟』を読むと、この作品が書かれた時代のロシアでは、狂気が隔離されていなかったことがわかる。スメルジャコフの母親は精神に変調をきたしているし、スメルジャコフ自身も猫を殺しては葬式をすることを趣味にするなど常軌を逸した行動をする。ドミトリーも、その父親のフョードルにしても現代でいうところのパーソナリティ障害がある人物として描かれている。

共同体の中の狂気に関し、イソップ童話の「狼と少年」の話も示唆に富む。少

■**イーロン＝マスク**（1971〜）
南アフリカ出身。アメリカの起業家。「スペースX」「テスラ」「PayPal」「OpenAI」などを共同設立。自身は「アスペルガー症候群」だと公言。

■**ジェフ＝ベゾス**（1964〜）
アメリカの実業家、投資家。アマゾンの共同創設者、取締役会長。

年を嘘つきとする理解は浅薄だ。少年の「狼が来た！」という声を、災害対策のための早期避難を促すものととらえ、実際は重大な被害もなくてよかったと前向きに受け止めておけばよかったのだ。しかし、嘘つきという形で断罪し、本当に狼が来たとき惨事が起きてしまった。共同体が、少年の「狂気」を「異変を察知する」警報装置としてとらえていればよかったのである。

これを現代に置き換えれば、イノベーションにおける「狂気」の重要性の物語だとも言える。例えば、**ジェフ＝ベゾス**や**イーロン＝マスク**は、一昔前なら扱いに困る人物として社会から忌避されていただろう。そうした一種の「トリックスター的な才能」を見出していくことで、現代における「狂気の見直し」が行われているのではないかと筆者には思えてならない。現代では資本主義的なシステムに合致する、すなわち金儲けにつながる「狂気」が、「才能」と言い換えられ尊重される。しかし、資本主義的なシステムに合致しない場合には、社会から隔離されるのだ。

◆「生権力」が強調される時代

教科書が強調する「生権力」を一言で表せば、食べるために生かしておく家畜の論理だ。資本主義的なシステムの中で、なぜ人は教育を受け大切に育てられるのか。それは資本の自己増殖のために、より多く稼げる人間を育成するためだ。人生100年時代、「生涯現役」といったスローガンをよく目にする。

しかしこの発想には、現役を終えた後の生への視線が欠落している。つまり、現役として役に立たなくなったら生涯を終えてもらって構わないというニュアンスがある。政府が旗を振る「リスキリング」も何歳になっても技能を身につけ、資本主義的システムの中で存在意義のある人間であり続けろというメッセージだ。生権力が、あらゆる年代・分野にまで浸透している。

◆近代主義を問い直したウィトゲンシュタイン

分析哲学〔言語哲学〕の創始者とされる**ウィトゲンシュタイン**も近代主義を問い直した人物として重要だ。ハプスブルク帝国時代のウィーンに生まれ、ドイツとイギリスの大学で機械工学や論理学、数学を学んだ後、第一次世界大戦でオーストリア軍に志願兵として従軍。戦後、小学校の教師になったが生徒への体罰で退職し、住宅の設計を手掛けるなどして、イギリスへ渡った。ケンブリッジ大学で博士号を取り、哲学教授となった。ソ連に移住を希望していた時期もある。1938年、ナチスによるオーストリア併合を契機にイギリスに帰化した。第二次世界大戦中はロンドンの病院で補助員などをしている。

ウィトゲンシュタインの思想は初期と後期に分けられる。初期ウィトゲンシュタインで重要なのは「語り得ぬものについては沈黙せねばならない」というフレーズだ。この言葉の背景には、言語とは世界を映し出すもの（写像理論）という前提がある。ウィトゲンシュタインは、世界のモノ・コトとそれを映し出す言語との間には一対一の対応関係が成り立っていると考えた。

しかし、言語と対にならないものがある。言葉は「神」を映し出すことができるだろうか。あるいは「道徳心」を言葉は映し出せるか。そのようなものを「語り得ぬもの」として、それについては「沈黙せねばならない」とした。

後期において、ウィトゲンシュタインは、自身の写像理論を否定した。そして、言葉に特定の意味はなく、言葉と言葉の結びつき方次第で意味が変わるとする「言語ゲーム」を提唱した。「性格がいい」と「いい性格している」では意味が変わる。

「立派だ」「ご立派」も同様に、敬意を込めているのか揶揄しているのか含意するところが変わる。これが「ゲーム」だ。思想の対立もこうした言語ゲームの違いでしかない。こうしたことを数学と隣接させながら研究しているのが分析哲学だ。その分析的思考は「黒犬は黒い」という表現に集約されている。主語に述語が入っている事柄を研究する。それに対して「黒犬は賢い」というと総合的思考になる。なぜなら、主語の「黒犬」という言葉の中に「賢い」という要素がないからだ。

◆反証可能性とは

教科書改訂で新しく教えられることになった科学哲学のなかで重要な人物が**カール＝ポパー**だ。なかでも反証可能性という概念は押さえておきたい。

どんなに嫌な話でも最後まで聞く。立論Aに対し、合理的な反証Bを示し、反証Bの適否を検討することで、立論Aの正誤を判定する。こうした議論のあり方を反証可能性という。知が細分化した現在、反証可能性の問題に関わるのは専門家集団だ。言い換えれば、ポパーの提唱する反証主義はエリートにしか実践できない。ポパーの思想の本質はエリート主義だ。

では次のような場合、反証可能性は成立するだろうか。私が学生に講義するときに用いる例だが、イッセー尾形氏の一人芝居の中のセリフだ。

「俺、確かに見ちゃったんだよ。海からタコが上がってきてスイカ盗ってかじってたんだよ。俺、確かに見たんだよ」

この話に反証可能性はない。よって反証不能命題となる。同様に、「人を殺してはならない。なぜならば神様が人間に『殺してはならない』と言っているからだ」という命題に対しても反証できない。しかし、その持つ倫理的意味は、タコとスイカの反証不能命題とは異なる。合理性をもって証明できない超越的な思考も反証不能命題の中にはあるのだ。

第11章

多様な現代思想

第11章 守

教科書が教える
多様な現代思想

◆

伊藤賀一

古代ギリシア思想やユダヤ教・キリスト教を源流思想として、ルネサンス・宗教改革・近代科学の誕生を経て登場した、経験論・合理論・プラグマティズムなど(実存主義を除く)近代以降の西洋思想は、人間の理性を基本的に信頼し、その機能と限界を解明しようとする活動を中心に展開されました。その後、右翼的全体主義の失敗を経て、フランクフルト学派がその反省をし、構造主義や分析哲学が理性を絶対視してきた近代哲学を破壊するような主張を展開しますが、その後も思想は多様化し続けています。

1 反全体主義の思想

①レヴィナスの倫理的主体

リトアニア生まれのユダヤ系哲学者**レヴィナス**（1906～95年）は、ナチス＝ドイツのホロコースト〔大量虐殺〕によって父母兄弟を失い、**フランス**に帰化した哲学者です。

彼は、自己意識の中に取り込めない「無限」である**他者**が現れる場を「顔」という言葉で表現しました。これは他者のまなざしというような意味です。そして、近代思想における「理性」が、「他者を自分にどう役立てるか」という発想でしか物事を評価してこなかった暴力性を照らし出しました。

著書**『全体性と無限』**によれば、**他性**をもつ「顔」が自己に迫る「**汝殺すなかれ**」という倫理的命令は、世界を道具とみなすことをやめ、他者にも苦痛が存在することを自覚し、その苦痛に自己が**責任**をもつ態度です。逆に、自分

■**他性**
レヴィナスは、他者の基本的な性格は他性にあるとした。他性とは、私とは同じであり得ない、という意味。

に役立たない者を排除することは、世界を自己に同化させる営みにほかならず、他者のない世界を生きようとすることです。それでは人間に個として存在する意味はないので、これを他者の苦痛を認識することで覆したときに、人間は初めて存在の無意味さを克服し、「**倫理的主体**」になるとしました。

②ハンナ＝アーレントの公共性〔公共的空間〕

著書『**全体主義の起源**』『**人間の条件**』のみならず、実存主義の師ハイデガーと学生時代に恋愛関係にあったことで有名なのが、**ドイツ**生まれのユダヤ人政治哲学者**ハンナ＝アーレント**（1906～75年）です。

彼女は、ナチス政権を典型とする**全体主義**が生まれるメカニズムを解明しようと試みます。

そこでまず、アーレントが活動的生活と呼ぶ人間の行為は3つに分けられる、としました。1つめの「**労働**〔labor〕」は、個人の生命を維持するために糧を得る行為。2つめの「**仕事**〔work〕」は、自然を加工し物をつくり文化的世界を形成する行為。3つめの「**活動**〔action〕」は、私的な利害の束縛から解放され公的

■2人の師

アーレントはマールブルク大学でハイデガーに、ハイデルベルク大学でヤスパースに哲学を学んでいる。

な政治空間で自由に話し合い、言葉で相手を動かし**公共性**の領域〔**公共的空間**〕をつくる行為で、彼女によれば、これこそが最も重要な「人間の条件」です。

しかし、現代社会では、私的な領域と公的な領域が混同され、政治から公共性が失われていってしまいます。その結果、人間の個性が見失われ、孤立して無力感に囚われた大衆が、帰属意識を求めて全体主義に陥ってしまう、と分析したのです。

アーレントは、こうした傾向に対抗して、もう一度言葉を交わし合う「**対話**」に基づいた公共性の意味を再発見していくことが、匿名的な大衆の支配に基礎を置く全体主義の危険を避けながら、他者を尊重する民主主義を発展させていくうえで大切なのだと説きました。

フランスを経て夫・母とともに**アメリカ**に亡命し帰化したアーレントは、ドイツに残りナチスを擁護して戦後に非難された師ハイデガーを責めることはありませんでした。

■映画『ハンナ・アーレント』

2012年制作の本作品は、彼女が『イェルサレムのアイヒマン』を発表したことで世間から大バッシングを受け、友人を失いながらも強く考え続ける姿を描き切った名作。

2 公平と正義・公正

①ロールズの正義論

アメリカのハーバード大学の政治哲学者**ロールズ**（1921～2002年）は、格差や不平等を社会の不正義と考え、その理由を各個人がそれぞれの立場に縛られているからだと考えました。そして、著書『**正義論**』の中で、自由・機会・富などの**基本財を分配**する正義の原理を探究したのです。

彼は、「**無知のヴェール**」という**原初状態**（＝自分の置かれた状況がわからない＝地位や能力を全く考えない状態）による思考実験を行います。そして、自らが恵まれた状況にも不幸な状況にもなる可能性があれば公共性と平等性を求める傾向がある、という結果を得て、**個人が自らの立ち位置に縛られないことで平等な社会の実現は可能になる**と説いたのです。

また、正しい**分配**である「**公正としての正義**」を実現するために、**正義の**

二原理を提唱しました。

第一原理は「**平等な自由の原理**」です。これは、人はみな自由で平等な権利をもつが他人の権利を侵してはならない、ということです。

第二原理は「**公正な機会均等の原理**」と「**格差原理**」です。これは、社会の格差は平等な機会の下での公正な競争の結果でなければならない、ということと、社会の格差は（競争の結果生まれた）最も恵まれない人々の生活改善につながる限りで認められる、という2つがあります。まとめると、**公正な競争の結果としての社会格差は容認するが、**（**競争の結果**）**新たに発生した最も不遇な人々に手を差し伸べないなら、その格差は是正されなければならない、**ということです。

そしてロールズは、幸福の**分配**について考えていない、とイギリス発の功利主義を批判しました。彼は、「個人の快楽を求める行動がそのまま社会全体の幸福につながる」とは考えず、「社会は人々の（暗黙の）合意に基づいて成り立つべきである」とする社会契約説の復権を唱えたのです。

■**公正な機会均等の原理**

アメリカは積極的差別是正措置〔アファーマティブ=アクション・ポジティブ=アクション〕を行うことへの意識が高い。

ロールズは、個人・社会の自由を最重視しつつ平等にも配慮する**リベラリズム**〔**自由主義**〕の代弁者で、「大きな政府」方針をとる民主党寄りの立場です。

それに対し、同じハーバード大学の哲学者**ノージック**（1938〜2002年）は、他者の権利を侵害しない限り自由を最大限に尊重する**リバタリアニズム**〔**自由至上主義**〕の代弁者で、「小さな政府」方針をとる共和党寄りの立場ですが、彼はそれどころか「**最小国家**」を唱え、社会的な平等のために財産の再配分までも行う「拡張国家」を否定しています。

②サンデルのコミュニタリアニズム〔共同体主義〕

これまたハーバード大学の政治哲学者**マイケル＝サンデル**（1953年〜）は、個人を共同体との関係で捉え、伝統の中で育まれた価値観を重視する**コミュニタリアニズム**〔**共同体主義**〕の代弁者で、個人の善ではなく、共同体全体の**共通善**〔**公共善**〕を目指します。

■独善的な正義は×

民主党のトルーマン大統領による本土空襲や原爆投下については、50年後の1995年に発表した論文で「すさまじい道徳的悪行」だと非難している。社会制度の第一の徳は正義だが、人類のあらゆる戦争は「正義の戦争」であり、独善的な正義ほど恐ろしいものはない、という考えだった。

サンデルは、「**負荷なき自己**」という言葉を使い、ロールズの正義論は、共通善の追求という目的を欠き個人的権利の保証を優先させており、これでは社会はまとまらず政府も方向性を打ち出せずに行き詰ってしまうと批判しました。さらに、ロールズの人間観にはコミュニティ〔共同体〕への属性がなく、所属するコミュニティを考慮しない議論は現実と乖離してしまう、とも批判したのです。

彼は、「**位置づけられた自己**」という言葉を使い、各個人は所属する公共的な空間の中で、具体的な他者との間で対話することによって、正義を継承しつつ培っていくべきであるとしました。

③ギリガンの「ケアの倫理」

リバタリアン〔自由主義者〕とコミュニタリアン〔共同体主義者〕とは異なる視点から、新たな倫理的主張も生み出された。それが「**ケアの倫理**」で、出発点は**アメリカ**の女性心理学者**ギリガン**〔1937年～〕が1982年に著した『もう一つの声』です。

彼女は、男女の倫理的な思考傾向の違いを「正義の倫理」と「ケアの倫理」と

■「ハーバード白熱教室」

学生を議論に参加させる講義スタイルで一世を風靡した。日本でも東京大学や西南学院大学で講義したことがある。著書『これからの「正義」の話をしよう』(早川書房)。

■コミュニタリアニズム

源流は、カナダの哲学者テイラー(1931年～)。イギリス生まれのアメリカの哲学者マッキンタイア(1929年～)もコミュニタリアニズムの思想家。

して表現しました。そもそもケアは「気づかい大切にしつつ、持続的に関わり合う」という意味、すなわち思いやりの心ですから、何よりも自己と関わっている人々への責任を重視します。つまり、ケアをする人は「正義の倫理」のような普遍的な規則よりも、他者との具体的な関わりを優先するということなのです。

また、アメリカの女性哲学者キティ（1946年〜）は、『愛の労働あるいは依存とケアの正義論』で、幼児・病人・高齢者・障害者などケアの提供に依存する人を取り上げ、「自立的な成員」からなる平等な社会の理念など虚構にすぎないことを示しました。

④センの潜在能力論

インド出身の**アマルティア＝セン**（1933年〜）は、開発と**貧困**の問題を専門に扱う厚生経済学者で、1998年、**アジア人として初めてノーベル経済学賞を受賞**したことでも有名です。著書に『貧困と飢饉』『人間の安全保障』などがあります。

彼は、著書『不平等の再検討』において、「自分にとって価値があると思う諸

■「ケアの倫理」の背景

合理性・自律性を重視する近代以来の人間観や、普遍的な原理・規則を重視する道徳への批判があった。「ケアの倫理」は女性に限らず、アメリカの哲学者ノディングス（1929〜2022年）も、ギリガンやキティと同様に、医療だけではない幅広い観点で「ケアの倫理」を説いている。

目的を追求する自由」である**潜在能力**〔ケイパビリティ〕を等しく保証すれば、社会全体の幸福になると説きました。ロールズのように財の分配で「結果の平等」に近づこうとするよりも、それぞれに合った〔教育・医療などの〕「機会の均等」を重視したのです。これを言い換えれば「生き方の幅の広さ」となります。

そして、潜在能力の**機能**がどれだけ発揮できているか〔=**潜在能力アプローチ**〔ケイパビリティ=アプローチ〕〕で格差是正を評価しました。センは、**貧困などの格差問題は、単に所得を向上させることでは解決できない**と考え、ロールズの唱える「分配の正義」を批判しました。この考えを発展させたのが、国際連合の**人間開発指数**〔HDI〕なのです。

3 その他の現代思想

①ボーヴォワールのジェンダー論

■機会の均等

例えば子どもと大人、障害者と健常者では、必要とするケアやサポートは異なる。

フランスの実存主義者である**ボーヴォワール**（1908〜86年）は、21歳のパリ大学在学中に高等師範学校生だった3歳上のサルトルと出逢い、生涯にわたり**契約結婚**関係にあったことが有名です。

彼女は女性の自立を追求し、**生物学的性差**〔**セックス**〕**と社会的・文化的性差**〔**ジェンダー**〕**を明確に区別**しました。

ボーヴォワールは、人間の集団にあっては、何事においても意味づけがなされているために自然のままではあり得ず、とりわけ「女性」は、文明がつくり上げた「通常の性（＝男性）」から逸脱した「もう一つの性」であると論じました。それはつまり、最初から女性の運命には「女性らしさ」という他人が求める暗黙の意図が介在しており、この暗に求められる「女性らしさ」の内容が異なっていれば、女性の運命は全く別の結果になっていただろう、と考えたのです。

彼女は、著書**『第二の性』**で「**人は女に生まれるのではない、女になるのだ**」と述べています。女とは、男性中心の社会によって好ましいイメージや性質を押しつけられ、男より劣ったものとしてつくり上げられた性であり、男と

■**優秀な2人**
一級教員資格試験でサルトルが主席合格、ボーヴォワールが史上最年少の次席合格だった。

は異なる社会的・文化的役割が割り振られているという抑圧された気持ちが、この言葉に集約されています。

従来の**フェミニズム**〔**女性解放思想**〕では、女性参政権の獲得など、社会制度の変革が目指されていましたが、「ジェンダー」という概念を取り入れた後のフェミニズムは、社会制度を支える考え方そのものを問い直すことになりました。

なお、ボーヴォワールと同世代の女性実存主義者に**シモーヌ＝ヴェイユ**（1909〜43年）がいます。マルクス主義者だった彼女は、あえて非熟練工として工場で働き、労働者の不幸についての考察を深め、『工場日記』に著しました。また、第二次世界大戦の反戦運動にも参加しましたが、無名のままロンドンで横死しています。雑記帳に残った遺稿が『重力と恩寵』という題でまとめられました。

②ポスト構造主義

●デリダとボードリヤール

■**フェミニズムの歴史**

第１波（19世紀後半〜、法律上の地位の男女平等の獲得に留まり家庭内での平等は実現されず）→第２波（20世紀後半〜、アメリカ発「ジェンダー」概念の登場）→第３波（1980年代後半〜、男性中心社会の全体構造を問題化）。

ユダヤ系**フランス人**の哲学者**デリダ**（1930～2004年）は、近代西洋哲学が基礎としてきた「理性」「言葉〔ロゴス〕」中心主義や、物心二元論的思考などの階層化された思考である**二項対立図式**を解体し、新たな価値世界を歴史の中で再構築するために「**脱構築**」を主張しました。

デリダは、『消費社会の神話と構造』で「**記号としての消費**」を指摘したフランスの**ボードリヤール**（1929～2007年）と並ぶ代表的な**ポスト構造主義**〔**脱構造主義**〕の思想家です。

●ドゥルーズとガタリ

他にも、ジャック＝ラカンの議論を批判的に引き継ぎ、人間を「**欲望する機械**」と捉えた同じフランスの**ドゥルーズ**（1925～95年）や精神分析家の**ガタリ**（1930～92年）が、構造主義以降の思想家として有名です。

彼らは、人間の意識を動かす真の主体は「**無意識の欲望**」であると説きました。そして、文明や国家の権力はこの欲望を**抑圧する装置**として働きます。この権

■脱構築

これは「絶対的真理を確立する」ために「今ある真理を否定する」という２つの思考活動を同時に行う哲学的立場。

力を古代ギリシア悲劇に登場する王になぞらえて、それに反対する**アンチ＝オイディプス**を唱え、人間の真の解放を主張したのです。

またドゥルーズは、人間の欲望が生産し抑圧されるようすをリゾーム〔地下茎〕とツリー〔樹木〕に喩えています。私たちの欲望は、地下茎のように多様で中心をもたず広がっていきますが、いつしか体系化した知識や系統図のように中心と序列をもつ樹木となり、自らの消滅を願ってしまう、と説きました。

●リオタール

若い頃マルクス主義の影響を受けていたフランスの**リオタール**〔1924～98年〕は、近代という時代は、真理・主体・自由・革命などの「大きな物語」が知的活動を支えていたと考えました。

しかし、**ポストモダン**〔**脱近代**〕たる現代では、科学技術の進歩と資本主義の拡大により「大きな物語」に対する信用が失われ、真理より効率を重視した「小さな物語」が展開されていると論じています。

③サイードのオリエンタリズム

パレスチナ人〔**アラブ人**〕としてエルサレムに生まれた**アメリカ**の思想家**サイード**（1935〜2003年）は、著書『**オリエンタリズム**』の中で、近代の西洋社会が自らを東洋と区別し、それを非合理的・後進的とみなすことでアイデンティティを形成した過程を指摘しました。

そして、このような**オリエンタリズム**こそが、西洋による植民地支配を正当化してきたと批判しました。彼は、第二次世界大戦後の植民地独立後も続く、支配の歴史によって形成された抑圧・偏見を批判する**ポストコロニアリズム**〔**脱植民地主義**〕の理論を唱えたのです。

以上、長々と見てきたように、西洋思想は、世界中を巻き込んだ二度の世界大戦という具体的・圧倒的な事実に直面した後、さらに東西冷戦が終了し、地域紛争・テロの時代に入った今、**多様化**しています。

西洋に生きる自分たちの「理性」「科学技術」というものの限界に突き当り、

■**SDGs**〔**持続可能な開発目標**〕

2015年にニューヨークで開かれた「国連持続可能な開発サミット」で採決された「持続可能な開発のための2030アジェンダ」に基づき、2016〜2030年までの17の目標が設定された。その原則は「誰一人取り残さない」であり、多様性を重視している。

もっか反省中（のふり）といった表現が正しいのかもしれません。ただし、彼ら西洋人が長らく世界の中心となり、地球を回してきた事実もまた否定できません。

私たち東洋人が西洋思想を学ぶことにより、世界の歴史がどのように動いてきたか、を政治・外交以外の視点からも観察することができます。

いま一度、全章を通して読み直して頂ければ、と思います。

第11章　破

教科書じゃ足りない
多様な現代思想

◆

佐藤 優

この章で扱われる思想家は、新科目「公共」の教科書でも登場している。「現代思想」に登場するテーマは、世界の構成について考察する「存在論」や、世界の認識の仕方について考える「認識論」といえる。複雑化した世界において、人は「いかに生きるべきか」を考えさせることに重点が置かれている。現実に目を向ければ、国際社会は弱肉強食の原理で動いている。日本は明治以降、「食う側」となってきた。「食われる側」にならないための生存戦略が、これまで以上に必要になってきている。

「他者」とは何か。ホロコーストによって父母兄弟を失った**レヴィナス**の思想の核心はそこにある。第一次世界大戦後、プロテスタント神学者カール＝バルトは、著書『ローマ書講解』で、人間が神について語るのではなく、神が人間について語ることに耳を傾け直せという趣旨を述べている。

19世紀前半、自然科学の発達に伴う理性優先の思想状況の中で、神は「天」から「人の心」へ居場所を移していた。ところが「理性」を信頼した結果が、第一次世界大戦だった。その惨状を前にバルトは、神を再び天上に見た（神が人間について語る）。これが上（天）にいる神の再発見だ。

神が人の心の中から再び天に上がることによって、人とは異質なものになった。この異質性がレヴィナスの言う「他者」だ。その「他者」の痛みを「私」が感じることの中に、超越性の概念が生じる。なぜなら、その痛みは「私」の肉体や心に生じているわけではないからだ。

レヴィナスはユダヤ人だが、その思想の組み立てはキリスト教的だ。神の子イエス＝キリストは罪もないのに、十字架上で死んだ。キリスト教徒がイエス＝キリストを想起するとは、十字架上の痛みを想起するという意味だ。現代の戦争において、「他者」の痛みを「私」の痛みとして受け止められるのか。それが問われている。

◆全体主義と普遍主義

ハンナ＝アーレントが『全体主義の起源』で行った全体主義の定義は、現在の標準になっている。これは第二次世界大戦前までの全体主義の定義を覆すために行われた、一種の「上書き」でもある。

ここで全体主義とは何かについて整理しておこう。戦前の日本では、全体主義の研究が盛んに行われていた。中でも重要なのが、河出書房が刊行した『廿世紀思想』シリーズの中の『全体主義』の巻だ。編著者は、哲学者の務台理作《むたいりさく》。務台によれば、全体主義とは「種の思想」だから、「複数の全体」があるという。猫なら猫で全体、犬なら犬で全体、日本民族なら日本民族で全体、アジア人ならアジア人で全体――。このように複数の全体で世界が構成される。したがって、一人の権力者や一つの理念のもとに世界を力ずくで支配することが全体主義ではない。全体主義は多元的で、複数主義の立場をとる。

■**トルデシリャス条約**

1494年、スペイン・ポルトガルの2国間で結ばれた植民活動のための世界分割条約。前年、ローマ教皇アレクサンデル6世は、アフリカ大陸最西端のベルデ岬の沖合、ベルデ岬諸島の西約500kmの子午線を境界として西をスペイン、東をポルトガルの活動領域とした。しかし、ポルトガルは不満とし、ベルデ岬諸島の西約1850kmの子午線を境界とすることで合意。

では、一元的な政治的立場は何だろう。それは普遍主義だ。全体主義は多元主義でもあるから、全体主義者が権力を握った場合、普遍主義者も存在できる。一方、普遍主義は一つの原理で世界を支配しようとするから、全体主義は存在できない。

15世紀末、スペインとポルトガルが世界分割を決めた**トルデシリャス条約**以降、カトリックが世界を一元的に支配した。それに対する宗教改革の動きは、全体主義の流れといえる。20世紀においては共産主義が普遍主義だ。それに対するナショナリズムが、国によっては全体主義につながっていった。東西冷戦後に影響力を強めた新自由主義は普遍主義だ。

それに対抗して台頭してきたのがグローバルサウス（新興国・途上国）である。欧米が押しつける新自由主義的な価値観に異議申し立てを行い、世界の多極化を主張している。

理論的には多元主義をとる全体主義だが、直近の歴史を見ると、全体主義国家の内部では、国家に対する異議申し立ての自由が抑圧されたり、また、多元主義的な論理構成をとる日本やイタリアなどの全体主義国家が侵略戦争を起こした。

アーレントは、アーリア人種による世界支配を掲げる普遍主義的なナチズムとファシズムを分けて考えた。世界に革命を輸出しようとしたスターリン体制下のソ連も全体主義だとした。アーレントは、全体主義の定義を普遍主義的な色彩が強いものとして上書きした。それが教科書にある、「個人より全体を優先する政治思想で、個人の自由な意見は封殺される」という最大公約数的定義として定着する。

◆AIに公正さはあるか

「ハーバード白熱教室」で人気者になった**マイケル＝サンデル**の思想が新課程の教科書で紹介されている。サンデルが提起したのが有名なトロッコ問題だ。あなたは制御不能になった猛スピードのトロッコに乗っている。線路は二股に分かれ、一方では五人が作業し、もう一方は一人が作業している。あなたならどんな選択をするか、というものだった。

実際の車の運転で考えてみよう。人が飛び出してきて、前を走る車が急ブレーキをかけた。狭い道で右にも左にも人が歩いている。その後ろで車を運転していたあなたはどうするか。とっさの判断だからまずは事故を回避する行動をとるだろう。

ところが、AI制御の完全自動運転車では、あらかじめ人によってプログラミングされている。その場合、より「生産性の高い」人間を多く残すための選択を組み込む考え方もあれば、事故が起きたときの保障金をより少なく払えばいい人を残すようプログラミングされているかもしれない。人命に関わる緊急事態に直面した場合、人はとっさの判断で処理する。

しかしAIの時代になると、トロッコ問題をアルゴリズムで処理しなければならなくなる。そのとき、意識的もしくは無意識的な偏見や差別が露呈することもある。それは個人的なものかもしれないし、その社会で共有されたものなのかもしれない。

◆ねじれたリベラルの概念

アメリカのリベラリズムの概念にはねじれがある。ヨーロッパのリベラリズムは、「私に触るな」というのが基本だ。国家の干渉を嫌い、できるだけ最小限に留めようとする。リベラリズムは資本家を代弁するイデオロギーになり、格差拡大を認める思想になる。国家が富の再分配によってそれを保障すべきだという考え方をとるのが、ヨーロッパの社会民主主義だ。

この考え方が、アメリカでは逆転する。ヨーロッパの社会民主主義が、アメリカでのリベラリズムに該当する。ヨーロッパのリベラリズムに対応する言葉がアメリカにはないため、リバタリアニズム（自由至上主義）という表現が用いられている。

日本でも、リベラルというと社会民主主義のイメージでとらえている。東西冷戦下では、思想はヨーロッパ的な概念で整理することが主流だったが、冷戦終結によってアメリカが覇権的地位についたことに伴い、思想面でもアメリカ的な概念で再整理されている。

◆無意識の差別──被差別構造

アマルティア＝センの「潜在能力」というアプローチについて考えてみたい。

潜在能力アプローチの根底にあるのは、構造的差別だ。差別される側にとっては、競争の土俵自体が勝てない土俵になっている場合が多い。

例えば、男女雇用機会均等法が施行されて40年近く経とうとしている。制度上は女性が男性と同じスタートラインに立てるようになった。その間、女性の就労支援に関する法整備も進められたが、制度の外側はどうなっているのか。男女の家事や育児の分担にしても、例えば、夕食後の食器洗いをする夫は、それだけで家事分担をしていると胸を張る。一方、女性は夫の洗い方が気に入らず、夫が食器洗いをするのはかえって迷惑だと思っている。

このような事例は珍しくない。核家族の場合、家事育児のリソースは限られている。しかし、「家事は女性がするもの」と内面化された「文化」の力が働いて、ジェンダー間で無意識の差別─被差別構造が生じる。これでは女性が潜在能力を全面的に発揮することはできない。センの考えは、このような点に目を向けようというものだ。

◆「食う側」としての日本

地球規模で考えてみたい。民族は言語と密接な関係がある。世界の言語は約二千、国民国家は約二百。つまり、一つの成功したナショナリズムの背景には、九つの失敗したナショナリズム（潜在力）があることになる。もし、民族自決権を認めて、すべての民族が独立して国家になったらどうなるか。世界がモザイク状になって崩壊するのは明白だ。

世界中の人が今の日本人と同じ食生活を送るようになれば世界のエネルギー消費はどうなるか。ある種の分野に関して、人々の潜在能力を顕在化させずに永久に潜在能力のまま留めておく必要がある。国際社会の勢力図を弱肉強食原理でみれば、日本は、明治維新以降、「食う側」となってきた。リアリズムで考えた場合、「食われる側」にならないための生存戦略が必要になる。

◆差別と憧憬

最後に、**サイード**のオリエンタリズムとその合わせ鏡について考えてみたい。そもそも、オリエント、あるいはアジアとは、現在のトルコやシリアを指していた。「ヨーロッパと北米ではないところ」というネガティブな概念になる。それが差別意識につながっていった。

同時に、一方、「自分たちにはないもの」という文脈に転ずると、「神秘性を帯びた地域」ということになる。オリエント差別とオリエント礼賛は同じ構造にある。これは、日本における沖縄観に似ている。青い海の癒しの島と憧れの対象とされつつ、米軍基地から派生する暴力と歓楽と差別の島。つまり、沖縄が本土の日本人にとってのオリエントだ。

その合わせ鏡として注目すべきなのが、私たちの中にあるオクシデンタリズムだ。

戦前、西洋は排斥の対象だったが、敗戦後は憧れの対象になった。理想とするものはアメリカにすべてそろっている。民主主義、シリコンバレーのＩＴ企業とその技術、しかしこれはリアルなアメリカではない。オリエンタリズムもオクシデンタリズムも、ネガティブであれポジティブであれ、自分たちの考える姿を投影したものでしかない。

教科書で重要とされているポストコロニアリズム（脱植民地主義）は、かつて植民地だった国々の人からは支持されていない。日本人で言えば、満州にいたリベラル派や上海の租界にいたマルクス主義者のようなものだ。

差別が構造化された地にいながら、自分はその差別とは無縁だという身振り、むしろ差別されている側に立っているのだとして、自分が構造の中で差別者であることに無自覚である。このような態度は旧植民地からもっとも嫌われるのだ。

対談 離

生き残るための知識として応用せよ！

佐藤優×伊藤賀一

佐藤　倫理の教科書全体を通じて感じたのは「悪の欠如」ということです。

伊藤　悪、ですか。

佐藤　はい。西洋思想はキリスト教の影響を抜きに考えられません。その人間観は性悪説です。人間には原罪があるからです。ヒューマニズムと聞くと多くの日本人は美しいものとしてとらえがちですが、逆です。キリスト教では、ヒューマニズムは悪いものだと決まっているのです。例えばナチス＝ドイツによるホロコーストにおいて、アドルフ＝アイヒマンはユダヤ人の絶滅収容所への移送計画をきわめて理性的、合理的に立てていました。理性的、合理的であることは悪とも結びつく。人類の精神に大きな影響を与えたヒトラーやスターリンの悪についても倫理で教えたほうがいいと思います。高校で教える「倫理」には悪の要素が薄いですね。

伊藤　なるほど。

◆悪に対する処方箋が少ない

佐藤　例えば、学校で「万引きはよくありません」と教えても、生徒が万引きした場合、学校はどのように対応するでしょうか。その生徒を叱って停学処分にするくらいでしょう。それは外形上（形式上）の処分です。生徒が自身の内面の問題として万引き行為とどのように向き合えばいいのか。保護者はどう接すればいいのか。学校はそのための導きの糸までは提示してくれないと思います。教科書の構成がそうであるように、教育現場においては悪に対する処方箋が少ないように思います。

伊藤　大阪の高校で、試験でカンニングをした生徒が、教師から「卑怯者」などと追及され、自殺したという悲しい事件がありました。これも生徒自身がどう対処するか、教師は生徒を叱ればそれで済むのか。悪の扱いについて考えさせられますね。

佐藤 そもそも人生で突き当たる問題のほとんどは、ネガティブな事柄です。そんなときにどんな行動をとれば周囲も自分も受けるダメージを最小化できるのか。それがわかるようにするのが教科書の役目だと思います。

伊藤 そうですね。現状の中学「公民」や高校「公共・倫理」では、悪徳商法の種類だけ教えて終わり、という感じがします。

佐藤 今、大事なことをおっしゃいました。悪徳商法の場合は、一人の人間が被害者にもなり、加害者にもなり得ます。ブラック企業に入って過大なノルマを課され、高齢者に高額商品を繰り返し購入させたり、不当な契約を結ばせたりする社員がそうですね。子どもを虐待する親が、かつて虐待を受けていたというケースもこれに当てはまります。あるいはカルトも似た構造ですね。このような悪が連鎖する構造をいかに断ち切るか。

伊藤 「倫理」が役立つ場面がそのようなところにあるとお考えですか？

佐藤 そうです。応用問題になりますが、韓国や日本など東アジアで加速度を増して激化する中学受験についても、倫理においては重要な課題だと思います。母親の狂気と父親の経済力と言われる中学入試。受験するのは、年齢的に自我を確立する入口に立ったか立たないかの小学6年生です。一つひとつの家庭、一人ひとりの家族は合格するために正しい行動をしていても、その行動は、長期的、巨視的には社会を弱くする方向に作用することになるのかもしれません。このケースにはリスクが潜んでいるのではないかと疑問を持つことが大切です。

伊藤　では、今指摘されたような現代の課題に対し、「倫理」はどのように使えるのでしょうか。

佐藤　ここでは、ヘーゲルが論理学で提示した概念が役立ちます。「矛盾・対立・差異」という考え方です。とくに「矛盾」という考え方で問題にアプローチしていくことが、これから非常に重要になってくると思います。矛盾というアプローチは、システムそのものを変えようという発想です。

例えば、ある二者が悪縁を断ち切れずにいるのならば、その関係そのものをなくせばいい。ケースによりますが、司法や行政など外部の力を使って関係性を解消する。関係そのものをなくすわけですから、そこに勝者も敗者もありません。一方、差異のアプローチでは、DVや児童虐待の問題を解決できません。差異は究極的には「趣味」の問題です。しかし、暴力を趣味の問題として片付けることは決して許されません。「思考の鋳型」をたくさん身につけておけば、物事を考えるときの選択肢が増えます。

伊藤　受験科目として暗記したことを、「思考の鋳型」として必要に応じて引き出し、直面している課題に適用できるようにすることが、次の段階だということですね。

佐藤　言い換えれば、それが知へのランダムアクセスです。ところでその「思考の鋳型」について伊藤先生にお聞きしたいことがあります。文部科学省が高校生に対して、国として身につけさせたい、ある種の方向性を感じたのですが、今回の高校教科書の改訂で大きく変わった点は何ですか。

伊藤　2022年度から新しい学習指導要領に基づいて高校の授業が行われています。「倫理」は地理歴史科と公民科に分かれる〝社会科〟のうち公民という教科内の一科目です。公民科の中には、他に「政治・経済」と旧課程の現代社会から衣替えした「公共」があります。「公共」は必修の基礎科目で、「倫理」と「政治・経済」は選択の応用科目です。生徒は、「公共」の授業で倫理の基礎的なことを学べるようになっています。

倫理の教科書と「公共」の教科書とでは、同じ内容を扱っていても、標題の付け方が異なることが多く、「公共」の教科書の標題を紹介したほうが、佐藤先生の問題意識と合致するかもしれません。

例えばある教科書では、ドイツ観念論は「生き方と世界を考える」、イギリスの功利主義とマルクス・エンゲルスの社会主義は「工業化社会の功罪を考える」という標題がついています。実存主義は「主体性を持って生きる」。フランクフルト学派やハンナ＝アーレントは「戦争と全体主義を批判する」という項目で登場します。ロールズやサンデル、センは「正義と公正の追求」というタイトルが付けられています。

佐藤　なるほど。私も学習指導要領を読んでみました。伝統文化や地域社会の維持継承、そして国家、地域社会、家庭を構成する一員として身につけるべき基礎知識を教えるという、従来の公民科の教育の主眼は変わっていません。そこに、新設された「公共」として、現代の倫理、社会、政治、国際関係など諸課題を学習することを通し、「グローバル化する国際社会に主体的に生きる平和で民主的な国家及び社会の有為な形成者に必要な公民としての資質・能力を育成することを目標」とするとあります。私はこの意味をこうとらえています。今、アトム化した個が主役の新自由主義的なグローバリズムから、グローバル化を与件としつつ国家機能の強化を図る、という揺り戻しが世界規模で起きています。このトレンドに、公民教育を「公共プラス倫理」という形で適応させようとしている――それが今回の改訂なのではないか。これから重視すべきは、学習指導要領が言うように、国家であり社会であり家庭――つまり共同体であると。これこそ、ヘーゲルの言う人倫です。

伊藤　確かに「公共」は、文字通り公共意識を非常に高める構成になっています。さらに社会学習的な要素が持ち込まれています。そして生命倫理や社会福祉などについても強調されています。最初は、現代社会から名前が変わっただけと思っていましたが、今回の改訂はこれまでの改訂とは意味が全く違うように思いました。

◆主体的に生きる意味

佐藤　「倫理」という科目には大きく二つの顔があると思います。世界が何からできているのか、世界をどう認識するのかを考えた先人の思想をたどるという顔。そして人はいかに生きるべきかを考えた近現代の哲学者の思想を学ばせる顔。「公共」と連関させて考えると、「倫理」においては後者の顔がせり出していると思います。つまり、「実存」的な価値の強調です。その観点から言うと、伊藤先生が紹介された「公共」の中の倫理に関連する標題で注目すべきものが二つあります。

一つは、ドイツ観念論の「生き方と世界を考える」です。これは非常に重要で、煎じ詰めれば、困難に直面したときにあなたはどう乗り切るかということです。これはマニュアルを整備しておけば解決できるものではないです。困難を乗り切るには何が必要になってくるか。そこで出てくるのが、実存主義の「主体性を持って生きる」ということです。学習指導要領にも「主体的に生きる公民」という趣旨の表現があります。

伊藤　はい。

佐藤　では、主体性とはどういうことなのでしょうか。主体性について考えるとき、北朝鮮の主体（チュチェ）思想が格好の教材になります。金日成主席の『わが革命における主体について』と題された論文集を読むと、主体思想の本質がわかります。

朝鮮が日本に併合されていた時代、抗日パルチザンを指導していた金日成は、革命に成功したソ連に自分たちも学ばなければならないと発言しました。その三年後、あるパルチザンの拠点に視察に行った金日成は、壁にかけてあるシベリアの絵を見て、こんな絵を見て朝鮮のパルチザンが力を出せると思っているのかと言い、朝鮮の絵を飾るよう指導したのです。

あるいは、書籍の目次をソ連（ロシア）にならって巻末につけたら、金日成は、なぜ、目次を巻頭につける朝鮮式で本を作らないのかと部下を叱責しています。金日成がソ連の通りにやれと指導したから、部下はその通りにした。すると金日成が怒って全否定したという話です。

部下は金日成の指示通りに行動したら、後から叱責される。このような例はいくつもあります。北朝鮮における「主体」とは、「オレ（金日成）の言うことでも、真に受けて違わずやるのではなく、自分で臨機応変に対応しろ」ということなのです。こうして指導者と人民との間に主体思想に基づく関係が確立されると、二つの幸福が生まれると金日成は言います。「こんなに素晴らしい人民がいて、私は非常に幸せだ」と首領が思うのが人民福。それに対し、「こんなに素晴らしい首領様をいただけて、私達はこれ以上の幸せはない」と人民が感じるのが首領福なのだ、と。

これは笑い話ではありません。主体的に生きるというのは、個々が自己利益の追求のみを目的に動くことではなく、人倫のため、会社のため、あるいは国家の利益を最大化させるため、自分の持ち場で一生懸命かつ臨機応変に行動して不満を持たないことです。

伊藤　強制されて指示された通りに行動することではない、ということですね。

佐藤　そうです。人倫のために内発的に行動しましょうということです。「公共」の教科書にある、実存主義の標題「主体性を持って生きる」を人倫に接続させれば北朝鮮の主体思想になります。つまり、「公共」の教科書が示唆している方向で国づくりをしていくと、次第に北朝鮮に近づいていく、ということになります。倫理や「公共」には、恐ろしいものも潜んでいるのです。

伊藤　これからの世の中を生きていくうえで、人は、人倫の利益のために行動すべき的な価値観を避けて通れなくなっている、ということでしょうか。

佐藤　個人主義に基づき、一人ひとりが自己実現という幻想を追いかける形でがんばれば、右肩上がりの経済成長が続き、税収も増えるというモデルが成立しなくなりました。そこで国はもう一度、共同体のために行動できる人材の育成を重視する方向に教育の舵を切ったのだと思います。ただし、国家が前景化すると言っても、かつてのように国家が手厚い福祉によって国民を庇護するという形ではないと思います。一人ひとりが主体的＝内発的に人倫に尽くすように仕向ける。その場合の人倫は国家を除く人倫です。

つまり、家庭や企業、言い換えれば社会の側に福祉機能を担わせることで国家は身軽になる。かつ、国家統合は崩さないという連立方程式を立てているように思えます。

◆日本史による世界史の吸収

伊藤　今ここで話し合っている内容の基本部分は、「倫理」の教科書に出てくることです。私たちは一度学んでいるから、思想を現実に当てはめて対比して考えることもできれば、批判することもできるわけですね。

佐藤　そのとおりです。私たちは高校、大学と教科書執筆者や教師、指導教授の引いた轍《わだち》をなぞって勉強してきました。社会に出て、企業や官庁それぞれの業界や組織などいくつもの轍をなぞりながら、経験値を上げて自分なりの方向性を定めていきました。そして、今この本で次世代に向けた轍を引く作業をしています。

今回の改訂で学習指導要領の方向が共同体強化に向いているように思います。たぶん、この方向性は「倫理」や「公共」だけでなく、「歴史総合」も「地理総合」も共同体強化の方向、言い換えれば、自国中心史観に移行しているのではないかと思います。日本史と世界史を一つの科目で教える「歴史総合」は、単に日本史と世界史を併存させたのではなく、日本史が世界史を吸収することを意味していると思います。そのように見ると、「歴史総合」が必修科目になっているのも頷けます。

旧ソ連の歴史教科書がソビエト史イコール世界史として編集されていました。世界が共産化する、つまりソ連化するという前提があったからです。現在のアメリカの標準的な教科書も同じ構成になっています。

伊藤　日本史と世界史を融合させた「歴史総合」を新設するにあたり、当初、文科省は日本史中心だという説明をしていました。ところが出来上がった教科書を見てみると、世界史の記述割合が多く、社会科の同業者たちは、「これは世界史だ」と言っていたのです。しかし、半年がかりで「スタディサプリ」の歴史総合の収録を終えた段階で、私の目にはそのようには映りませんでした。日本史の記述が少ないからといって日本史ではないと否定するのは短絡的だと思えたのです。

佐藤　日本人にとって、1620年のボヘミアで起きた「ビラー・ホラ（白山）の戦い」は、日本史に何の影響もありません。ところが、同時期の1618年に、ドイツを中心に起きた「三十年戦争」は日本史なのです。三十年戦争の結果、現代に通じる主権国家体制がヨーロッパに確立され、日本も近代国家の一員と認定されるゲームのルールが確定されたからです。

世界史として選ばれているのは、現在の日本人が国際社会で生き残るうえで必要な知識が選ばれているはずです。それは実質的な「日本史」といって差し支えないと思います。

「地理総合」も同じ発想で、日本から見ての地理です。仮にアフリカが今後、天然資源確保に重要な地域になってきたら、アフリカの記述が多くなるでしょう。北朝鮮や中国、ロシアの記述も多くなっていくと思います。

なぜなら、どの国も日本にとっての脅威だから、知っておかねばならないことがたくさんあるのです。アメリカについての比重は、日本が太平洋戦争に負けて、アメリカの同盟国となり、主権の一部を渡している以上、高くなります。

伊藤　「歴史総合」が私の目には日本史としてしか映らなかったのはなぜだったのか、という疑問が氷解しました。

佐藤　「歴史総合」も「地理総合」もハーバーマスが言う「認識を導く利害関心」に基づいてカリキュラムが組まれていると見て良いと思います。日本にとって必要な知識であれば何でも集める。これらの教科の隠れたテーマは「日本」なのです。日本史による世界史の吸収という転換の意味をもう少し考えてみましょう。

私には、日本史から「国史」への転換に思えます。日本史は「この国」の歴史ということで突き放して記述されています。一方、国史は「わが国」の歴史であり、自分たちと不可分のものとしてあるというイメージです。

伊藤　「倫理」と「公共」も、佐藤先生がおっしゃった「日本」が隠れテーマになっているということですね。

佐藤　教科書の記述を読めば、道徳的な意味での倫理というよりも、ヘーゲルの言う人倫的な色彩がぐっと濃くなっています。道徳はある意味で普遍性があり国家が希薄です。それに対して、人倫は国家であり、社会であり、地域であり、家族である。とにかく人が集まるところは全部人倫。そのような共同体のために「主体的」に貢献できる人間をつくるというのが、「倫理」の目的になっていると思います。

伊藤　なるほど、それで学習指導要領では「主体的学習」が全科目共通して重視されているのですね。

佐藤　この文脈で主体的学習とは何かと言われれば、日本人としてこの問題をいかに解くか。それにふさわしい解を導けなければ「貴様、それでも日本人か！」という話になります。

この転換は、極端な考え方を持った政治家が進めているのではなく、日本人全体が無意識に進めているのだと見ています。ですから、今回の教科書改訂、とりわけ思想の動きがどうなるかを見ていけば、近未来の日本はどうなっていくかがわかると思います。

これらの教科書で、高校生は思想や歴史を学ぶのですから、ここで示された価値観をスタンダードとする次世代、次々世代が社会を担う中心になっていきます。

伊藤　はい。この本のメイン読者世代の方々は、そのあたりに気づけるし、今後油断できないぞ、ということですね。

◆限られたテキストでのランダムアクセス

佐藤　いま述べたスタンダードを別の言葉で整理すると、新自由主義の進展によって国家統合の危機を感じた国家自身による教育面からの軌道修正です。つまり、日本への回帰です。だからといって、新自由主義的な競争原理は放棄できない。新自由主義的な競争を保ちつつ国民を統合するためにはどうすればいいか。「一君万民」という形で天皇を表象として使うには古すぎる。そこで古い価値観を現代的な問題としてアップデートさせて倫理や歴史教育の中にしのびこませている。このような方向性でカリキュラムが組まれているわけですから、冒頭指摘したようにヒューマニズムにおける悪の視点、あるいは倫理そのものに潜む恐ろしさが、今後の改訂教科書に記述されることもないでしょう。
だからこそ、「倫理」の教科書が語っていないことに注意を払い、場合によっては警戒する思想的態度も必要になってくると思います。これはリアリズムで動く国際社会の中で生き残っていくために重要なポイントでもあります。

伊藤　そのためにも一定量の知識が必要ですね。

佐藤　そうです。伊藤先生が高校生向けに講義している「スタディサプリ（スタサプ）」の知識は、大学の専門課程くらいのレベルだと思います。ただ、スタサプの場合は試験や受験で成功することが目的ですから、「なぜそうなるのか」という論理的な展開が希薄です。いわば受動的知識です。論文を書く、自分の考えを人前で論理的に展開する、こうした能動的知識は、しっかりしたその裏付けがあって成り立ちます。

本書も、読むだけでは能動的知識は身につきません。能動的知識は、水泳のように自分が泳がなければ身につかないのと同じだからです。この本を「守・破・離」と順を追って読むことによって、自分で文章を書いてみる。実践しなければ意味がないことに気づくことができると思います。

伊藤　はい。

佐藤　最後に、本書の具体的な使い方についてですが、まず、記憶力に自信のある人は三回繰り返して読んでください。

記憶力に自信のない人は十回。三回繰り返して読むのに要する時間は、最初に読み通す時間の一・五倍程度の速さで読めます。十回の場合は一回目の三倍くらいの速さで読めます。つまり、一度読んだテキストを繰り返し読む場合、かなりの速さで読めますから、ぜひ、繰り返し読んでみてください。

繰り返し読む目的は、ランダムアクセスができるようになってほしいからです。一例を挙げると、「理性」について考える場合、アリストテレスにおける理性、中世における理性、カントにおける純粋理性、近代のヒューマニズムにおける理性といったように、横断的に自分の頭の中からその知識を引き出せるようになってほしいのです。同じように、「人間観について」「神について」「戦争について」という問いを立てたとき、ランダムアクセスができるようになると一気に思考が深まります。

伊藤　こうした横断的な知識を、その都度、ネットなど外部から検索して引っ張ってくるのは意味がありませんね。

佐藤　そう思います。伊藤先生はスタサプの授業ではほとんど板書をしていませんよね。板書もある意味でネットと同じ「外付けメモリー」です。それに頼らず、テキストを繰り返し読んだり、その場でできるだけ暗記したりして知識を記憶に定着させて運用するという訓練は重要です。

今、ネットには膨大な知識がアップされていて、スマホがあれば簡単に引っ張ってくることができます。これは一種の逆説ですが、外付けメモリーが大きく便利になればなるほど、外付け装置に頼らないで運用できる人間が強くなります。エリートを養成する高等教育機関の教育では、「その場で覚えて運用しろ。外付け装置に頼るな」ということを強調しています。この時代の中で生き残っていくエリート層にとっては重要なヒントになります。

私も大学の授業ではテキストを学生に輪読させ、重要な固有名詞や数字はその場で覚えさせるようにしています。その狙いは、学生たちが外付けメモリーに頼らずに、自分の頭で考えて物事に対応できるようになってほしいからです。「細かい数字とか覚えなくていいですよ。細かい歴史の流れとか覚えなくても。いざというときにすぐにスマホで検索すればいいんだから」という教育は、むしろ周回遅れです。

伊藤 ランダムアクセスについては、異種格闘技戦が成り立たないということですね。帝政ローマのコロッセオの剣闘士のように、装備やスタイルがさまざまなのではなく、全員まわし一丁で勝負の大相撲というか（笑）。

佐藤 そうです。限られたテキストの中で、同じ視点、同じ問題意識で書かれているからこそ、ランダムアクセスによって、知の運用ができるようになるのです。本書は伊藤先生の講義である「守」の各章でベーシックな西洋哲学の知識が押さえてあります。「破・離」の章はランダムアクセスの実践例でもあります。とことん活用してもらいたいですね。

あとがき

伊藤賀一

２０２４年度の高校３年生が初めて受験に使う新課程「公共」「倫理」から、教科書レベルの知識を「西洋思想」というリングとして設営し、佐藤優先生に上がって頂きました。

いやもう、すごい経験です。

佐藤先生のロシア勤務時代、交流が深かった参議院議員（当時）猪木寛至氏は、過去にアントニオ猪木であった時には「ホウキ相手でも試合を成立させる」ことで有名な超一流プロレスラーでした。私は複業として（副業ではありません）プロレスのリングアナウンサーも務めていますが、正直、一方のレスラーが優れていれば、誰をブッキングしても安心して興行を進められます。唯一の心配は、リングに不具合が出て壊れないかどうか、ということでしょうか。それが今回の重要な仕事でした。

依頼して頂いた時、とても嬉しかったのですが、さすがに一瞬、共著者＝相手レスラーの資格があるか思い返しました。その結果、自分が「本物」のレベルに達しているかどうかはわかりませんが、少なくとも誰かの「似せ者」ではないし、荒唐無稽な「偽物」でもない、と開き直ることに……。「あらゆることに対して受け身をとる」という気概さえあれば、あとは信頼できるお相手に任せるのが筋だ、と。

そうして出来上がったのが本書です。

このあとがきを書くにあたり、少しでも何かそれっぽい雰囲気出さなければ、と思い、佐藤先生が少年時代に通っていらっしゃった（と、ご著書で読んだことのある）大宮駅東口の老舗書店・押田謙文堂さんに行ってきました。

さすが、リアル書店はすばらしい。個性ある棚づくりで、つい長居してしまいましたが、何冊も良書を入手しました。

そこで気づいたのですが、先日、佐藤先生の仕事場の書棚や、別に借りていらっしゃる圧倒的な書庫群を見せて頂いた時にも思ったことがあります。

やはり「頭の中」という閉じた空間は、雑多な物が放り込んであるトランクルーム〔物置き〕ではなく、どこに何があるかを把握している＝インデックス付きで整理されていることが重要です。だからこそ、TPOに応じて過去の知識をすぐに取り出し、そこに「いま」の自分の考えを乗せることができる……。

本書にはたくさんの思想家が登場します。彼ら・彼女らは「どんな考え」を「いつ」「どこ」でもっていた「どんな人」なのか、教科書レベルとはいえ時系列や出身地、個人エピソードの記述にこだわりました。せっかく彼ら・彼女らが素晴らしい情報を、時空を超えて残してくれているのに、我らの頭の中を、物置きにするわけにはいかないのです。

自分を見つけてくださった、佐藤優先生に最大限の感謝を。母も亡き父も、それはそれは喜んでおりました。そして朝日新聞出版社の中島美奈さん、マガジンハウスの山田聡さんのお二人がいなければ、というか、これは我ら四人でつくっている本ですよね（笑）。

貴重な時間を使いお読み頂きありがとうございました。引き続きよろしくお願いいたします。

２０２４年４月18日、京都に移動中の新幹線内にて　　伊藤賀一

佐藤　優（さとう・まさる）

作家、元外務省主任分析官。1960年生まれ。同志社大学神学部卒業。同大学大学院神学研究科修了。85年、外務省入省。在ソ連・在ロシア日本大使館勤務。対ロシア外交などで活躍。同志社大学神学部客員教授。著書に『国家の罠』（毎日出版文化賞特別賞）、『自壊する帝国』（大宅壮一ノンフィクション賞、新潮ドキュメント賞）、『十五の夏』（梅棹忠夫・山と探検文学賞）、『池田大作研究』『プーチンの野望』『よみがえる戦略的思考』『日本共産党の100年』など多数。新刊の共著に『イスラエル戦争の嘘』『グローバルサウスの逆襲』がある。外交、政治、文学、歴史など幅広い分野で執筆活動を展開した功績により、2020年、菊池寛賞受賞。

伊藤賀一（いとう・がいち）

1972年京都生まれ。法政大学文学部史学科卒業後、東進ハイスクール、秀英予備校などを経て、リクルート運営のオンライン予備校「スタディサプリ」で高校日本史、歴史総合、公共、倫理、政治・経済、現代社会、中学地理、歴史、公民の9科目を担当する“日本一生徒数の多い社会科講師”。30歳から3年半、教壇を降り、全国で各産業の住み込み労働を行い四国遍路も結願。43歳で一般受験し、早稲田大学教育学部生涯教育学専修に再入学し49歳で卒業するなど、実体験と学びを続けている。司法試験予備試験講師、プロレスリングアナウンサー、ラジオパーソナリティやTV出演など複業家としても活躍。新刊に『アイム総理』がある。

いっきに学《まな》び直《なお》す
教養《きょうよう》としての西洋哲学《せいようてつがく》・思想《しそう》

2024年6月30日　第1刷発行

著　　者　佐藤優　伊藤賀一
発 行 者　宇都宮健太朗
発 行 所　朝日新聞出版
〒104-8011 東京都中央区築地5-3-2
電話 03-5541-8832（編集）
03-5540-7793（販売）

印刷製本　株式会社 加藤文明社

Published in Japan by Asahi Shimbun Publications Inc.
ISBN978-4-02-251974-0
定価はカバーに表示してあります。
落丁・乱丁の場合は弊社業務部（電話03-5540-7800）へご連絡ください。送料弊社負担にてお取り替えいたします。